1



**Les régions du guide :**
*(voir la carte à l'intérieur de la couverture ci-contre)*

1 Port Louis et les villes du centre p. 91
2 Les côtes nord et est p. 125
3 Les côtes sud et ouest p. 171
4 Rodrigues p. 199

# Maurice Rodrigues

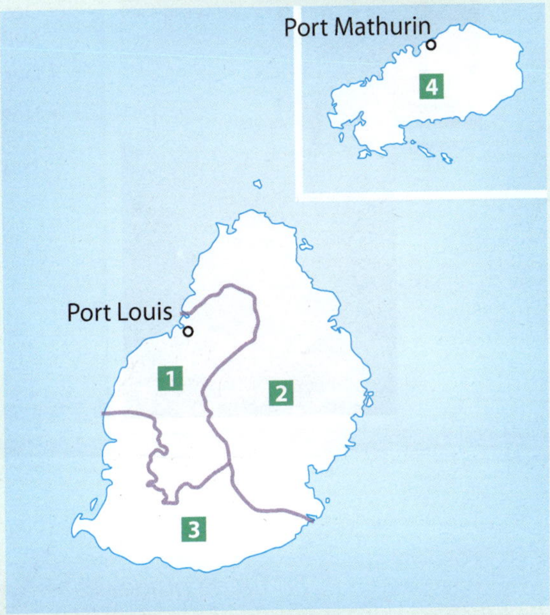

# Le Guide Vert, mode d'emploi : un guide en 3 parties

**Organiser son voyage :**

- Avant de partir.
- À faire sur place de A à Z.
- Des activités pour tous.
- Un agenda des événements.

**Comprendre la destination :**

- La destination aujourd'hui.
- Histoire.
- Art et culture.
- Gastronomie.
- Nature...

**Découvrir la destination :**

- Notre sélection de sites.
- Des circuits conseillés.
- Des cartes.
- Notre sélection d'adresses pour tous les budgets.

*En fin de guide :*
*l'explication des symboles et la table des cartes et plans*

# Le Guide Vert :
# découvrir la destination

[1] [2] [3]

[4] [5]

[6]

**Un chapitre = une zone géographique**

[1] Une carte de présentation de la région.

[2] Le sommaire de la région traitée.

[3] La description des sites.

**Pour chaque chapitre**

[4] La description des circuits conseillés.

[5] Nos adresses classées par catégories de prix.

[6] Des pages thématiques pour en savoir plus.

*Retrouvez-nous sur :* ***Voyage.ViaMichelin.fr***

# Sommaire

## 1/ ORGANISER SON VOYAGE

**SUGGESTIONS D'ITINÉRAIRES......8**

**TYPES DE SÉJOURS.......................10**

**ALLER À MAURICE**

Fiche d'identité.................................... 12
En avion .............................................. 12
En bateau ............................................ 13

**AVANT DE PARTIR**

Météo .................................................. 14
Adresses utiles..................................... 16
Formalités ........................................... 17
Argent.................................................. 18
Décalage horaire.................................. 18
Téléphoner à l'île Maurice ................ 19
Budget.................................................. 19
Se loger................................................ 19
Se restaurer ........................................22

**SUR PLACE DE A À Z...............24-39**

Achats - Ambassades et consulats - Argent - Banques - Bus - Cadeaux - Centres culturels - Cigarettes - Deux-roues - Douanes - Eau potable - Électricité - Excursions organisées - Femme seule - Handicap - Internet - Jours fériés - Marchandage - Médias - Musées, monuments et sites - Office de tourisme - Personnes âgées - Plages - Poste - Pourboire - Santé - Savoir-vivre - Sécurité - Souvenirs - Sports et loisirs - Sports et loisirs nautiques - Taxi - Téléphone - Unités de mesure - Urgences - Vie nocturne - Voiture

**MÉMO**

Agenda.................................................40
Bibliographie ......................................40
Discographie........................................42
Cartographie........................................42

## 2/ COMPRENDRE MAURICE

**MAURICE AUJOURD'HUI**

L'économie...........................................46
Institutions et administration.........49
La population ......................................50
Les langues..........................................54
Les religions ........................................54
Les fêtes...............................................57
La gastronomie....................................61

**ARTS ET CULTURE**

Architecture ........................................63
Musique et danse................................67
Peinture ...............................................68
Littérature............................................68
Artisanat...............................................69

**HISTOIRE**

La période coloniale ..........................70
La marche vers l'indépendance ....73
Les dates clés ......................................75

**NATURE**

Géographie .........................................76
La flore.................................................77
La faune ..............................................80

# 3/ DÉCOUVRIR MAURICE

## 1 PORT LOUIS ET LES VILLES DU CENTRE

Port Louis et ses environs ................92
Les villes du centre .......................... 115

## 2 LES CÔTES NORD ET EST

La côte nord ........................................126
La côte est ...........................................147
Mahébourg et ses environs...........160

## 3 LES CÔTES SUD ET OUEST

Le Sud ..................................................172
La côte ouest.......................................186

## 4 RODRIGUES

Port Mathurin et la côte nord...... 206
La côte sud..........................................207
Le centre de l'île.............................. 209
Les criques de l'Est..........................211
Les îlots alentour..............................212

**Notes**.......................................................224
**Index général** ................................. 226
**Cartes et plans** ...............................231
**Légende des cartes et plans** .....232
**Lexique** ...............rabat de couverture

# 1/ ORGANISER SON VOYAGE

M. Barraud/Ojo Images/Photononstop

# Suggestions d'itinéraires

| 6 JOURS | UN CONDENSÉ DE L'ÎLE MAURICE |
|---|---|
| **Excursions à la journée à partir du lieu de séjour** | Mahébourg et Blue Bay (1 j.) *(p. 160)*, le Sud (1 j.) *(p. 172)*, Port Louis (1 j.) *(p. 92)*, Pamplemousses (1 j.) *(p. 105)*, Grand Baie (1 j.) *(p. 136)*, l'île aux Cerfs (1 j.) *(p. 149)*. |
| **Transport** | Louez les services d'un taxi ou éventuellement une voiture si vous vous sentez de conduire à gauche. Pour rejoindre la capitale, prenez le bus. |
| **Conseils** | Pour réserver un taxi, négociez d'abord avec votre hôtel qui pourra vous proposer un forfait. |
| **7 JOURS** | **IMMERSION RODRIGUAISE** |
| **Itinéraire au départ de Port Mathurin (env. 100 km)** | **Jour 1** : Port Mathurin le matin *(p. 206)*, balade de Grand Baie à Baladirou l'après-midi *(p. 207)*. Nuit à Anse aux Anglais.<br>**Jour 2** : tour de l'île en voiture, réserve des Tortues, nuit sur la côte est *(p. 207)*.<br>**Jour 3** : balade sur la côte est *(p. 211)* et nuit sur place.<br>**Jour 4** : sports nautiques (planche à voile, plongée) à Port Sud-Est-Anse Mourouk *(p. 223)*.<br>**Jour 5** : excursion à l'île aux Cocos *(p. 212)*, retour à Anse Mourouk.<br>**Jours 6 et 7** : promenade à l'intérieur de l'île, réserve de Grande Montagne *(p. 210)*, jardin des 5 sens *(p. 210)*, nuits en chambre d'hôtes à Grande Montagne, à Brûlé ou à Mont Bois Noir *(p. 218)*. |
| **Transport** | Combinez la location de voiture (ou de taxi) et le bus, afin de vivre pleinement au rythme rodriguais. |
| **Conseils** | Assistez le samedi matin au grand marché de Port Mathurin et le dimanche à la messe de Saint-Gabriel. |
| **10 JOURS** | **D'UNE ÎLE À L'AUTRE : MAURICE ET RODRIGUES** |
| **Excursions à la journée à partir du lieu de séjour sur Maurice et tour de Rodrigues** | **Jours 1 à 6** : excursion à la journée à partir du lieu de séjour à Maurice. Mahébourg et Blue Bay (1 j.) *(p. 160)*, le Sud (1 j.) *(p. 172)*, Port Louis (1 j.) *(p. 92)*, Pamplemousses (1 j.) *(p. 105)*, Grand Baie (1 j.) *(p. 136)*, l'île aux Cerfs (1 j.) *(p. 149)*.<br>**Jour 7** : Port Mathurin le matin *(p. 206)*, balade de Grand Baie à Baladirou l'après-midi *(p. 207)*. Nuit à Anse aux Anglais.<br>**Jour 8** : tour de l'île en voiture, réserve des Tortues, nuit sur la côte est *(p. 207)*.<br>**Jour 9** : balade sur la côte est *(p. 211)* et nuit sur place.<br>**Jour 10** : sports nautiques (planche à voile, plongée) à Port Sud-Est-Anse Mourouk *(p. 223)*. |
| **Transport** | Pour rejoindre Rodrigues depuis Maurice, vous pouvez prendre l'avion (2 à 6 vols par jour, durée 1h30) ou le bateau (3 à 4 liaisons par mois, durée 30h env.). |
| **Conseils** | En haute saison, pensez à réserver votre vol pour Rodrigues suffisamment à l'avance. Vérifiez au moment de l'achat si cela ne revient pas moins cher d'acheter votre billet en même temps que le billet international. |

# SUGGESTIONS D'ITINÉRAIRES

| 2 SEMAINES | L'ÎLE MAURICE SOUS TOUTES SES FACETTES |
|---|---|
| **Excursions à la journée à partir de deux lieux de séjour** | **Semaine 1** : l'île aux Aigrettes *(p. 163)* et Mahébourg (1 j.) *(p. 160)*, Vieux Grand Port et la vallée de Ferney (1 j.) *(p. 157)*, l'île aux Cerfs (1 j.) *(p. 149)*, le Sud (1 j.) *(p. 172)*, les villes du plateau central (1 j.) *(p. 115)*.<br>**Semaine 2** : la côte ouest (1 j.) *(p. 186)*, Port Louis (1 j.) *(p. 92)*, Pamplemousses (1 j.) *(p. 105)* et la côte nord (2 j.) *(p. 126)*. |
| **Transport** | Privilégiez la location de voiture ou éventuellement de taxi, si vous ne vous sentez pas de conduire à gauche. |
| **Conseils** | Prévoyez deux étapes de séjour : à Blue Bay dans le Sud et à Mont Choisy ou à Grand Baie dans le Nord. |
| **2 SEMAINES** | **L'ÎLE MAURICE : ENTRE CÔTES ET NATURE** |
| **Itinéraire au départ de Mahébourg (env. 160 km)** | Mahébourg et Blue Bay (1 j.) *(p. 160)*, le Sud (1 j.) *(p. 172)*, la côte ouest (2 j.) *(p. 186)*, Port Louis (1 j.) *(p. 92)*, Pamplemousses (1 j.) *(p. 105)*, Mont Choisy (1 j.) *(p. 131)*, Grand Baie (1 j.) *(p. 136)*, la côte nord (2 j.) *(p. 126)*, Belle Mare et Trou d'Eau Douce (1 j.) *(p. 148-149)*, l'île aux Cerfs (1 j.) *(p. 149)*, Vieux Grand Port et la vallée de Ferney (1 j.) *(p. 157)*. |
| **Transport** | Bien que le bus puisse convenir entre vos différentes étapes, privilégiez les services d'un taxi pour vos excursions. |
| **Conseils** | Pour l'hébergement, privilégiez vos étapes à Mahébourg ou Blue Bay, Flic en Flac, Mont Choisy, Palmar ou Trou d'Eau Douce. |
| **3 SEMAINES** | **LES MASCAREIGNES SUR LE BOUT DES DOIGTS** |
| **Programme** | Combinez l'un des deux circuits de deux semaines sur l'île Maurice *(voir ci-dessus)* et celui d'une semaine sur l'île de Rodrigues *(voir ci-contre)*. |
| **Transport** | Pour Maurice comme pour Rodrigues, privilégiez la location de voiture (ou de taxi), mais prenez au moins une fois le bus à Rodrigues. |
| **Conseils** | Complétez éventuellement votre séjour en prévoyant quelques jours supplémentaires sur l'île de la Réunion. |

# Types de séjours

| SÉJOUR CULTUREL | |
|---|---|
| **Vestiges coloniaux** | Port Louis *(p. 92)* possède un musée intéressant (Blue Penny Museum), un très beau marché et des vestiges architecturaux de l'époque coloniale.<br>Le village de Pamplemousses *(p. 105)* conserve la plus ancienne église de l'île, les vestiges de l'ancien marché aux esclaves et quelques tombes de personnages historiques dans le vieux cimetière.<br>Le château de Labourdonnais *(p. 144)* se distingue par son décor luxueux entouré de plantations.<br>La Route du thé a pour étapes le domaine des Aubineaux *(p. 120)*, Bois Chéri *(p. 173)* et le domaine de Saint-Aubin *(p. 182)*.<br>Mahébourg *(p. 160)* et Vieux Grand Port *(p. 157)* abritent un musée naval, un autre consacré à l'occupation hollandaise et aussi quelques maisons coloniales. |
| **Patrimoine agricole et industriel** | La maison de Villebague (la première plantation industrielle de canne à sucre à Maurice) *(p. 104)* et le passionnant musée L'Aventure du sucre à Pamplemousses *(p. 108)*.<br>La biscuiterie H. Rault à Mahébourg *(p. 163)*, les plantations de thé de Bois Chéri *(p. 173)*, la Route du thé *(p. 185)*, la Route du sel à Tamarin *(p. 190)*, l'ancienne carrière de corail de Rodrigues *(p. 208)*. |
| **Religions, arts et traditions populaires** | Voir à l'œuvre les fabricants de maquettes de bâteaux dans les ateliers autour de Curepipe *(p. 117)* et à Goodlands *(p. 143)*.<br>Découvrir l'hindouisme dans le temple Maheswarnath à Trou aux Biches *(p. 130)* et dans celui de Poste de Flacq *(p. 148)*, assister aux rites hindous autour du lac de Grand Bassin *(p. 174)*, le haut lieu de pèlerinage hindou.<br>Les piqueuses d'ourites de Port Sud-Est à Rodrigues *(p. 208)*. |
| **TOURISME VERT** | |
| **Faune et flore** | La vallée de Ferney *(p. 157)* dont les deux circuits permettent d'avoir un bel aperçu de la faune et la flore mauricienne.<br>L'incontournable jardin botanique de Pamplemousses *(p. 106)* avec ses bassins (nénuphars, lotus...) et ses palmiers tallipots et royaux.<br>Le domaine de Kestrel Valley *(p. 154)* abrite la dernière forêt primaire de l'île.<br>La réserve naturelle de Frédérica *(p. 180)*, où il est possible d'observer le faucon crécerelle et des troupeaux de cerfs en liberté.<br>À Rodrigues, le jardin des 5 Sens *(p. 210)* et l'observation d'oiseaux dans les îlots des alentours (île aux Cocos) *(p. 212)*. |
| **Randonnée** | Le parc national des Gorges de la Rivière Noire *(p. 175)* : comptez 2 jours en prévoyant une randonnée parmi les 50 km de sentiers balisés.<br>Randonnées sur le morne Brabant *(p. 188)*.<br>Ne manquez pas la randonnée (comptez 2h de marche AS) entre Pointe Coton et Petit Gravier à Rodrigues *(p. 211)*. |
| **SÉJOUR BALNÉAIRE** | |
| **Farniente ou sports nautiques** | Blue Bay *(p. 164)* : un splendide lagon et des fonds marins exceptionnels. Plongée idéale : sept.-mai.<br>Le morne Brabant *(p. 188)* : l'un des plus beaux sites de l'île, dominé par le morne, idéal pour le surf et la planche à voile.<br>Mont Choisy *(p. 131)* : une magnifique plage en arc de cercle, bien protégée et encore vierge de toute construction. Idéal en famille.<br>Flic en Flac *(p. 195)* : une immense plage de sable doré. Prenez garde aux courants.<br>Les plages de Belle Mare à Trou d'Eau Douce *(p. 148-149)* : de superbes plages de sable blond, lagon limpide. Idéal toute l'année pour la voile. Excursion à l'île aux Cerfs *(p. 149)*.<br>Rodrigues *(p. 204)* : un vaste choix de plages très peu fréquentées (Trou d'Argent, Pointe Coton, Saint-François...). |
| **Plongée** | *Voir le tableau des sites de plongée p. 34.* |

| EN FAMILLE | |
|---|---|
| **Nature** | La Vanille - Réserve des Mascareignes *(p. 183)* : les crocodiles, les iguanes et autres caïmans n'auront plus de secret pour vos chères têtes blondes.<br>La vallée des Couleurs *(p. 178)* avec sa cascade et ses fameuses dunes ocre, les « terres de Couleurs ».<br>La réserve François-Leguat à Rodrigues *(p. 207)* et ses tortues géantes vivant en liberté dans un beau canyon.<br>Les vergers du château de Labourdonnais *(p. 144)* où vous pourrez vous familiariser avec les arbres fruitiers tropicaux, dont une cinquantaine d'espèces de manguiers.<br>Les sentiers du parc national des Gorges de la Rivière Noire *(p. 175)*, pour une plongée dans la nature sauvage de l'île.<br>L'aquarium de la pointe aux Piments *(p. 127)* : ne manquez pas le spectacle du nourrissage des poissons tous les jours à 11h. |
| **Plage et baignade** | Baignade à Trou aux Biches *(p. 130)*, Mont Choisy *(p. 131)* ou Pereybère *(p. 140)*.<br>Les plages de Belle Mare et de Palmar *(p. 148)*, le Domaine de l'Étoile *(p. 152)*, la vallée de Ferney *(p. 157)*.<br>L'île aux Aigrettes *(p. 163)*, le parc marin de Blue Bay *(p. 164)*.<br>La plage du Morne Brabant *(p. 188)*.<br>Nager avec des dauphins au large de La Preneuse *(p. 194)*. |
| **Culture** | L'Aventure du sucre à Pamplemousses *(p. 108)* qui conte à merveille l'épopée de la canne à sucre.<br>L'usine de Bois Chéri *(p. 173)* où vous pourrez observer l'arrivée des feuilles de thé et leur transformation à travers d'impressionnantes machines.<br>La biscuiterie H. Rault à Mahébourg *(p. 163)* qui révèle les secrets de fabrication des gâteaux à base de farine de manioc, visite conclue par une dégustation. |
| **Loisirs et activités** | Le Domaine Les Pailles et son moulin à sucre activé par un bœuf *(p. 101)*, à parcourir en petit train ou en calèche.<br>Une balade à cheval avec Horse Riding Delights à Mont Choisy *(p. 134)*.<br>Une excursion à bord du semi-submersible *Nessee* dans le lagon de Grand Baie *(p. 140)*.<br>Les attractions aquatiques du Waterpark et Leisure Village à Belle Mare *(p. 153)*.<br>Une excursion en bateau à fond de verre pour explorer les fonds marins de Blue Bay *(p. 169)*.<br>Les parcours dans les arbres du parc Aventure Chamarel *(p. 180)* et en tyrolienne au-dessus de la rivière des Galets *(p. 185)*.<br>L'observation des oiseaux et les nombreuses activités (pêche, safari, canyoning…) du Casela Nature and Leisure Park *(p. 191)*.<br>Le tour de la réserve naturelle de Frédérica dédié spécialement aux enfants *(p. 180)* avec, notamment, une partie de pêche dans un bassin. |

# Aller à Maurice

## Fiche d'identité

Nom officiel : République de Maurice
Capitale : Port Louis
Superficie : 2 040 km²
(île principale 1 865 km²)
Population : 1 307 000 hab. (estimation 2013)
Monnaie : la roupie mauricienne (MUR, MRs ou Rs)
Langues officielles : anglais et français

## En avion

Le vol Paris-Maurice sans escale dure environ 11h. Le coût du billet varie selon la période du séjour (de 900 € en basse saison à 1 400 € en haute saison).

### LIGNES RÉGULIÈRES

Suite à un accord entre Air France et Air Mauritius, les liaisons sont assurées en combiné, à raison de deux ou trois vols quotidiens entre Paris-Roissy (2E) et Maurice. Air Mauritius assure aussi un à deux vols Genève-Maurice par semaine.

**Air France** – ✆ 36 54 (0,34 €/mn) ou 09 69 39 02 15 (assistance Internet) - www.airfrance.fr. Nombreuses agences en France. Correspondances assurées vers 35 villes françaises.

**Air Mauritius** – 23 r. de la Paix, 75002 Paris - ✆ 0 890 710 315 (0,15 €/mn) - www.airmauritius.fr ; un guichet à l'aéroport Roissy-CDG - ✆ 01 74 37 02 72. La compagnie offre des tarifs avantageux pour les couples en lune de miel, les seniors et les familles, et autorise certains excédents de bagages pour les équipements sportifs (golf, plongée, surf).

**Bon à savoir** – Si vous réservez votre vol chez Air Mauritius et prévoyez une extension de votre séjour à Rodrigues, demandez alors un Paris-Rodrigues, avec un supplément (100 €) pour faire halte à l'aller et/ou au retour à Maurice : l'ensemble revient au même prix, voire moins cher à certaines dates, que le Paris-Maurice. Cela dit, les vols Paris-Maurice sont souvent vendus moins cher par les voyagistes sur Internet et, dans ce cas, mieux vaut acheter le vol Maurice-Rodrigues séparément (*voir ci-dessous*).

**Corsair** – ✆ 0 820 042 042 (0,12 €/mn) - www.corsair.fr. 3 vols/sem. au départ de Paris-Orly Sud.

Les compagnies Air Austral, Air Madagascar, Air Seychelles, Air India, British Airways, Condor, Emirates Airlines, South African Airways et Singapore Airlines ont également des liaisons avec l'île Maurice (se renseigner auprès de leurs représentants).

### VOLS ÉCONOMIQUES

Il n'existe pas de vol charter pour Maurice, mais de nombreuses agences de voyages proposent des tarifs promotionnels sur les vols réguliers.

**Bon à savoir** – Si vous envisagez un séjour d'une semaine ou 10 jours dans un seul hôtel de catégorie 3 à 5 étoiles, vous avez intérêt à opter pour les formules combinées avion + hôtel des voyagistes, de loin plus avantageuses que l'achat en direct. Vous obtiendrez les meilleurs prix en passant par les centrales de réservation en ligne qui

ont des tarifs intéressants, des occasions de dernière minute, des vols bradés ou des packages avion + hôtels. Pratique, le site **www.voyagermoinscher.com** fonctionne comme un moteur de recherche, qui répertorie les offres des différents prestataires.
**Airportail** – www.airportail.com.
**Bourse des vols** – ☎ 0 892 888 949 (0,34 €/mn) - www.bourse-des-vols.com.
**Ebookers** – ☎ 0 892 234 235 (0,34 €/mn) - www.ebookers.fr.
**Expedia** – ☎ 01 57 32 49 86 - www.expedia.fr.
**Lastminute** – ☎ 0 892 68 61 00 (0,34 €/mn) - www.lastminute.com.
**Opodo** – ☎ 0 899 653 655 (0,34 €/mn) - www.opodo.fr.

### LIAISONS ENTRE LES ÎLES DE L'OCÉAN INDIEN

**Bon à savoir** – Sachez que le billet Réunion-Maurice est un peu plus cher au départ de la Réunion (à partir de 235 €) qu'au départ de Maurice (à partir de 200 €).
Le **pass Sésame** d'Air Madagascar permet de voyager un mois dans les pays de la région desservis par la compagnie (Kenya, Réunion, Comores, Mayotte, Afrique du Sud).
**Air Austral** – ☎ 0 825 013 012 (0,15 €/mn) - www.air-austral.com. Agence à Maurice : IBL House, Caudan Waterfront, Port Louis - ☎ 202 8050. Liaisons vers l'Afrique du Sud, l'Australie, les Comores, Madagascar, Mayotte, la Nouvelle-Calédonie, la Réunion (3 à 5 vols quotidiens), les Seychelles et la Thaïlande.
**Air Mauritius** – www.airmauritius.com. Deux agences à Maurice : aéroport Sir Seewoosagur Ramgoolam - ☎ 603 3019/3060/3061 ; Air Mauritius Centre, President John F. Kennedy St., Port Louis - ☎ 207 7070 *(pour Rodrigues,* *voir p. 214)*. Air Mauritius assure 3 vols/j. entre Maurice et la Réunion (40mn ; à partir de 200 €) et 1 à 4 vols/j. entre Maurice et Rodrigues (1h30 ; 155/175 €). Le nombre de places étant limité, il est recommandé de les réserver à l'avance. Vols également vers Madagascar et les Seychelles.
**Air Seychelles** – Rogers House, 5 President John F. Kennedy St., Port Louis - ☎ 202 6671 - www.airseychelles.com.
**Air Madagascar** – President John F. Kennedy St., Port Louis - ☎ 203 2150/2151 - www.airmadagascar.com.

### AÉROPORT

**Aéroport Sir Seewoosagur Ramgoolam** – L'aéroport international de Maurice se situe à Plaisance, à 4 km de Mahébourg, dans le sud-est de l'île, et à 48 km de Port Louis - ☎ 603 6000 - http://aml.mru.aero. Vous y trouverez des boutiques hors taxes, des bars et un restaurant, un bureau de l'office de tourisme, des guichets de banques, des distributeurs et un bureau de poste, ainsi que les représentants des compagnies aériennes, des tour-opérateurs et des agences de location de voiture. Tous sont en principe ouverts à chaque arrivée de vol. Des taxis attendent à l'arrivée de chaque avion. N'hésitez pas à négocier la course. Autobus publics environ toutes les 30mn, entre 6h et 18h, derrière le parking de l'aéroport. Ils relient Mahébourg à Port Louis, via Curepipe.
**Bon à savoir** – Au départ de Maurice, il est prudent d'arriver au moins 2h en avance à l'aéroport, car les surréservations sont fréquentes. L'enregistrement peut être long en cas d'affluence.

## En bateau

Les paquebots **Mauritius Pride** (fauteuils ou cabines) et **Mauritius Trochetia** (cabines de 1re et

2e classe) assurent 2 ou 3 liaisons/sem. avec la Réunion (12h30-13h de voyage de nuit). Selon la classe et la saison, comptez 150 à 265 € AR pour le *Mauritius Pride* et 185 à 340 € pour le *Mauritius Trochetia*. Les deux navires assurent aussi 3 ou 4 liaisons/mois avec Rodrigues (30/36h de voyage de Port Louis à Port Mathurin, 24h dans l'autre sens). Comptez 75 à 125 € aller sur le *Mauritius Pride* et 100 à 125 € aller sur le *Mauritius Trochetia*. Repas inclus dans les prix.

### COMPAGNIE

**Mauritius Shipping Corporation** – François Leguat St., Port Mathurin, Rodrigues - ✆ 831 0640/0642 - www.mauritiusshipping.intnet.mu.

# Avant de partir

## Météo

**Prévisions météo** – ✆ 302 6070.
**Point cyclones** – ✆ 96.
**Sur Internet** – http://metservice.intnet.mu.

### CARACTÉRISTIQUES CLIMATIQUES

Bien que les températures soient relativement agréables toute l'année et qu'il puisse pleuvoir à tout moment, les périodes les plus favorables pour se rendre à Maurice et Rodrigues vont **d'avril à juin** et **de septembre à novembre**. Deux saisons divisent l'année, mais le climat varie beaucoup d'une région à l'autre. Contrairement à l'image idyllique véhiculée par les agences de voyages, le ciel de Maurice n'est pas toujours bleu et ensoleillé. L'île étant située dans l'hémisphère Sud, l'été et l'hiver sont inversés par rapport aux saisons européennes.

#### L'hiver austral

**De mai à octobre**, il fait plus frais et plus sec. Les températures descendent entre 14 et 25 °C en moyenne, les plus basses étant enregistrées en août. Grosse averse brève ou bruine fine plus durable, il peut pleuvoir à tout moment de la journée. Il fait jour de 6h45 à 17h45 environ. C'est la meilleure saison pour le surf (de juin à août). Sur les plateaux du centre, on enregistre en moyenne 5 °C de moins que sur le littoral. Les côtes ouest et nord sont plus chaudes et moins arrosées que les côtes est et sud, où les vents du sud-est apportent les pluies et la fraîcheur du large.

#### L'été austral

Il fait chaud et humide **de novembre à avril**. Les températures oscillent entre 25 et 33 °C, avec des pointes en janvier. Les pluies sont abondantes, surtout dans le centre de l'île, avec des maximales entre janvier et mars. Il fait jour de 5h30 à 19h. C'est la meilleure saison pour la plongée (déc.-mars) et pour la pêche (sept.-mars).
La saison des **cyclones** s'étend de janvier à mars. Certaines années, ils ne traversent pas les îles ou ne les touchent que très faiblement ; d'autres fois, ils dévastent tout, détruisant sur leur passage végétation et bâtiments. Rassurez-vous, les hôtels sont construits et équipés pour faire face à ces catastrophes naturelles.
Les périodes de plus grosse affluence sont celles de Noël et du Jour de l'an (les prix augmentent alors fortement) et des vacances scolaires en Europe et à la Réunion (notamment août).

### VÊTEMENTS ET ACCESSOIRES

Emportez des vêtements légers et un maillot de bain, mais aussi un pantalon, une chemise à manches longues et un pull, pour les soirées fraîches (en hiver) et pour vous protéger des moustiques. Un imperméable léger ou un parapluie se révèle utile, même si les pluies durent rarement longtemps. N'oubliez pas vos lunettes de soleil. Prévoyez des chaussures faciles à retirer si vous voulez visiter des temples et des mosquées, ainsi que des vêtements couvrant les jambes et les épaules. Le paréo est souvent bien pratique : vous en trouverez sur place à bon marché. Avec des chaussures en plastique, vous vous protégerez des oursins et des coraux.

## Adresses utiles

### OFFICES DE TOURISME

**France** – Office du tourisme de l'île Maurice, c/o Interface Tourism - 11 bis r. Blanche, 75009 Paris - ✆ 01 53 25 11 11 - www.tourism-mauritius.mu/fr. Uniquement par téléphone, mais vous pouvez demander à recevoir de la documentation.

**Suisse** – Mauritius Tourism Information Service - Badenerstrasse 15, 8004 Zurich - ✆ 44 286 9956 - www.tourism-mauritius.mu/fr.

### REPRÉSENTATIONS DIPLOMATIQUES

**France** – Ambassade de la république de Maurice - 127 r. de Tocqueville, 75017 Paris - ✆ 01 42 27 30 19 - ambassade.maurice@online.fr.

**Belgique** – Ambassade de la république de Maurice - 68 r. des Bollandistes, Etterbeek, 1040 Bruxelles - ✆ 2 733 99 88 - ambmaur@skynet.be.

**Suisse** – Mauritius Mission to the U.N. - 37-39 r. de Vermont, 1211 Genève - ✆ 734 8550 - mission.mauritius@ties.itu.int.

**Luxembourg** – Consulat honoraire de Maurice - 21 r. Glesener, L-1631 Luxembourg - ✆ 2648 0460 - fbuchler@luxconsult.lu.

### INTERNET

**Tourisme** – www.tourism-mauritius.mu/fr (site de l'office de tourisme, en français) ; www.tourism-mauritius.mu (idem, en anglais) ; www.ile-maurice.com ; www.orange.mu ; ile-maurice.voyaz.com ; www.ilemauricepratique.com ; www.ilemaurice.org ; www.bookmauritius.com ; www.tropicscope.com ; www.vivrodrigues.com et www.tourism-rodrigues.mu (tous deux consacrés à l'île Rodrigues).

**Informations** – www.gov.mu (site du gouvernement mauricien) ; www.lemauricien.com (site du journal *Le Mauricien*) ; www.lexpress.mu (site du journal *L'Express*).

### AGENCES DE VOYAGES

**Bon à savoir** – Les agences proposent différentes formules de séjour à Maurice. Il est souvent plus intéressant d'acheter un forfait comprenant l'avion, l'hôtel en pension complète et éventuellement la location d'une voiture, que d'organiser soi-même son voyage, d'autant plus si vous souhaitez séjourner dans un hôtel haut de gamme.

#### Généralistes

**Fram** – 89 av. de Wagram, 75017 Paris - ✆ 0 826 463 727 (0,15 €/mn) - www.fram.fr.

**Go Voyages** – ✆ 0 899 651 951 (0,34 €/mn) - www.govoyages.fr.

**Jet tours** – 34 av. de l'Opéra, 75002 Paris - ✆ 0 820 830 880 (0,15 €/mn) - www.jettours.com. Nombreuses agences partout en France.

**Nouvelles Frontières** – 13 av. de l'Opéra, 75001 Paris - ✆ 0 825 000 747 (0,15 €/mn) - www.nouvelles-frontieres.fr. Nombreuses agences partout en France.

**Voyageurs du monde** – 55 r. Ste-Anne, 75002 Paris - ✆ 01 42 86 16 00 - www.voyageursdumonde.fr. Circuits accompagnés, voyages sur mesure. Treize autres agences en France, une en Suisse et une en Belgique.

**TUI** – En agences - www.tui.fr. Circuits randonnées, autotours et séjours.

### Spécialistes de Maurice

**Beaux Songes** – 105 r. Lafayette, 75010 Paris - ✆ 0 800 004 003 - www.beauxsonges.fr.

**Exotismes** – ✆ 0 826 965 000 (0,15 €/mn) - www.exotismes.fr.

**Îles du Monde** – 19 av. Franklin-D.-Roosevelt, 75008 Paris - ✆ 01 55 42 74 10 - www.ilesdumonde.com.

**Soléa Vacances** – ✆ 01 49 29 60 00 - www.soleavacances.fr.

**Tropicalement Vôtre** – 43 r. Basfroi, 75011 Paris - ✆ 01 43 70 99 55 - www.tropicalement-votre.com; 96 r. Pierre-Corneille, 69003 Lyon - ✆ 04 72 32 26 89.

**Un Monde Maurice** – 24 r. Chauchat, 75009 Paris - ✆ 01 70 36 01 82 - www.unmondemaurice.com.

**Îles Resa** – 135 bd Haussmann, 75008 Paris - ✆ 0 892 650 150 (0,34 €/mn) - www.iles-resa.com.

### Voyages sportifs et aventure

**Huwans Club Aventure** – ✆ 0 826 88 20 80 (0,15 €/mn) - www.huwans-clubaventure.fr. Deux agences en France: 18 r. Séguier, 75006 Paris; 38 quai Arloing, 69009 Lyon.

**Nomade Aventure** – ✆ 0 825 701 702 (0,15 €/mn) - www.nomade-aventure.com. Quatre agences en France: 40 r. de la Montagne-Ste-Geneviève, 75005 Paris; 10 quai Tilsitt, 69002 Lyon; 43 r. Peyrolières, 31000 Toulouse; 12 r. Breteuil, 13001 Marseille.

Pour le golf, l'outdoor, le windsurf et le kitesurf:

**Greens du monde** – ✆ 0 825 800 917 - www.greensdumonde.com.

**Fun and Fly** – 27 bd des Minimes, 31200 Toulouse - ✆ 0 820 420 820 (0,12 €/mn) - www.fun-and-fly.com.

**Voyages Gallia** – 12 r. Auber, 75009 Paris - ✆ 01 53 43 36 36 - www.voyages-gallia.fr.

Plusieurs agences se sont par ailleurs spécialisées dans la plongée sous-marine:

**Aéromarine** – 22 r. Royer-Collard, 75005 Paris - ✆ 01 43 29 30 22 - www.aeromarine.fr.

**Océanes** – 531 r. Paul-Julien, 13100 Le Tholonet - ✆ 04 42 52 82 40 - www.oceanes.com.

**Ultramarina** – ✆ 0 825 02 98 02 (0,15 €/mn) - www.ultramarina.com. Six agences en Europe: 2ter r. des Olivettes, 44000 Nantes; 29 r. de Clichy, 75009 Paris; 27 r. de la Palud, 13001 Marseille; 11 r. Bugeaud, 69006 Lyon ; 76 r. des Eaux-Vives, 1207 Genève ; 1 r. aux Frênes, 4020 Liège.

# Formalités

## PAPIERS

### Pièces d'identité et visa

Les ressortissants de l'Union européenne, de la Suisse et du Canada (se renseigner au consulat pour les autres nationalités) peuvent entrer à Maurice munis d'un passeport valide au moins six mois après le retour et d'un titre de transport pour le retour. Un visa valable trois mois est délivré gratuitement à l'arrivée. Pour le prolonger (maximum de trois mois), adressez-vous au **Passport and Immigration Office** – Sterling House, 9-11 Lislet Geoffroy St., Port Louis - ✆ 210 9312 - piovisa@mail.gov.mu - www.gov.mu. Vous devez présenter un billet de retour, un passeport valide, et des documents prouvant que vos moyens financiers sont suffisants (une photocopie de votre carte de crédit peut suffire).

### Permis de conduire

Le permis de conduire français ou international (parfois demandé lors d'un séjour de plus d'un mois) est obligatoire pour louer une voiture, une moto ou un scooter de plus de 80 $cm^3$. Le conducteur doit avoir plus de 23 ans et posséder son permis depuis plus d'un an.

#### RÈGLEMENTS SANITAIRES

Un permis d'importation du ministère de l'Agriculture est exigé pour importer des plantes, des graines, des fleurs, des fruits frais ou des bulbes.
Pour les animaux, un permis d'import et un certificat de santé du pays d'origine sont demandés, mais chiens et chats sont soumis à six mois de quarantaine.
En revanche, l'introduction de canne à sucre et d'invertébrés est strictement interdite. Les autorisations sont à demander au **service vétérinaire de l'aéroport de Plaisance** – ✆ 627 7896.

#### VACCINATION

Aucune vaccination n'est exigée, mais un certificat de vaccination contre la fièvre jaune doit être produit par tout voyageur provenant de régions affectées.

#### ASSURANCES

Pensez à vous assurer avant de partir. Renseignez-vous auprès de votre banque, car beaucoup de cartes bancaires incluent dans leur contrat une assurance voyage (assistance, rapatriement). Si vous passez par un tour-opérateur, vérifiez qu'elle n'est pas déjà incluse dans le prix de votre voyage.
**AVA** – 25 r. de Maubeuge, 75009 Paris - ✆ 01 53 20 44 20 - www.ava.fr.
**AVI International** – 106-108 r. La Boétie, 75008 Paris - ✆ 01 44 63 51 00 - www.avi-international.com.
**Europ Assistance** – ✆ 01 41 85 93 65 - www.europ-assistance.fr.
**Mondial Assistance** – 54 r. de Londres, 75008 Paris - ✆ 01 53 05 86 00 - www.mondial-assistance.fr.

#### CHÈQUES DE VOYAGE

Vous pourrez changer vos chèques dans la plupart des banques. Le taux est meilleur qu'avec des devises, mais une petite commission est prélevée.

## Argent

*Voir « Argent » (p. 24) et « Banques » (p. 25).*

## Décalage horaire

Le décalage horaire avec la France est de 3h en hiver et de 2h en été.

**Calculez votre budget quotidien**
Le prix à la journée a été calculé **par personne**, sur la base d'un séjour pour deux (hors activités).
Ceux qui disposent d'un budget serré doivent compter un minimum de **65 €** par jour et par personne: déplacements en bus, hébergement en pension, repas dans un petit restaurant local, quelques visites, peu de sorties…
Avec **80-130 €**, vous voyagerez confortablement, sans luxe. Comptez 20 € de plus par personne et par jour pour la location d'une voiture et l'essence.
Au-delà de **200 €**, vous pourrez profiter des grands hôtels, dîner dans des restaurants gastronomiques et rouler en voiture.

| QUELQUES IDÉES DE PRIX POUR ÉTABLIR SON BUDGET | | |
|---|---|---|
| SERVICES OU ARTICLES | PRIX MOYEN EN ROUPIES | ÉQUIVALENT EN EUROS |
| Une chambre double dans un hôtel de catégorie moyenne | 1 400-2 000 | 35-50 |
| Une chambre double dans un hôtel confortable | 3 200-6 000 | 80-150 |
| Une chambre double dans un hôtel de luxe | à partir de 8 000 | à partir de 200 |
| Un repas dans un petit restaurant local | 325-400 | 8-10 |
| Un repas dans un restaurant de catégorie moyenne | 600-1 000 | 15-25 |
| Un repas dans un grand restaurant | à partir de 2 000 | à partir de 50 |
| Location d'un vélo à la journée | 150-200 | 3,75-5 |
| Location d'une voiture à la journée (catégorie A) | 1 000-1 800 | 25-45 |
| Location d'un taxi à la journée | 1 500-2 500 | 37-62 |
| Un litre d'essence | 49 | 1,23 |
| Un billet de bus de Port Louis à Mahébourg | 41 | 1,03 |
| Un billet d'entrée pour un musée | 150-350 | 3,75-8,50 |
| Un baptême de plongée | 1 800-2 400 | 45-60 |

Quand il est 9h en France, il est donc, selon la saison, 11h ou 12h à Maurice.

## Téléphoner à l'île Maurice

Pour appeler l'île Maurice de l'étranger, composez le 00 230 + le numéro à 7 chiffres (ou 8 chiffres pour les portables) de votre correspondant.

*Voir aussi « Téléphone », p. 35.*

## Budget

### BUDGET À PRÉVOIR

Le gouvernement cherchant à développer un tourisme haut de gamme, les prix sont assez élevés. La vie à l'île Maurice demeure cependant moins chère qu'à la Réunion ou aux Seychelles. Sachez que les prix varient du simple au double selon la saison et que presque tous les tarifs sont majorés de 20 à 30 % entre le 15 décembre et le 15 janvier. N'oubliez pas qu'une **taxe gouvernementale** de 15 % est ajoutée aux factures des hôtels et des restaurants.

## Se loger

La taille de l'île vous permet de résider au même endroit pendant toute la durée de votre séjour. Où que vous logiez, vous pourrez faire dans la journée les excursions de votre choix. Vous pouvez donc choisir votre lieu de séjour en fonction de vos goûts, de votre budget, mais aussi du climat et de la saison. Tout dépend si vous recherchez en priorité le repos, la plage et le soleil, les activités sportives, l'animation nocturne, le dépaysement, l'immersion dans la vie locale… Selon la région que vous choisirez, vous aurez en effet une vision de l'île radicalement différente : stations balnéaires touristiques dans le Nord-Ouest, petit village paisible comme à Tamarin, quartier résidentiel de Mahébourg ou côte sauvage du sud ou de l'est de l'île.

Une autre possibilité consiste donc à opter pour un séjour itinérant autour de l'île, afin de découvrir les spécificités de chaque région.
Les villes du plateau central disposent généralement de petits hôtels bon marché de médiocre qualité, mais vous n'aurez a priori aucune raison d'y séjourner. Ce guide n'évoquera donc que les hôtels situés dans les régions littorales.
Retrouvez notre sélection d'hébergements dans « Nos adresses à... », placées en fin de description des principaux sites de la partie « Découvrir Maurice ».
**Bon à savoir** – Vous trouverez ci-contre un tableau des hôtels de luxe, pour la plupart non décrits dans nos carnets d'adresses.

## Saisonnalité

Si vous souhaitez organiser vos vacances à l'avance, réservez votre hébergement, selon la saison, quelques semaines ou quelques mois avant de partir.
Les tarifs des grands hôtels sont souvent beaucoup plus intéressants si vous passez par une agence de voyages. Méfiez-vous cependant des descriptions et des photos parfois mensongères sur les brochures. Si vous préférez choisir votre chambre sur place, le nombre de lits est tellement important que vous en trouverez toujours un. Vous prenez seulement le risque de ne pas avoir celui dont vous auriez rêvé, et pas toujours au prix que vous escomptiez. Pour la période de Noël et du Nouvel An, il est plus sûr de réserver, surtout pour les meilleures adresses.
Si vous souhaitez trouver une voiture de location à votre arrivée d'avion, pensez à la réserver à l'avance, les véhicules disponibles étant rares à l'aéroport.
Si vous envisagez de vous rendre à Rodrigues, il est indispensable de réserver – et le plus tôt possible – votre aller-retour entre les deux îles *(voir p. 13)*.

### NOTRE SÉLECTION

Les établissements décrits dans ce guide sont classés par catégories de prix *(voir tableau p. 22)*. Ils ont été sélectionnés en fonction de leur atmosphère, de leur emplacement, de leur aspect général et de leur rapport qualité-prix.

## Les prix

Les tarifs pouvant varier du simple au double selon la saison et la catégorie de la chambre, les adresses retenues dans ce guide sont classées par tranches de prix, sur la base d'une **chambre double** standard avec petit déjeuner, en moyenne saison. Dans certains cas, nous indiquons le prix du petit déjeuner lorsqu'il n'est pas inclus et il est précisé si la demi-pension est obligatoire (certains tarifs sont alors donnés par personne).
Sachez que dans beaucoup d'établissements les prix sont dégressifs si vous restez plusieurs nuits. Ils varient aussi en fonction de la saison. Comptez en moyenne 20 % de moins pendant la basse saison (juin et sept.) et de 30 à 50 % de plus pour Noël et le Jour de l'an.
Une **taxe gouvernementale** (15 %) est ajoutée aux factures de certains hôtels et restaurants, mais de nombreux établissements l'incluent déjà dans leurs tarifs.

### TYPES D'HÉBERGEMENTS

Vous trouverez à Maurice différents types d'hébergement pour vous loger à tous les prix. La liste complète se trouve à l'office du tourisme de Port Louis.

## Camping

L'île ne dispose d'aucune installation dans la mesure où le camping, même s'il est toléré, compte peu d'adeptes à Maurice.

## Hôtels

Du simple petit hôtel au palace de luxe, sur la plage ou de l'autre côté

| L'HÔTELLERIE DE LUXE À L'ÎLE MAURICE | |
|---|---|
| **SUR LA CÔTE NORD** | |
| **Balaclava et pointe aux Piments** | Maritim Hotel (www.maritim.com)<br>The Oberoi (www.oberoihotels.com)<br>La Plantation Resort & Spa (www.apavou-hotels.com)<br>The Grand Mauritian Resort & Spa (www.starwoodhotels.com)<br>Intercontinental Mauritius Resort (www.intercontinental.com/mauritius)<br>Le Victoria (www.levictoria-hotel.com)<br>Le Méridien (www.lemeridien-mauritius.com)<br>Véranda Pointe aux Biches (www.veranda-resorts.com) |
| **Trou aux Biches** | Trou aux Biches Resort & Spa (www.trouauxbiches-hotel.com) |
| **Pointe aux Canonniers** | Club Med La Pointe aux Canonniers (www.clubmed.com)<br>Le Canonnier (www.lecanonnier-hotel.com)<br>Hôtel 20° Sud (www.20degressud.com) |
| **Grand Baie** | Le Mauricia (www.lemauricia-hotel.com)<br>Veranda Grand Baie (www.veranda-resorts.com)<br>Royal Palm (www.royalpalm-hotel.com) |
| **Anse la Raie** | Paradise Cove Hotel & Spa (www.paradisecovehotel.com)<br>Le Marina (www.marina-hotel-mauritius.com) |
| **Grand Gaube** | Lux Grand Gaube (www.luxresorts.com)<br>Veranda Paul & Virginie (www.veranda-resorts.com) |
| **SUR LA CÔTE EST** | |
| **Poste de Flacq** | Constance Le Prince Maurice (http://princemaurice.constancehotels.com)<br>One & Only Le Saint Géran (http://lesaintgeran.oneandonlyresorts.com) |
| **Belle Mare** | Constance Belle Mare Plage (http://bellemareplagehotel.constancehotels.com)<br>The Residence Mauritius (www.theresidence.com)<br>Lux Belle Mare (www.luxresorts.com) |
| **Palmar** | Veranda Palmar Beach (www.veranda-resorts.com)<br>Ambre (www.ambremauritius.com)<br>La Palmeraie (www.hotel-palmeraie.com) |
| **Trou d'Eau Douce** | Le Touessrok (www.letouessrokresort.com) |
| **Grande Rivière Sud-Est** | Anahita The Resort Mauritius (www.anahita.mu) |
| **Blue Bay** | Shandrani Resort & Spa (www.shandrani-hotel.com) |
| **DANS LE SUD** | |
| **Saint-Félix** | Shanti Maurice (www.shantimaurice.com) |
| **Bel Ombre** | Mövenpick Resort & Spa Mauritius (www.moevenpick-hotels.com)<br>Tamassa (www.tamassaresort.com)<br>Heritage Awali Golf & Spa Resort (www.heritageresorts.mu)<br>Heritage Le Telfair Golf & Spa Resort (www.heritageresorts.mu)<br>Domaine de Bel Ombre (www.domainedebelombre.mu) |
| **SUR LA CÔTE OUEST** | |
| **Le Morne** | Le Mornea (www.apavou-hotels.com)<br>Indian Resort & Spa (www.apavou-hotels.com)<br>Lux Le Morne (www.luxresorts.com)<br>Dinarobin Hotel Golf & Spa (www.dinarobin-hotel.com)<br>Paradis Hotel & Golf Club (www.paradis-hotel.com) |
| **Tamarin** | Tamarina Golf Spa & Beach Club (www.tamarinavillas.mu) |
| **Wolmar et Flic en Flac** | The Sands Resort & Spa (www.sands.mu)<br>Maradiva Villas Resort & Spa (www.maradiva.com)<br>Sofitel L'Imperial Resort & Spa (www.sofitel.com)<br>Hilton Mauritius Resort & Spa (www.hilton.com)<br>Sugar Beach (www.sugarbeachresort.com)<br>La Pirogue (www.lapirogue.com) |

| NOS CATÉGORIES DE PRIX | | |
|---|---|---|
| | **Hébergement** | **Restauration** |
| **Premier prix** | moins de 50 € | moins de 15 € |
| **Budget moyen** | de 50 € à 100 € | de 15 € à 30 € |
| **Pour se faire plaisir** | de 100 € à 150 € | de 30 € à 50 € |
| **Une folie** | plus de 150 € | plus de 50 € |

de la route, Maurice bénéficie d'une excellente hôtellerie dans toutes les gammes de prix. Il est peu probable que vous réserviez directement auprès des hôtels haut de gamme, leurs tarifs étant négociés, donc plus intéressants, si vous passez par une agence. Nous vous indiquons toutefois leurs coordonnées *(voir p. 21)* pour que vous puissiez les situer et consulter leurs sites Internet.

**AHRIM** – Barkly Wharf (5e étage), Caudan Waterfront, Port Louis - ✆ 211 5630 - www.mauritius tourism.org. Cette association professionnelle regroupe un grand nombre de petits et moyens hôtels de qualité. N'hésitez pas à consulter leur site Internet pour trouver un établissement qui corresponde à votre budget.

### Locations

Il existe un grand choix de chambres, studios, appartements, bungalows et villas à louer. C'est une formule économique, surtout si vous partez en famille ou entre amis. Avant de louer un appartement ou une maison, assurez-vous que la route principale ne passe pas juste devant, que la plage de rêve vantée par la brochure est bien à proximité… On vous proposera les services d'une femme de ménage et d'une cuisinière pour une somme modique. Sachez toutefois que les locations isolées constituent la cible privilégiée des voleurs, surtout dans la zone touristique du Nord-Ouest. Évitez les nombreuses « chambres à louer » signalées par des pancartes au bord de la route principale dans la région de Grand Baie. Préférez les locations dans des résidences hôtelières gardées. Vous bénéficierez de surcroît d'un certain nombre de services : piscine, ménage, location de voitures ou de bicyclettes, accès à quelques activités nautiques, organisation d'excursions…

### Pensions de famille

Vous trouverez un peu de tout dans cette catégorie : depuis les petits hôtels sales et sinistres jusqu'aux pensions familiales simples, mais propres et chaleureuses. Certaines constituent une bonne solution si vous disposez d'un budget limité ou si vous préférez une ambiance familiale aux soirées animées des hôtels.

## Se restaurer

**NOTRE SÉLECTION**

Les établissements ont été sélectionnés en fonction des plats, de l'ambiance, de l'emplacement et/ou du rapport qualité-prix.

Les tarifs indiqués dans ce guide correspondent au prix moyen d'un repas pour une personne, avec entrée, plat et dessert (taxes, pourboire, couvert et boissons non compris). Les restaurants sont classés par fourchettes de prix équivalant à quatre types de budget *(voir tableau ci-contre)*.
Retrouvez notre sélection de restaurants dans « Nos adresses à… », situées en fin de description des principaux sites de la partie « Découvrir Maurice ».

## TYPES D'ÉTABLISSEMENTS

### Dans la rue

Les vendeurs ambulants, dans les villes ou au bord des plages, proposent le midi des samoussas, *dholl puri*, *mine frit*, des beignets, parfois même des soupes et des caris, qui peuvent être savoureux. Cela vous permettra de manger local pour un prix dérisoire. Vous n'en trouverez cependant pas partout.

### Dans les restaurants

Chinois, indiens, créoles, français ou italiens, les restaurants ne manquent pas à Maurice. Les Mauriciens aiment dîner au restaurant, en couple ou en famille, le vendredi et le samedi soir. Il arrive parfois également qu'un bon restaurant chinois ou indien soit entièrement réservé à l'occasion d'un mariage ou de toute autre fête. Il est donc conseillé de réserver dans les restaurants les plus réputés ou populaires.
Pour un repas comprenant une entrée, un plat et un dessert, comptez en moyenne, selon la catégorie du restaurant, entre 350 et 1 200 Rs (de 8,75 à 30 €).

### Dans les hôtels

Tous les grands hôtels ont leur(s) restaurant(s) et beaucoup imposent la demi-pension à leurs clients. Ils servent souvent une cuisine internationale ou une cuisine locale revue au goût des touristes. Sachez toutefois que vous pouvez, dans la plupart des cas, choisir à la carte des plats plus authentiques, souvent meilleurs. Un buffet créole, suivi d'une démonstration de *séga*, se tient au moins une fois par semaine dans la majorité des hôtels. Certains établissements ont adopté la formule du buffet pour tous les repas et organisent des soirées thématiques. En demi-pension, un dîner coûte, selon la catégorie de l'hôtel, entre 10 et 20 €.

## LES BOISSONS

L'eau du robinet est en principe potable, mais il vaut mieux boire de l'eau en bouteille. On trouve partout de l'eau minérale (Ochéri), des boissons gazeuses, quelques jus de fruits et de la bière locale (Phœnix, Blue Marlin, Stella). Maurice produit son thé (à Bois Chéri) et son café (à Chamarel), parfumés ou non à la vanille et généralement servis avec du lait et du sucre. La célèbre marque de punch Chatel dispose aussi d'une unité de production dans l'île.
La consommation de rhum est très répandue dans la population mauricienne.
La majorité des restaurants sert du vin, le plus souvent importé d'Afrique du Sud et relativement cher. Vous pourrez boire du vin français dans certains restaurants, mais il est onéreux et rarement bien conservé.

# Sur place de A à Z

## ACHATS

### Horaires d'ouverture

Les commerces sont ouverts à Port Louis du lundi au vendredi de 9h à 17h, le samedi de 9h à 12h, et dans les villes du centre et les principaux villages du lundi au samedi de 10h à 18h, le dimanche de 10h à 12h.
Les marchés sont ouverts du lundi au samedi de 7h à 17h et le dimanche de 6h à 11h30.

### Les marchés

Les marchés les plus importants se tiennent à Port Louis, Rose Hill, Curepipe et Mahébourg. Outre des fruits et légumes, vous y trouverez des épices, des tissus, des saris, des paréos, des paniers, des nappes brodées de Madagascar…

### Les boutiques

Port Louis, Curepipe, Rose Hill et Grand Baie concentrent l'essentiel des boutiques susceptibles de vous intéresser (prêt-à-porter, souvenirs, maquettes, bijoux…).
*Pour les adresses des boutiques, voir les rubriques pratiques de chaque ville.*

### Les boutiques hors taxes

L'appellation hors taxes est parfois usurpée à Maurice. Les deux principales boutiques, **Adamas** (Floréal) et **Poncini** (Curepipe), vendent des bijoux en or, des diamants non sertis, des pierres précieuses et des perles, selon un règlement imposé par le gouvernement. Vous devez vous munir d'un passeport et d'un billet d'avion. Le paiement se fait par carte bancaire ou en devises étrangères.

## AMBASSADES ET CONSULATS

**Ambassade de France** – 14 r. St-Georges, Port Louis - ✆ 202 0100 - www.ambafrance-mu.org. Permanence téléphonique 24h/24.
**Consulat de Belgique** – 10 r. Dr-Ferriere, Port Louis - ✆ 208 2879 ou 208 7289.
**Consulat de Suisse** – 24 av. des Hirondelles, Quatre Bornes - ✆ 427 5507.
**Consulat du Luxembourg** – Alexander House (5e étage), 35 Cybercity, Ebene, Port Louis - ✆ 465 9800.
**Consulat du Canada** – 18 Jules Kœning St., Port Louis - ✆ 212 5500.

## ARGENT

### Monnaie

L'unité monétaire est la **roupie mauricienne** (MRs ou Rs). Elle se divise en 100 cents (c). C'est une monnaie relativement stable.
1 € vaut environ 40 Rs.

### Change

La roupie mauricienne ne s'achète que sur place. Changer des devises ne pose aucun problème. Des banques ou des bureaux de change sont ouverts à l'aéroport, dans tous les lieux touristiques, dans toutes les villes et dans la plupart des hôtels. Les principales devises étrangères sont acceptées.

### Cartes de crédit

Les principaux hôtels, restaurants, magasins de souvenirs et commerces acceptent les cartes American Express, Diners Club, Master Card et Visa.
Vous trouverez des guichets automatiques à l'extérieur de

presque toutes les banques, à Port Louis et dans les principales villes et stations touristiques.

## BANQUES

### Horaires d'ouverture

Elles sont ouvertes du lundi au vendredi de 9h30 à 15h30 et le samedi de 9h30 à 11h30.

## BUS

**Bon à savoir** – Pour le détail des lignes et des horaires, procurez-vous la brochure **Guide Pratique (Île Maurice et Rodrigues)** à l'office de tourisme.

Un bon réseau de bus couvre l'île, mais un certain nombre de sites touristiques ne sont pas desservis. Pour les longs trajets, il faut généralement changer à Port Louis, à Quatre Bornes ou à Curepipe.

Les bus normaux s'arrêtent partout et sont très lents.

Les bus express sont en principe directs et deux fois plus rapides.

Ils circulent généralement de 5h30 à 20h en ville et de 6h30 à 18h30 entre les villages (peu de bus le w.-end). Un service de nuit est assuré jusqu'à 23h entre Port Louis et les villes du centre. Les billets s'achètent dans le bus et sont très bon marché (40 Rs, env. 1 €).

Le plan du réseau et tous les horaires sont en ligne sur www.mauritius-buses.com.

## CADEAUX

Les Mauriciens, majoritairement francophones et francophiles, apprécieront des cadeaux français.

Vous pouvez apporter une spécialité gastronomique de votre région ou une bouteille de vin (si la religion de vos hôtes autorise l'alcool).

Grands amateurs de football, ils seront fiers d'arborer un tee-shirt ou un écusson de votre équipe favorite. Vous ferez également des heureux en apportant des livres, BD, revues ou magazines français. Parfums et maquillage feront rougir de bonheur les Mauriciennes coquettes.

## CENTRES CULTURELS

**Institut français de Maurice** – 30 av. Julius-Nyerere, Rose Hill - ✆ 467 4222 - www.ifmaurice.org. Médiathèque, bibliothèque, cinémathèque et vidéothèque, expositions et représentations théâtrales d'auteurs français.

**Alliance française** – 1 r. Victor-Hugo, Bell Village (à la sortie de Port Louis) - ✆ 212 2949 - www.afmaurice.com.

## CIGARETTES

Les cigarettes de marques connues sont plus chères qu'en France.

Vous avez donc tout intérêt à les acheter à la boutique hors taxes de l'aéroport ou bien à consommer des cigarettes de marques « locales », beaucoup moins chères.

En ce qui concerne la législation, le gouvernement a mis en place une interdiction de fumer dans les lieux publics, à l'exception des plages. Attention, les automobilistes ne peuvent pas fumer en voiture s'ils ne sont pas seuls dans leur véhicule sous peine d'une amende.

## DEUX-ROUES

C'est un mode de transport particulièrement agréable pour parcourir les petites routes côtières, mais, pour des questions de sécurité, il n'est pas vraiment conseillé sur les grandes routes.

Quelques règles de prudence s'imposent : gardez bien votre gauche, car voitures et bus n'hésiteront pas à vous doubler à vive allure. À moto ou à scooter, le port du casque est de rigueur.

Vous pouvez louer un deux-roues à la journée pour un prix raisonnable.

Comptez 150-200 Rs (3,75-5 €) par jour pour une bicyclette, 400-600 Rs (10-15 €) pour un scooter, un peu plus pour une moto.
La plupart des loueurs se trouvent dans le Nord-Ouest, notamment à Grand Baie.

## DOUANES

Il n'y a aucune restriction sur l'importation des devises étrangères. Les voyageurs de plus de 18 ans peuvent importer 250 g de tabac, 2 l de vin ou de bière et 1 l de spiritueux, 25 cl d'eau de toilette et 100 cl de parfum.

## EAU POTABLE

L'eau du robinet est en principe potable à Maurice, mais il est préférable de boire de l'eau en bouteille (en vente partout).
À Rodrigues, l'eau courante n'est pas potable.

## ÉLECTRICITÉ

Le courant est de 220 volts. Les prises sont à deux ou trois fiches, aussi un adapteur est-il parfois nécessaire.

## EXCURSIONS ORGANISÉES

### Agences spécialisées

Les agences de tourisme s'occupent de vos transferts et de vos excursions à travers l'île. Elles ont des bureaux dans les principales villes et sont représentées à l'aéroport et dans la plupart des hôtels. Comptez 1 000 Rs à 2 000 Rs (25 à 50 €) la journée d'excursion, déjeuner compris.

**Concorde Travel & Tours** – Rte Royale, Floréal - ✆ 698 7000 - www.concorde.mu.

**Grand Bay Travel & Tours** – Rte Royale, Grand Bay - ✆ 263 8771 - www.gbtt.com.

**MTTB Mautourco** – 84 Gustave Colin St., Forest Side - ✆ 670 4301 - www.mautourco.com.

**White Sand Tours** –10 Robert Edward Hart St., Curepipe - ✆ 605 1500 - www.whitesandtours.com.

## FEMME SEULE

Une femme seule à Maurice surprend, peut être parfois sollicitée, mais ne court pas de risque particulier. Évitez toutefois l'auto-stop, les randonnées en solitaire, et ne vous hasardez pas, le soir, dans les quartiers reculés des villes.

## HANDICAP

Les infrastructures de l'île permettent aux personnes handicapées de séjourner sans problème.

## INTERNET

On trouve des cybercafés dans la plupart des villes et lieux touristiques. Le développement d'Internet est tel qu'aujourd'hui la plupart des établissements possèdent leur site.
À Rodrigues, les points Wi-Fi sont installés dans les lieux stratégiques.
*Voir les coordonnées dans « Nos adresses à… » en fin de description des chapitres de « Découvrir Maurice ».*

## JOURS FÉRIÉS

Avec toutes ses communautés ethniques et religieuses, Maurice compte 13 jours fériés officiels par an.
*Voir aussi « Agenda » p. 40.*

### Dates fixes

| | |
|---|---|
| **1er et 2 janvier** | Nouvel an |
| **1er février** | Journée de commémoration de l'abolition de l'esclavage |
| **12 mars** | Anniversaire de l'Indépendance et jour de la République |
| **1er mai** | Fête du Travail |
| **1er novembre** | Toussaint |
| **25 décembre** | Noël |

# Cartes et Atlas MICHELIN

## Trouvez bien plus que votre route

MICHELIN
*Une meilleure façon d'avancer*

### Dates variables

Les autres dates varient chaque année en fonction du calendrier luni-solaire. Vous pouvez vous procurer le calendrier des fêtes à l'office du tourisme de Port Louis.

| | |
|---|---|
| **Janv.-fév.** | Cavadee<br>Fête du Printemps (Nouvel an chinois) |
| **Fév.-mars** | Maha Shivaratree |
| **Mars** | Ougadi (Nouvel an hindou) |
| **Août-sept.** | Ganesh Chaturti |
| **Oct.-nov.** | Divali |
| **Variable** | Id-al-Fitr (selon calendrier lunaire musulman) |

## MARCHANDAGE

C'est un sport national à Maurice. N'hésitez pas à demander un rabais sur le prix d'une chambre d'hôtel si vous restez plus d'une semaine, surtout hors saison.

Il faut très souvent marchander les taxis avec acharnement, ainsi que les locations de voitures ou de vélos pour plusieurs jours. Même chose pour les achats dans les bazars et marchés.

## MÉDIAS

### Presse

Plusieurs quotidiens et hebdomadaires locaux en français – *L'Express, Le Mauricien, Week-End* –, vous permettront de vous informer sur la vie locale et les manifestations culturelles.

### Radio et télévision

Il existe quatre chaînes nationales – MBC1, MBC2, MBC3 et Movies – auxquelles viennent s'ajouter Téléréunion et les chaînes satellitaires (Canal +…).

Les émissions sont en français, moins fréquemment en anglais ou en créole.

## MUSÉES, MONUMENTS ET SITES

### Horaires d'ouverture

Les musées nationaux ouvrent en général de 9h à 16h du lundi au vendredi et de 9h à 12h le week-end. Pour les lieux privés, les horaires varient.

### Tarifs

L'entrée des musées et des jardins nationaux est gratuite. Pour les autres, le droit d'entrée varie entre 150 et 350 Rs (3,75 et 8,50 €). Les enfants bénéficient de réductions.

## OFFICE DE TOURISME

**Mauritius Tourism Promotion Authority (MTPA)** – Victoria House (rdc), St Louis St., Port Louis - ✆ 210 1545 - www.tourism-mauritius.mu/fr - lun.-vend. 9h-16h, sam. 9h-12h. Vous pourrez vous y procurer un plan de la ville, ainsi que le **Tourist Information Guide.** Il existe également un comptoir d'information à l'aéroport (✆ 637 3635), ouvert à l'arrivée des vols internationaux.

Autres bureaux de la MTPA à Trou d'Eau Douce (en face du restaurant Four à Chaux - ✆ 480 0925) et à Rodrigues (R. de la Solidarité, en face de la Résidence, Port Mathurin - ✆ 832 0866/0867).

**Bon à savoir** – L'office de tourisme édite un **Guide Pratique (Île Maurice et Rodrigues)** assez bien conçu. Il contient toutes sortes d'informations pratiques et d'adresses utiles.

## PERSONNES ÂGÉES

L'île Maurice ne présente aucune difficulté pour les personnes âgées, c'est même une destination phare des retraités. Gare, cependant, à la chaleur et aux moustiques !

## PLAGES

Les plages de l'île Maurice sont officiellement publiques, mais en pratique les hôtels s'approprient les plus belles, dont ils bloquent l'accès par leurs enceintes et qu'ils font surveiller par des gardiens. Ces derniers ne vous refuseront pas le droit de vous baigner ni de vous asseoir sur la plage devant l'hôtel, mais celui d'utiliser les transats réservés aux clients.

**Bon à savoir** – Sachez cependant que presque tous les hôtels de Maurice, moyennant un droit d'entrée d'environ 400 Rs (remboursable au bar), vous donneront libre accès à la journée à leurs plage, piscine et club nautique. N'hésitez pas à en profiter!

À l'exception des vendeurs de coquillages ou de paréos, et de quelques pêcheurs, vous rencontrerez paradoxalement peu de Mauriciens sur la plupart des plages en dehors du week-end. Nous évoquons dans ce guide des plages dites « publiques », pour désigner celles auxquelles tout le monde peut accéder sans restriction.

## POSTE

Des bureaux de poste sont présents dans toutes les municipalités et le service postal fonctionne bien. Comptez 4 jours pour acheminer une lettre vers l'Europe.

Les timbres s'achètent dans les bureaux de poste, mais les hôtels en vendent aussi à leurs clients.

### Horaires d'ouverture

Les horaires varient d'un bureau de poste à l'autre. En général, du lundi au vendredi de 9h à 16h, le samedi de 9h à 12h.

## POURBOIRE

Le service étant généralement inclus, le pourboire est peu répandu. Les Mauriciens ont néanmoins de plus en plus tendance à l'attendre.

## SANTÉ

### Maladies

Bien qu'elle ait été passée sous silence par les autorités pour ne pas porter préjudice à l'industrie touristique, l'épidémie de **chikungunya** a également frappé Maurice et Rodrigues. Comme à la Réunion, une campagne de démoustication a été menée et semble être parvenue à enrayer le fléau. À l'heure actuelle, il n'existe pas de vaccin ni de traitement curatif contre le chikungunya.

Il convient donc de rester prudent: protégez-vous des moustiques avec des répulsifs cutanés, portez des vêtements longs le matin et en fin de journée et dormez avec une moustiquaire, un serpentin ou un diffuseur.

Les autres dangers proviennent du **soleil**, qui peut être virulent, et de la **mer**. Si vous êtes piqué par un poisson venimeux (rascasse, poisson-pierre), appelez un médecin et plongez la partie touchée dans une eau aussi chaude que vous pouvez le supporter.

### Trousse à pharmacie

Vous trouverez presque tout dans les pharmacies mauriciennes, mais emportez vos traitements spécifiques.

### Pharmacies

La plupart des villages possèdent une petite pharmacie, mais les mieux approvisionnées se trouvent dans les villes et à Grand Baie.

*Voir aussi « Urgences » p. 36.*

### Services médicaux

Les grands hôtels disposent d'une infirmerie et peuvent, en cas de besoin, appeler un médecin. Maurice compte par ailleurs plusieurs hôpitaux publics, gratuits, mais peu recommandables.

Les cliniques privées sont mieux entretenues.
**Fortis Clinique Darné** – G. Guibert St., Floréal - ✆ 601 2300 - www.fortiscliniquedarne.com. Le meilleur établissement médical de l'île.
**Sir Seewoosagur Ramgoolam Hospital** – Pamplemousses - ✆ 209 3400.
En cas de problème grave, il est conseillé d'aller à la Réunion qui bénéficie des structures les plus modernes de l'océan Indien et d'un niveau d'équipement comparable à celui de la France métropolitaine.

## SAVOIR-VIVRE

Diverses possibilités s'offrent à vous pour découvrir l'île Maurice et ses mille facettes. Le contact avec les Mauriciens se fait d'autant plus facilement que la majorité d'entre eux conversent en français avec aisance. Les grands hôtels et les villages de vacances vous réservent un séjour agréable et reposant, mais une vision de Maurice faussée, ou du moins incomplète.
Vos relations avec la population se limiteront essentiellement aux contacts artificiels que vous aurez avec le personnel de l'hôtel.
Pour voir un aspect plus authentique de la vie quotidienne des Mauriciens, visitez des villages peu touristiques, logez plutôt dans les petits hôtels ou les pensions de famille, mangez dans des gargotes pittoresques, dans les villages ou dans les marchés, et circulez en bus.
Attardez-vous autour des temples, des mosquées ou des églises, où règnent une animation et une ferveur intenses, surtout en fin de journée ou le week-end. Renseignez-vous sur le calendrier des manifestations et, si vous en avez l'occasion, assistez aux fêtes des différentes communautés religieuses.

### Quelques règles à connaître

**Contacts** – Vous ne verrez jamais les Mauriciens s'énerver ou se disputer, du moins en public, et ils vous regarderaient d'un drôle d'œil s'ils vous surprenaient haussant le ton ou perdant votre sang-froid. Vous entendrez sûrement les Mauriciens évoquer certaines communautés, autres que la leur, par des surnoms comme *Malbars* (les hindous), *Madras* (les Tamouls) ou encore *Lascars* (les musulmans). Évitez d'employer ces termes, jugés péjoratifs et que vos interlocuteurs risquent d'interpréter comme une insulte à leur égard.
Quand vous demandez votre route ou tout autre renseignement, n'hésitez pas à poser la question à plusieurs personnes pour vérifier que les informations concordent entre elles. Certains Mauriciens ont en effet tendance à vous donner une réponse inexacte plutôt que de ne pas vous répondre.
**Fêtes** – Vous serez toujours le bienvenu si vous souhaitez assister à une fête (comme un mariage), mais vos hôtes apprécieront d'autant plus votre présence si vous ne restez pas simple spectateur, mais que vous participez, en dansant, en buvant et en mangeant.
**Lieux religieux** – N'oubliez pas de retirer vos chaussures avant d'entrer dans les mosquées et dans les temples hindous. Vous êtes également tenu de vous vêtir décemment : évitez les épaules et les jambes nues ou les décolletés profonds. Ne rentrez pas non plus dans les temples avec du cuir.
**À la plage** – Le nudisme est interdit à Maurice. Le monokini est toléré sur les plages des hôtels, mais risque de choquer sur les plages publiques. Il faut savoir que les Mauriciennes se baignent généralement en maillot une pièce, parfois même tout habillées pour les Indo-Mauriciennes.

En dehors des plages, vous ferez un mauvais effet si vous vous promenez en maillot de bain ou torse nu.
**Photographie** – Dans l'ensemble, les Mauriciens semblent plutôt honorés quand vous les prenez en photo, mais cela ne vous dispense pas de leur demander l'autorisation auparavant. Les Indiennes, en particulier, détournent parfois la tête à la vue d'un objectif braqué sur elles. À l'inverse, les enfants s'empressent de poser devant vous.
**Au restaurant** – Dans les restaurants indiens, ne soyez pas surpris de la façon parfois un peu familière dont le serveur vous étale votre serviette sur les genoux.

## SÉCURITÉ

Des cas de vols ont été signalés dans des villas de location sans gardiennage, essentiellement dans la région de Grand Baie. Il est prudent de ne laisser aucun objet de valeur sans surveillance sur la plage ou dans votre voiture.

## SOUVENIRS

### Fruits et fleurs

Si vous souhaitez rapporter des fruits ou des fleurs, il faut obtenir une autorisation auprès de l'inspection des Plantes au ministère de l'Agriculture. Néanmoins, à l'aéroport, au départ des vols internationaux, un stand vend des anthuriums, prêts à emporter en avion, sans permis.

### Maquettes de bateaux

Depuis la fin des années 1960, c'est devenu la spécialité de l'artisanat mauricien. Vous en verrez un peu partout, mais les meilleurs ateliers sont concentrés à Curepipe et à Goodlands. Les maquettes se vendent à tous les prix, de 500 Rs à 100 000 Rs, selon les matériaux utilisés, la taille du bateau et la qualité de la finition. Avant d'acheter, comparez la qualité des maquettes et les prix de plusieurs ateliers, car l'offre est loin d'être équivalente partout. Évitez les gros modèles nécessitant un envoi par fret : le coût du transport, auquel viendra s'ajouter la TVA en douane, rend l'achat franchement dispendieux. Préférez les maquettes transportables en cabine, que l'on vous emballera dans un paquet prévu à cet effet. Enfin, gardez précieusement la facture : on risque de vous la réclamer à la douane.

### Or et diamants

L'île est renommée pour la taille des diamants. Elle compte quelques boutiques de bijoux en or et de diamants, vendus hors taxes à des tarifs compétitifs.

### Vêtements

Maurice est réputée pour ses textiles et sa confection bon marché, vendus dans de nombreuses boutiques de prêt-à-porter, essentiellement à Port Louis, Grand Baie et dans les villes du plateau central. De nombreux magasins d'usines textiles sont en effet concentrés à Floréal, près de Curepipe. Beaucoup de vêtements de marque (Cerruti, Diesel, Café Coton, Harris Wilson) sont fabriqués à Maurice, ce qui permet aux usines de revendre une partie de leur production sur place à des prix attrayants. Mais attention aux contrefaçons ! Elles sont légion, notamment pour les polos et chemises griffés Hugo Boss, Kenzo, D&G… et aussi pour les chaussures. Vous prendrez moins de risques en choisissant des marques locales de qualité comme Équateur, Hémisphère Sud, Pardon ou IV Play. Vous trouverez sinon, sur les marchés ou dans les boutiques, de la soie ou du coton au mètre. Avec le tissu, vous pouvez vous faire confectionner des vêtements sur mesure chez l'un des nombreux tailleurs qui ont pignon sur rue (notamment à Mahébourg et à Port Louis).

### Spécialités culinaires

Les marchés mauriciens sont un régal pour les yeux et les narines. Vous y ferez des provisions de **thé** mauricien parfumé à la vanille et d'**épices** indiennes de toutes sortes, colorées et savoureuses, pour cuisiner de bons caris à votre retour. L'île Maurice produit du **rhum** blanc. Le plus réputé est le *Green Island*. La variété épicée est particulièrement agréable.

## SPORTS ET LOISIRS

Retrouvez tous les prestataires sélectionnés dans « Nos adresses à… », dans la rubrique Activités, de la partie « Découvrir Maurice ».
*Voir aussi le tableau « Types de séjours », p. 10.*

### Cyclotourisme

La MTPA a lancé en novembre 2009 la Cyclist Friendly Mauritius Campaign afin de sensibiliser les acteurs du tourisme à ce nouveau mode de déplacement et de tracer les futurs parcours cyclotouristes de l'île. Il n'y a pas encore de pistes cyclables et peu d'infrastructures adéquates, mais les choses devraient évoluer rapidement… Affaire à suivre.

### Équitation

Les écuries du **Domaine Les Pailles** proposent des randonnées équestres dans le domaine *(voir p. 101)*. Les écuries de La Vieille Cheminée *(voir p. 180)* organisent des balades à cheval dans la région de Chamarel. Certains grands hôtels organisent aussi des promenades sur la plage.

### Football

Le football est un vrai sport national. Les Mauriciens suivent assidûment les matchs internationaux retransmis à la télévision et jouent chaque fois qu'ils en ont l'occasion, en fin de journée et le week-end. Les clubs reprennent souvent fièrement des noms d'équipes anglaises de *soccer*.

### Golf

C'est l'un des sports phares de l'île, qui compte plus d'une douzaine de parcours. La plupart appartiennent aux grands hôtels, mais sont généralement accessibles aux non-résidents. Vous trouverez des parcours **9 trous**, au Maritim (Balaclava), au Saint Géran (Poste de Flacq), au Trou aux Biches et au Shandrani (Blue Bay), ou des parcours **18 trous** aux hôtels Héritage et Telfair (Bel Ombre), Paradis et Dinarobin (Morne Brabant), Tamarina (Tamarin), Belle Mare Plage (Belle Mare) et Prince Maurice (Poste de Flacq), Touessrok et Anahita (Trou d'Eau Douce), Saint Géran (Poste de Flacq) et au Gymkhana Club (Vacoas).

### Hélicoptère

**Air Mauritius Helicopter Services** – SSR International Airport, Plaine Magnien - ✆ 603 3754/55 - www.airmauritius.com/helicopter_fr.htm - 6h-19h. La compagnie organise des survols de l'île en hélicoptère et propose, au départ de l'aéroport, des vols d'une durée de 15mn à 1h (se renseigner sur place pour les tarifs).

### Randonnées, canyoning, VTT et autres sports d'aventure

Plusieurs agences proposent des activités de plein air à la carte, sur le créneau du tourisme vert, en plein essor, notamment dans le centre et le sud de l'île.

**Yemaya Adventures** – ✆ 752 0046 - www.yemayaadventures.com. Randonnées, kayak de mer et VTT.

**Yanature Adventures** – ✆ 785 6177 - www.trekkingilemaurice.com. Randonnées, canyoning, sorties en bateau.

**Vertical World** – ✆ 697 5430 ou 251 1107 (portable) - www.verticalworldltd.com. Canyoning, randonnées, escalade.

**Otelair Ltée** – 83 r. Charles-Renault, Curepipe - ✆ 251 6680 - www.otelair.com. Canyoning, randonnées pédestres et escalade.
**Incentive Partners** – Imp. de la Forêt, Chamouny - ✆ 622 2148 - www.incentivepartnersltd.com. Parcours de tyroliennes, courses à pied, régates.
**Casela Nature & Leisure Park** – Royal Rd, Cascavelle - ✆ 452 2828 - www.caselayemen.mu. Randonnée, via ferrata, VTT et safari-photo dans une réserve.

#### SPORTS ET LOISIRS NAUTIQUES

*Voir aussi le tableau « Types de séjours », p. 10.*
Dans les hôtels, les activités nautiques sont généralement incluses dans le prix de la chambre, à l'exception de la plongée sous-marine, la pêche au gros et le ski nautique, pour lesquels il faut payer un supplément. Vous aurez partout la possibilité de pratiquer la **planche à voile**, le **ski nautique**, le **dériveur**, le **kayak**, le **pédalo** et la **natation**, avec ou sans masque, tuba et palmes. Prévoyez éventuellement des sandales en plastique pour vous protéger des coraux et des oursins et un tee-shirt contre les coups de soleil.

### Bateaux à fond de verre

Pour observer les fonds marins, des promenades en bateau à fond de verre vous sont proposées au départ des plages touristiques jusqu'à la barrière de corail.
La plupart sont organisées gratuitement pour les clients des hôtels. En réalité, l'intérêt de la promenade ne réside pas dans le fond de verre du bateau (on ne voit pas grand-chose à travers, même par beau temps), mais dans le fait qu'il vous amène jusqu'à la barrière de corail, laquelle est trop éloignée du rivage pour être accessible à la nage. Emportez masque et tuba, ou empruntez ceux du bateau, et assurez-vous qu'une halte est prévue pour la baignade : c'est là, et non dans le lagon, que vous verrez les plus beaux fonds coralliens et les plus fabuleux bancs de poissons !

### Croisières à la voile

D'excellentes conditions de navigation rendent très agréables les excursions d'une journée autour des îles du lagon. Un barbecue est généralement prévu sur la plage de l'une des îles côtières. Vous pouvez aussi louer un catamaran avec un skipper pour une croisière de plusieurs jours. Les principales organisations de voile se trouvent à Grand Baie, Pereybère, Trou d'Eau Douce et Le Morne. Le lagon de la côte est, avec ses îlots côtiers et ses souvenirs historiques, est sans doute le plus beau et le plus intéressant pour une croisière.

### Exploration sous-marine

Si la plongée vous fait peur, il existe d'autres possibilités pour observer la vie sous-marine en toute sécurité : la marche équipée de scaphandre *(voir p. 140)*, une excursion dans le lagon à bord du semi-submersible le **Nessee** *(voir p. 140)*, ou une promenade à bord de l'un des deux sous-marins de **Blue Safari Submarine** *(voir p. 134)*.

### Pêche au gros

L'île Maurice est réputée pour ses eaux poissonneuses et détient plusieurs records mondiaux de pêche.
Entre **octobre et mars**, des poissons de très grande taille (marlin bleu ou noir, requin, bonite, thon jaune, voilier, pèlerin, bécune, barracuda…) viennent rôder et chasser autour de Maurice, à proximité du récif.
De nombreux hôtels disposent de bateaux modernes bien équipés. Ils vous emmènent au-delà de la barrière de corail pour une partie de

| NOS SITES DE PLONGÉE FAVORIS À L'ÎLE MAURICE ET À RODRIGUES | |
|---|---|
| | **POINTS D'INTÉRÊT** |
| **CÔTES NORD ET EST** | |
| **Peter Holt's Rock (16-25 m) - p. 136** | À Grand Baie. Un gros bloc granitique recouvert de coraux. Au comité d'accueil figurent balistes titans, poissons-clowns, anges, papillons et demoiselles, et surtout une épatante murène javanaise de 2 m qui danse avec les plongeurs et se laisse caresser. |
| **Stenopus Reef (20-35 m) - p. 131** | En face de Mont Choisy. Superbes vallées et canyons couverts d'amas rocheux épars, de gorgones et de majestueux coraux verts *Tubastrea* en forme de sapins de Noël. Pour le relief et la flore. |
| **Caravelle (19-25 m) - p. 130** | Trou aux Biches. Rencontre joyeuse avec une escouade de platax. |
| **Corsair Wall (38 m) - p. 130** | Trou aux Biches. Requins noirs et pélagiques, pour plongeurs confirmés. |
| **Stella Maru (24 m) - p. 130** | Trou aux Biches. Un chalutier japonais de 44 m, coulé en 1987. Un banc de carangues à gros yeux y fait sa farandole au-dessus du pont. |
| **Passe Du Puits (3-18 m) - p. 148** | À Belle Mare. Fascinant escadron de raies léopards et pastenagues, de carangues et barracudas, révélés au fil du courant. Un incontournable ! |
| **Sirius (18 m) - p. 160** | À Mahébourg, l'épave d'un navire britannique coulé par les Français lors de la bataille de Vieux Grand Port en 1810. Facile et plaisant. |
| **Colorado (20-40 m) - p. 163** | À la pointe d'Esny. Après un tombant, ce canyon mène à un grandiose amphithéâtre aux arches tapissées de gorgones et de corail rose. Dans les parages aussi, le site plus difficile de Roche Zozo (18-40 m), où l'on croise tortues et petits requins. |
| **CÔTES SUD ET OUEST** | |
| **White Tip (20 m) - p. 186** | À Baie du Cap. Nombreux requins de récif à pointes blanches. |
| **Passe St-Jacques (16-32 m) - p. 186** | À Baie du Cap. Une des plus belles plongées de Maurice : raies aigles, thons, requins, dauphins et parfois langoustes géantes. |
| **Colline-Aquarium (5-18 m) - p. 188** | En face du Morne. Toute la vie du récif corallien se concentre dans ces eaux claires. Facile et de toute beauté, idéal pour un baptême. |
| **La Cathédrale (22-35 m) - p. 195** | Flic en Flac. Un tombant mène à une vaste cave ténébreuse décorée de gorgones, qui évoque une cathédrale. Langoustes, poissons-pierres et murènes aux mines patibulaires parsèment les cavités. |
| **Tug 2 (17-19 m) - p. 195** | L'épave d'un petit remorqueur coulé voici quinze ans repose sur un fond sableux. Rascasses volantes, lutjans rayés et carangues gros yeux y tournoient. Rares poissons mimétiques dans les algues. |
| **Rempart Serpent (25-30 m) - p. 195** | Au nord de Flic en Flac. Concentration unique de venimeux : poissons-pierres, poissons-scorpions, poissons-lions, murènes et rascasses. |
| **RODRIGUES** | |
| **Le Canyon (17 m) - p. 211** | À Pointe Coton. Du lagon, un canyon passe sous la barrière de corail, avec des grottes, chambres et cheminées. On croise mérous, murènes et surtout d'énormes carangues ignobilis. Retour par un jardin de corail. Tout près, l'Aquarium (7 m) convient bien aux débutants. |
| **La Basilique (25 m) - p. 211** | À Rivière Banane. Balayés par des faisceaux de lumière, des galeries, des dômes et des cheminées où rôdent mérous, carangues, lutjans et autres pèlerins des mers aux capes colorées. |

pêche d'une demi-journée (13 000 à 30 000 Rs pour le bateau) ou d'une journée (15 000 à 35 000 Rs).

La **côte ouest** bénéficie des courants et marées les plus propices. On trouve des clubs à Rivière Noire, au Morne, à Flic en Flac, Wolmar, Trou aux Biches, Grand Baie, Anse Jonchée.

### Plongée sous-marine

**Bon à savoir** – Attention, la chasse sous-marine, la collecte de coquillages et de coraux sont strictement interdites.

Les fonds de Maurice ont beaucoup souffert de la pêche à la dynamite, de la pollution et des ancres de bateaux jetées sur les coraux. Les récifs coralliens sont détruits à plus de 25 % (sauf au sud-est de l'île), et plusieurs espèces de poissons ont disparu du lagon. Mais les eaux chaudes et claires de Maurice accueillent encore une riche vie sous-marine, incroyablement colorée, et quantité de sites de plongée vous promettent de belles explorations. Le tableau des sites ci-contre présente une sélection des meilleurs spots, mais il en existe beaucoup d'autres !

De nombreux hôtels disposent d'un club de plongée proposant un baptême ou des sorties en mer, mais, hors des hôtels, sont aussi accessibles des clubs de bonne qualité et aux prix compétitifs (comptez 45 à 60 € la plongée). Préférez les clubs affiliés à la Mauritian Scuba Diving Association (MSDA), la fédération mauricienne de plongée. Ils vous délivreront une licence, valable un an, qui vous assure en responsabilité civile.

**Mauritian Scuba Diving Association** – 209 Royal Rd, Beau Bassin - ✆ 454 0011 - www.msda.mu.

**Mauritius Underwater Group** – The Mug Clubhouse, Railway Rd, Phoenix - ✆ 696 5368 - www.mugdiving.mu.

### Surf

Vous trouverez des vagues dans la baie de Tamarin, sur la côte ouest, surtout entre juin et août. Vous pourrez louer un surf sur place.

## TAXI

De nombreux taxis sillonnent l'île, identifiables à leur plaque minéralogique écrite en noir sur fond blanc, qui se distingue de celle des véhicules privés, en blanc sur fond noir. Une plaque sur les portières indique par ailleurs la ville ou l'hôtel auxquels ils sont rattachés. Le compteur est en principe obligatoire, mais peu de chauffeurs l'utilisent et il faut négocier la course avant de partir. Les chauffeurs sont prêts à vous emmener faire des excursions d'une journée à travers l'île. Comptez 1 500 à 2 500 Rs (37 à 62 €), selon la période et le nombre de kilomètres. Certains d'entre eux font d'excellents guides touristiques. Méfiez-vous de certaines boutiques ou restaurants où ils voudront vous emmener pour y toucher une commission. Des taxis sont disponibles devant la plupart des hôtels.

### Taxis collectifs

Certains taxis assurent, parallèlement aux autobus, des liaisons régulières entre les villages, avec autant de passagers que possible. Ces « taxis-trains » vous proposeront peut-être leurs services s'ils vous voient marcher au bord de la route. Leur tarif est identique à celui des autobus.

## TÉLÉPHONE

Des cabines téléphoniques sont implantées partout dans les villes et près des principales plages. Elles fonctionnent avec des cartes que l'on achète dans les supermarchés, les petits commerces et les stations-service et, parfois, avec la carte Visa (mais c'est plus cher).

Dans les hôtels, le prix d'une communication est beaucoup plus élevé et on vous facturera souvent un minimum de 3mn par appel.

### Carte France Télécom

Cette carte vous permet d'appeler de n'importe quel pays et de n'importe quel téléphone, sans rien payer sur place. Les communications sont directement débitées sur votre facture à votre domicile. Renseignez-vous dans une agence Orange.

### Appels internationaux

**De la France vers l'île Maurice** – Composez le 00 230 + le numéro à 7 chiffres (8 chiffres pour les portables) de votre correspondant.
**De l'île Maurice vers l'étranger** – Composez le 00 + l'indicatif pays (France 33, Belgique 32, Suisse 41, Luxembourg 352, Canada 1) + numéro de votre correspondant.
Il n'y a pas d'indicatif entre Maurice et Rodrigues.

### Renseignements

**Nationaux** – Composez le 150.
**Internationaux** – Composez le 100 92 (depuis un fixe) ou le 203 9323 (depuis un portable).
**Renseignements touristiques** – Composez le 152 (coordonnées des hôtels et des opérateurs touristiques). Service 24h/24.

### Téléphone mobile

Les opérateurs français de téléphonie mobile proposent diverses options internationales, selon votre forfait habituel, mais, attention, les appels hors forfait sont souvent chers. Informez-vous auprès de votre service clients.
Maurice est couverte par deux réseaux de téléphonie mobile: Emtel et CellPlus. Si vous avez un portable bibande débloqué, vous pouvez acheter une carte SIM locale (incluant un crédit d'appels d'environ 100 Rs), en présentant votre passeport.

**Emtel** – ✆ 729 5400 - www.emtel-ltd.com. Emtel propose des cartes prépayées utilisables avec la carte SIM et des recharges de 50 à 200 Rs. Disponibles dans plus de 5 000 points de vente. Tarifs intéressants pour les SMS vers la France.
**CellPlus** – ✆ 8900 - www.orange.mu/mobile. CellPlus est une marque de Mauritius Telecom qui propose des cartes prépayées, utilisables avec une carte SIM (100 Rs) et des recharges. Disponible dans plus de 4 000 points de vente sur l'île.

## UNITÉS DE MESURE

Maurice a adopté le système métrique français, mais vous verrez encore quelques vestiges du système anglais.

## URGENCES

**Police** – ✆ 999 ou 112.
**Pompiers** – ✆ 995 ou 115.
**Samu** – ✆ 114.
*Voir aussi « Santé » pour la liste des centres hospitaliers p. 29.*

## VIE NOCTURNE

La vie nocturne est très limitée à l'île Maurice. Elle se concentre essentiellement dans les hôtels et dans la station touristique de Grand Baie, pour satisfaire les vacanciers noctambules.
Retrouvez tous les prestataires sélectionnés dans « Nos adresses à… », dans la rubrique En soirée, de la partie « Découvrir Maurice ».

### Casino

De plus en plus d'hôtels ouvrent un casino dans leur établissement. Vous y jouerez à la roulette, au black-jack et au baccara (*voir les hôtels Saint Géran à Poste de Flacq et La Pirogue à Wolmar, p. 21*). En dehors des hôtels, vous trouverez

LEGUIDEVERT
toujours plus de destinations
à travers le monde...
MICHELIN
INDONÉSIE
MICHELIN
FLORIDE
MICHELIN
ISLANDE
MICHELIN
MARTINIQUE
MICHELIN
GUADELOUPE
LEGUIDEVERT
MICHELIN
MAURICE
Rodrigues
LEGUIDEVERT
MICHELIN
Une meilleure façon d'avancer

aussi un casino au Domaine Les Pailles, au Caudan à Port Louis, à Flic en Flac et à Curepipe.

### Cinéma

Bien que la vidéo ait supplanté le grand écran, les Mauriciens sont friands de cinéma. De plus en plus de salles, surtout à Port Louis, tentent de diversifier leur programmation. Cela dit, la plupart des films à l'affiche sont américains (diffusés en version française), indiens ou français.

### Concerts et spectacles de danse

La plupart des hôtels organisent au moins une fois par semaine des soirées séga. Créés pour les touristes, ces spectacles, de qualité inégale, n'ont plus grand-chose à voir avec la danse traditionnelle (*voir « Musique et danse » p. 67*) et manquent parfois d'enthousiasme.

### Discothèques

Les Mauriciens aiment beaucoup danser, mais, dans les discothèques des hôtels, vous côtoierez essentiellement des touristes. Pour une ambiance plus locale, il faut vous rendre dans les villes du plateau central (notamment Quatre Bornes), ou au Zanzibar et au Star Dance à Grand Baie.

### Théâtre

Le programme des deux salles de l'île, à Port Louis et à Rose Hill, est disponible à l'office de tourisme. Avec un peu de chance, vous tomberez sur un spectacle original, indien ou chinois.

## VOITURE

**Bon à savoir** – Avant de louer une voiture, sachez qu'il peut être plus intéressant et moins fatigant de prendre un taxi à la journée pour faire des excursions. Adressez-vous à votre hôtel. La conduite à gauche n'est pas évidente quand on n'a pas l'habitude, et la conduite à la mauricienne peut se révéler assez éprouvante !

### Location de véhicule

Pour louer une voiture, vous devez être âgé d'au moins 23 ans, posséder votre permis depuis plus d'un an et laisser une caution ou une empreinte de carte bleue.
La plupart des agences internationales sont représentées à l'aéroport et dans les grands hôtels. Les petites agences locales proposent des tarifs très compétitifs, mais il convient de vérifier attentivement l'état du véhicule (freins, phares, essuie-glaces) et les conditions d'assurance. Comptez 25 à 45 € par jour, assurances comprises et kilométrage illimité, selon la durée de la location.

**Auto Escape** – ✆ 0 892 464 610 (0,34 €/mn) - www.autoescape.com. Centrale de réservation de véhicules de location à prix négociés. Il vous faut réserver votre véhicule avant votre départ.

**ABC Car Rental** – Aéroport international SSR - ✆ 637 6189 ; Albion Docks Building, Trou Fanfaron, Port Louis - ✆ 216 8889 - www.abc-carrental.com.

**ADA** – Aéroport international SSR - ✆ 637 3626 ; Rte Royale, Trou aux Biches - ✆ 265 6726 - www.ada.fr.

**AVIS** – IBL Building, Royal Rd, Cassis - ✆ 210 6335/6629 - www.avismauritius.com.

**Budget** – Grand Baie - ✆ 467 9700 - www.budget.com.mu.

**Europcar** – Plaisance Airport, Plaine Magnien - ✆ 637 3240 ; Grand

| TABLEAU DES DISTANCES | Curepipe | Flic en Flac | Grand Baie | Mahébourg | Le morne Brabant | Pamplemousses | Port Louis | Souillac | Trou d'Eau Douce |
|---|---|---|---|---|---|---|---|---|---|
| Curepipe | | 27 | 50 | 28 | 49 | 35 | 23 | 31 | 44 |
| Flic en Flac | 27 | | 48 | 56 | 35 | 33 | 21 | 57 | 61 |
| Grand Baie | 50 | 48 | | 74 | 70 | 15 | 27 | 92 | 48 |
| Mahébourg | 28 | 56 | 74 | | 62 | 59 | 47 | 32 | 34 |
| Le morne Brabant | 49 | 35 | 70 | 62 | | 55 | 43 | 30 | 84 |
| Pamplemousses | 35 | 33 | 15 | 59 | 55 | | 12 | 77 | 33 |
| Port Louis | 23 | 21 | 27 | 47 | 43 | 12 | | 65 | 51 |
| Souillac | 31 | 57 | 92 | 32 | 30 | 77 | 65 | | 66 |
| Trou d'Eau Douce | 44 | 61 | 48 | 34 | 84 | 33 | 51 | 66 | |

Baie (près de l'hôtel Royal Palm) - ✆ 263 7948 - www.europcar.fr.
**Hertz** – Aéroport international SSR - ✆ 637 3219 - www.hertz.mu.
**Monet Car Hire** – Total Filling Station, Poste de Flacq - ✆ 251 1802 - www.locationdevoitureilemaurice.mu. Pas cher et très fiable. Livraison à l'aéroport ou à votre hôtel sans supplément.

## Réseau routier

Un réseau de plus de 1 800 km de routes goudronnées, en bon état pour la plupart, sillonne l'île. Une autoroute relie Plaisance à Port Louis en longeant les villes du plateau central, puis continue jusqu'à Grand Baie. L'ancienne route royale traverse les villes du centre. Une grande route va de Grand Baie à Pamplemousses.
La signalisation est assez aléatoire et les distances peuvent aussi bien apparaître en kilomètres qu'en miles.

## Conduite

La conduite se fait à gauche. La priorité reste à droite, mais les Mauriciens conduisent vite, surtout les bus, et la priorité semble revenir à celui qui klaxonnera le plus fort. Attention aux enfants sur le bord des routes, ainsi qu'aux nombreux chiens errants. Les routes sont assez mal éclairées la nuit. La vitesse est limitée à 50 km/h en ville, à 80 km/h sur route, et la ceinture de sécurité est obligatoire. Les **embouteillages** font partie de la vie quotidienne des Mauriciens, principalement aux abords de la capitale, en direction des villes des hauts plateaux.

## Essence

On trouve des stations-service un peu partout. Elles ouvrent en général de 6h30 à 19h et ferment souvent le dimanche. Le prix de l'essence est le même partout. En mai 2013, il était environ de 41 Rs/l (1,03 €/l) pour le gazole et de 49 Rs/l (1,23 €/l) pour l'essence.

# Mémo

## Agenda

Voici une sélection d'événements annuels les plus populaires de Maurice.

### JANVIER

**Marches sur le feu** – Cérémonies tamoules en différents lieux de l'île. Également en février et décembre.

### FÉVRIER

**Cavadee** – Fête hindoue dédiée à Mourouga dans les différents temples de l'île.

**Maha Shivaratree** – Grand pèlerinage hindou au temple de Grand Bassin.

**Fête du Printemps** – Nouvel an chinois célébré partout dans l'île.

**Fête des Lanternes** – Défilés costumés et animations dans les rues de Port Louis et des Plaines Wilhems.

### MARS

**Holi** – Grande fête hindoue des Couleurs, durant laquelle chacun s'asperge de poudres colorées.

### JUILLET-AOÛT

**Kiteival** – Festival de kitesurf, organisé tout autour de l'île, avec démonstrations et compétitions.

### SEPTEMBRE

**Fête du Bienheureux Père Jacques-Désiré Laval** – Grand pèlerinage, toutes confessions confondues, sur la tombe du prêtre béatifié, à Ste-Croix.

**Ganesh Chaturthi** – Processions au bord de la mer ou à la rivière pour marquer la naissance de la divinité hindoue Ganesh.

### OCTOBRE

**Divali** – Fête de la Lumière, partout dans l'île.

### NOVEMBRE

**La Regatta** – Régate de pirogues mauriciennes ouverte à tous. www.laregatta.com.

### DÉCEMBRE

**Festival international Kreol** – La culture créole est à l'honneur à travers de nombreuses animations et activités (concerts, conférences, défilés…).

## Bibliographie

### GÉNÉRALITÉS

COLLECTIF, **Île Maurice**, Dakota Éd., 2005. De magnifiques photos pleines pages.

DAIRIN Cathyline, DALIN Bertrand, **Maurice : Île enchantée**, Éditions Déclics, 2011. Beau livre.

DORMANN Geneviève, ROSSI Guido Alberto, **Maurice vue du ciel**, Gallimard, 1991. Toute la diversité des paysages de l'île : grandiose !

HAUSHERR Pierre, REYMOND Jean-Pierre, **Maurice**, Éd. Vilo, 2001. Beau livre.

HUMBERT Marie-Thérèse, PITCHEN Yves, **Mauriciens**, Éd. Michel Husson, 2006. Beau livre de photos noir et blanc qui explore en profondeur l'identité mauricienne.

LACOSTE Quentin, **Île Maurice, derrière la carte postale**, Magellan et Cie, 2005. Un carnet de voyage illustré de croquis adroits. Vision de Maurice au quotidien.

## LITTÉRATURE

BAUDELAIRE Charles, **À une dame créole**, dans *Les Fleurs du mal*, Librio, 2004.
CHAZAL Malcolm de, **Petrusmok**, Léo Scheer, 2004. Du même auteur, **Sens-plastique**, L'Imaginaire, Gallimard, 2001.
DELOY Edna, **Korek ?... Korek !... Esquisses de l'île Maurice**, L'Harmattan, 2004. Nouvelles. Reflets de la société mauricienne.
DEVI Ananda, **Ève de ses décombres**, Gallimard, 2006. Le destin piégé de quatre ados du quartier déshérité de Troumaron, à Port Louis, loin des images de carte postale. Du même auteur, **Moi, l'interdite,** Dapper Littératures, 2000, et **Pagli**, Continents Noirs, Gallimard, 2001.
DORMANN Geneviève, **Le Bal du dodo**, Le Livre de Poche, 1991. Description romancée et satirique de la société franco-mauricienne contemporaine.
DUMAS Alexandre, **Georges**, Folio, Gallimard, 2001. La révolte d'un mulâtre de l'île contre la société blanche esclavagiste. Le célèbre écrivain était aussi un métis.
HUMBERT Marie-Thérèse, **À l'autre bout de moi**, Le Livre de Poche, 1992. Des jumelles en quête d'identité. Du même auteur, une romancière insulaire installée en France, **Comme un vol d'ombres**, LGF poche, 2004, et **Amy**, Le Livre de Poche, 2000.
LE CLÉZIO J.-M. G., **Le Chercheur d'or**, Folio Gallimard, 1991. Du même auteur, **Sirandanes**, Seghers, 2005. Recueil de devinettes populaires créoles, joliment illustrées.
O'BRIAN Patrick, **Expédition à l'île Maurice**, Pocket, 2000. Le commandant d'une frégate britannique doit prendre aux Français la Réunion et l'île Maurice qui servent de base à la marine de Bonaparte et « gênent » l'accès à la route des Indes.
PATEL Shenaz, **Sensitive**, Éd. de l'Olivier, 2003. Lettres fictives d'une petite Mauricienne au « Bondié », par une jeune écrivaine native de Rose Hill. Du même auteur, **Le Portrait Chamarel**, Éd. Grand Océan, 2002.
SAINT-PIERRE Bernardin de, **Paul et Virginie**, Folio Gallimard ou Librio, 2004. Du même auteur, **Voyages à l'île Maurice et à la Réunion**, Magellan et Cie, 2004. Extraits de son journal de bord. Un portrait vivant de l'île à la fin du 18e s.
SOUZA Carl de, **Les Jours Kaya**, Éd. de l'Olivier, 2000. Roman écrit au lendemain des émeutes de 1999, provoquées par la mort du chanteur Kaya.
WIEHE Gabrielle, **Sirandann**, Éd. Vizavi, 2009. Un album coloré pour s'amuser à deviner une douzaine de nouvelles sirandanes.

## HISTOIRE

GLACHANT Roger, **Histoire de l'Inde des Français**, Plon, 1965. La colonisation française à Maurice.
HITIE Evenor, **Histoire de Maurice, ancienne île de France**, British Library, Historical Print Editions, 2011. L'histoire de l'île Maurice depuis les premiers conquérants jusqu'à aujourd'hui.
PARATIAN Rajendra, **La République de l'île Maurice : dans le sillage de la délocalisation**, L'Harmattan, 1995. Approche économique de l'île de la canne à sucre.
PAVARD Claude, **Île Maurice, mémoires de couleurs**, Oasis Production, 1994. L'histoire du peuplement de l'île, à travers une multitude de documents photographiques des grandes familles venues d'Europe, d'Afrique, d'Inde et de Chine.
PIAT Marie-Ange et Denis, **Sur la route des épices, l'île Maurice : 1598-1810**, Éd. du Pacifique, 2005. L'île Maurice racontée par ses découvreurs.

SORNAY Pierre de, **Isle de France - Île Maurice**, Éd. de Sornay, 1995. Un ouvrage bien documenté sur l'histoire de l'île depuis les origines.

**SOCIÉTÉ**

ARNO Toni et ORIAN Claude, **Île Maurice, une société multiraciale**, L'Harmattan, 1986. Les problèmes communautaires et la démocratie mauricienne.
JAUZE Jean-Michel, **L'île Maurice face à ses nouveaux défis**, L'Harmattan, 2008. Un état des lieux de la situation économique actuelle du pays.
LENOIR Philippe et RAVEL Raymond de, **L'Île Maurice à table**, Éd. de l'Océan Indien, 2006. Nombreuses photographies.
MARTIAL David, **Identité et politique culturelle à l'île Maurice**, L'Harmattan, 2002. Essai sur la diversité ethnique mauricienne à l'heure de la mondialisation.

**ARCHITECTURE**

COLLECTIF, **La Vie en varangue. Architecture traditionnelle de l'île Maurice**, Éd. du Pacifique, 1990. Évocation nostalgique des maisons d'antan. Belles illustrations.
PAGES Jean-Louis, **Maisons traditionnelles de l'île Maurice**, Éd. de l'Océan Indien, 1985.
VAISSE Christian, **Vivre à l'île Maurice**, Éd. du Pacifique, 2000.

**FAUNE ET FLORE**

CADET Thérésien, **Fleurs et plantes de la Réunion et de l'île Maurice**, Éd. du Pacifique, 1993.
COLLECTIF, **Flore des Mascareignes, La Réunion, Maurice, Rodrigues**, Ird/Orstom, 2005.
HARMELIN-VIVIEN Mireille et PETRON Christian, **Guide sous-marin de la Réunion et de l'île Maurice**, Éd. du Pacifique, 1995.
MICHEL Claude, **Nos Oiseaux**, Éd. Innovator, Maurice. Du même auteur, **Poissons de l'île Maurice**, Éd. de l'Océan indien, 2002.

**RODRIGUES**

LE CLÉZIO J.-M. G., **Voyage à Rodrigues**, Folio Gallimard, 1997. Roman.
LEGUAT François, **Les Naufragés de Dieu**, Phébus, 1995. Récit écrit par le célèbre protestant français lors de son séjour à Rodrigues, de 1691 à 1693. Descriptions de la flore et de la faune de l'époque. Du même auteur, **Voyage et aventure de François Leguat en deux îles désertes des Indes orientales**, Les Éd. de Paris, 1995. Journal qu'il écrivit également pendant son séjour et qui constitue un précieux document historique.
BAPTISTE Françoise, **Les Délices de Rodrigues**, Éd. Payenké, 2004. Recettes de cuisine.

**LANGUE**

**Le Créole mauricien de poche**, Assimil évasion, 2004.

## Discographie

CASSIYA, **Cassiya** (1998), **Morne** (2002), **Neuf** (2006) et **Mon Rêve** (2010). Quatre des albums du groupe de séga le plus populaire à Maurice. Un univers joyeux.
KAYA, **Seggae Experience**, 1998. Album devenu culte du chanteur rasta.
**Les Étoiles du séga**, compilation, Azalées, 2005.

## Cartographie

Carte IGN, **Île Maurice**, 1/100 000. La référence.
Carte Globetrotter, **Île Maurice**, 1/80 000. Très bien pour le réseau routier.
Carte MacMillan, **Île Maurice**. Moins détaillée, mais intéressante pour le relief.
**Bon à savoir** – Sur place, vous trouverez aussi des cartes de l'île, des plans de Port Louis et des cartes de Rodrigues dans les principales librairies.

# 2/ COMPRENDRE MAURICE

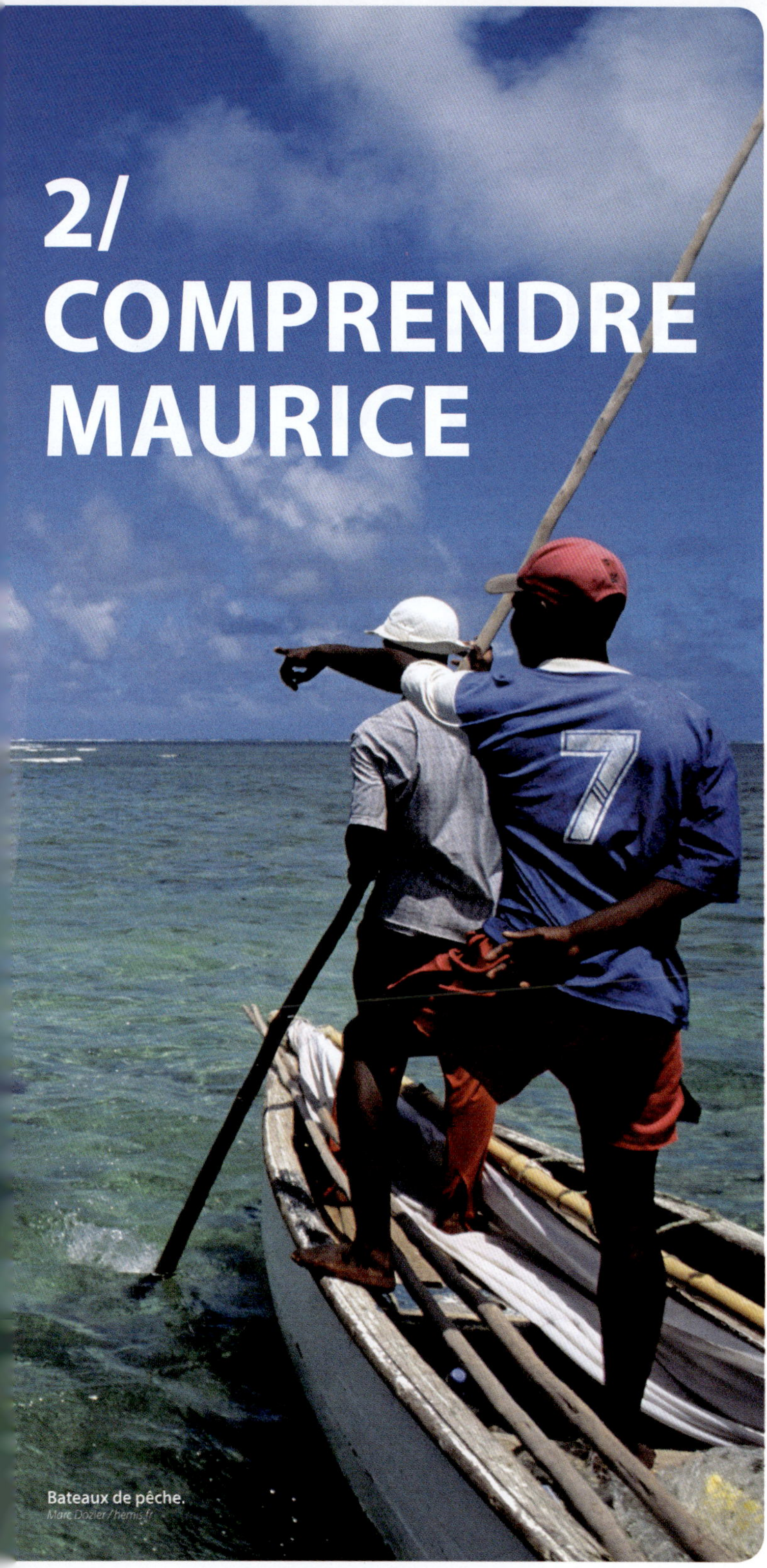

Bateaux de pêche.
*Marc Dozier / hemis.fr*

# Maurice aujourd'hui

**Derrière l'image paradisiaque qui s'attache à ce petit bout d'île ourlé de plages de sable blanc, baigné d'un lagon aux eaux turquoise, se dessine un pays moderne et développé. Au-delà des luxueux hôtels qui ont toujours privilégié un tourisme haut de gamme se cache un pays authentique et coloré, riche d'une incroyable diversité. Une « terre plurielle », un « univers mosaïque » qui mérite donc bien plus que quelques clichés…**

## L'économie

### LE SECTEUR PRIMAIRE

La canne à sucre, qui couvre la quasi-totalité des surfaces agricoles, reste une activité essentielle. Mais cet ancien pilier de l'économie est aujourd'hui menacé.

#### La canne à sucre

Introduite en 1639 par les Hollandais, la canne à sucre, en provenance de l'île indonésienne de Java, trouva à Maurice un terrain propice à sa culture. Utilisée dans un premier temps pour fabriquer l'**arak**, un alcool distillé à partir de jus de canne fermenté, la canne permit bientôt aux premiers occupants de l'île d'obtenir du sucre. Développée timidement pendant la colonisation française, c'est sous la période britannique que la culture de la canne connut son véritable essor. D'une importance primordiale pour les **exportations**, elle occupait au 19e s. jusqu'à 80 % des terres cultivées de l'île, et l'économie mauricienne fut longtemps rythmée par les fluctuations du cours du sucre.
Bien que les cyclones causent des dégâts considérables dans les champs, la canne demeure probablement la culture la plus résistante aux intempéries.
Les grandes propriétés sucrières – somptueuses demeures coloniales noyées dans les vastes étendues de monoculture – appartiennent pour la plupart à l'aristocratie blanche franco-mauricienne, tandis que les villages d'ouvriers agricoles gravitent autour. Une population considérable de petits planteurs propriétaires a émergé depuis le 19e s. Ces descendants des immigrés indiens, engagés dans les plantations pour remplacer les esclaves, ont su profiter du morcellement des terres débuté au 19e s. et exploiter des terres encore vierges pour accéder à la propriété.
L'évolution actuelle tend à la mécanisation du travail agricole, mais la plus grande partie de la moisson se fait encore à la main. Étape préalable à la coupe, le **dépaillage**, longtemps effectué manuellement par les femmes, se fait désormais en brûlant les champs. Cette opération, par laquelle la paille est consumée pour faciliter la coupe, sert également à augmenter la teneur en sucre des cannes, dont l'eau s'évapore ainsi en partie.

Statue de Mahé de Labourdonnais, à Port Louis.
*Stéphane Frances / hemis.fr*

## Vers une diversification

Coupée une fois par an, entre juin et septembre, lorsqu'elle est en fleur et à maturité, la canne laisse place, pendant les deux ou trois mois précédant sa repousse, à des **cultures vivrières** comme le maïs, l'arachide ou la pomme de terre. Très secondaires, ces dernières ne permettent pas d'assurer l'autosuffisance alimentaire des habitants. Malgré les fortes précipitations qui arrosent l'île toute l'année, la perméabilité des sols et les températures rendent souvent l'irrigation nécessaire. Depuis l'indépendance, le gouvernement cherche à diversifier les plantations pour pallier les risques inhérents à la monoculture, trop fragile en cas de cyclone ou d'effondrement des cours du sucre. Ainsi, le thé, le tabac et les fleurs ornementales (anthuriums) sont essentiellement destinés à l'exportation.

Adoptée en 2005, la réforme de la politique sucrière européenne a provoqué une forte baisse des prix du marché. Pour faire face au choc, Maurice a entrepris d'économiser en centralisant la production et en en réorientant une partie vers la fabrication d'éthanol.

### LA ZONE FRANCHE

Créée en 1970 pour diversifier l'économie devenue trop dépendante de la monoculture du sucre et pour fournir des emplois dans un pays à la démographie galopante, la zone franche (Mauritius Export Processing Zone) contribue à implanter d'autres industries en attirant les investissements étrangers.

L'effort se porte dans les années 1980 sur le développement de nouvelles activités industrielles et sur l'innovation technologique. Une zone franche de services est également créée. Grâce aux avantages fiscaux et douaniers, à l'abondance et au faible coût de la main-d'œuvre et à un régime politique stable et rassurant, la zone franche compte aujourd'hui plus de 500 entreprises manufacturières et regroupe 80 % de l'activité industrielle de l'île. Elle génère 11 % du PNB et assure environ 50 % des exportations du pays,

dans des secteurs aussi variés que l'électronique, le jouet, la chaussure, la joaillerie, l'horlogerie, la banque et, surtout, le **textile** (coton et laine) et l'habillement.
De grandes marques de prêt-à-porter sont fabriquées à Maurice, et le textile constitue la principale activité de la zone franche, à tel point que les exportations de vêtements dépassent désormais celles du sucre. Le travail dans une manufacture de confection est d'ailleurs beaucoup plus prisé par les Mauriciens que celui dans les champs. Néanmoins, certaines entreprises du secteur textile commencent à délocaliser une partie de leurs activités à Madagascar, où la main-d'œuvre est encore moins chère.
Depuis le démantèlement de l'accord Multifibre, début 2005, Maurice se retrouve confrontée à la venue de nouveaux concurrents, comme la Chine et l'Inde, qui ont maintenant un accès égal aux marchés européen et américain.

## LE TOURISME

Simultanément à la création de la zone franche, le gouvernement a misé sur le développement du tourisme international pour diversifier l'économie du pays.
Le boom économique des années 1980 s'est accompagné d'un spectaculaire essor de l'industrie du tourisme à Maurice. Conséquence de cette croissance, le nombre d'infrastructures hôtelières augmente sans cesse (plus d'une centaine d'hôtels sont présents sur l'île), attirant de plus en plus d'investisseurs étrangers, notamment d'Europe et d'Afrique du Sud. Bien que l'île s'assimile au tourisme de masse, le gouvernement tient à préserver son image de destination de luxe et à limiter les vols charters. Les Français de métropole représentent plus d'un quart des touristes à Maurice, avant les Réunionnais, les Britanniques, les Allemands, les Sud-Africains et les Italiens. En plein essor grâce au vol direct assuré depuis janvier 2013 avec Shanghai, les touristes chinois représentent plus de 6 % des visiteurs.
En 2012, 965 441 personnes ont visité l'île, soit une très légère hausse (+0,1 %) par rapport à 2011. En troisième position dans l'économie du pays, le tourisme fournit un apport de **devises étrangères** considérable. L'autre répercussion positive concerne l'**emploi** de la population locale : ainsi, hôtellerie, restauration, transports, fabrication de maquettes de bateaux, vente ambulante de paréos, de coquillages ou de bijoux sur les plages constituent une manne pour les jeunes Mauriciens.
Cette croissance a cependant des effets néfastes sur les paysages et sur l'équilibre environnemental de l'île. La spéculation foncière à outrance devient préjudiciable aux activités économiques et agricoles des Mauriciens et pose des problèmes d'espace dans un pays déjà surpeuplé (env. 620 hab./km$^2$). La population doit par ailleurs subir les nuisances que causent l'accaparement des plages par les hôtels et les activités nautiques, et le bruit des animations nocturnes organisées pour les touristes.

## L'ÉVOLUTION DU PAYSAGE SOCIO-ÉCONOMIQUE

Depuis son accession à l'indépendance, le pays a connu un essor économique fulgurant, qui s'est accompagné d'une hausse parallèle du niveau de vie. Classé désormais parmi les pays émergents, ce nouveau tigre de l'océan Indien doit toutefois affronter d'importants défis qui risquent de freiner sa croissance.
Le principal obstacle demeure la diminution de la rentabilité

commerciale du sucre et du textile, à l'heure où ces deux secteurs clés doivent faire face à l'augmentation du coût de la main-d'œuvre. Confronté à la concurrence accrue de pays comme l'Inde, la Chine et Madagascar, où de nombreuses entreprises délocalisent leur production de base, Maurice pourrait voir le chômage s'aggraver dans les années à venir (8,1 % de la population en janvier 2013), avec les risques de tensions sociales que cela entraîne. Aussi, des plans stratégiques sont mis en œuvre dans les secteurs de la canne à sucre, du textile et de l'habillement, pour encourager les restructurations et la modernisation technologique.
L'île compte par ailleurs toujours sur la croissance de l'industrie touristique, ainsi que sur le développement du secteur financier et de celui des technologies de l'information et des communications. Ce dernier se révèle très dynamique, avec de nouvelles sociétés spécialisées dans les centres d'appel ou l'édition de logiciels et la création de plusieurs cybercités. L'Inde, notamment, est devenue un très gros investisseur à Maurice, où elle nourrit des projets dans les nouvelles technologies, la pharmacie et les loisirs.

## Institutions et administration

Un **président de la République**, élu pour cinq ans par le Parlement, remplace désormais à la tête de l'État la reine d'Angleterre et son représentant local, le gouverneur général. L'organisation et le fonctionnement des affaires publiques ne sont toutefois pas radicalement modifiés. Le président n'a pas de pouvoir décisionnel, mais symbolise la république de Maurice à l'étranger.
Sur le modèle britannique, le pouvoir exécutif est exercé par le **Premier ministre** (chef de la majorité parlementaire) et par un cabinet de 25 ministres.
L'**Assemblée nationale**, législative, compte 62 membres élus et quatre membres supplémentaires. Chacune des 20 circonscriptions électorales de l'île est représentée par trois députés et l'île Rodrigues par deux membres. Quatre des meilleurs perdants sont en principe désignés afin de contrebalancer la majorité parlementaire et de maintenir un équilibre ethnique. La majorité relative suffit pour être élu, mais les partis minoritaires constituent généralement des coalitions afin de contrer la forte bipolarisation des deux partis leaders.
Le **système judiciaire**, dont l'indépendance est garantie par la Constitution, a hérité à la fois de lois françaises et de lois britanniques.
Maurice se divise en **10 districts administratifs**.

### ALTERNANCES POLITIQUES

Le premier président, élu en 1992, **Veerasamy Ringadoo**, a été rapidement remplacé par le musulman **Cassam Uteem**, son appartenance à la communauté hindoue, largement majoritaire à Maurice, inquiétant les autres communautés.
En 1995, le bilan des treize années de gouvernement de **Anerood Jugnauth** s'est révélé largement positif, mais la multiplication des scandales politico-financiers a discrédité l'équipe dirigeante. Aussi, bien que l'économie du pays ne se soit jamais aussi bien portée, l'opposition, alliance du Parti travailliste de **Navin Ramgoolam**, le fils de Sir Seewoosagur Ramgoolam, Premier ministre de 1968 à 1982, *(voir p. 72)* et du MMM (Mouvement militant mauricien) de **Paul Bérenger**, a-t-elle remporté aux élections de 1995 une victoire écrasante.

Navin Ramgoolam a suivi dès lors les traces de son père au poste de Premier ministre. En février 1999, la mort en prison du chanteur de seggae **Kaya**, membre de la communauté minoritaire créole, a entraîné de violentes manifestations. Navin Ramgoolam a provoqué des élections législatives en septembre 2000. Ces dernières ont été remportées par la coalition MSM-MMM et ont ramené Anerood Jugnauth au poste de Premier ministre pour trois ans.
Le nouveau gouvernement a mené diverses réformes, notamment constitutionnelles (renforcement des pouvoirs présidentiels) et structurelles (enseignement, nouvelles technologies, industrie sucrière). Les lois sur l'autonomie de Rodrigues ont été votées en 2001.
En février 2002, suite à la démission du président de la République, opposé à certaines dispositions de la loi mauricienne sur la prévention du terrorisme, Karl Auguste Offmann a été élu président par le Parlement. Aux élections de septembre 2003, il a finalement été remplacé par l'ancien Premier ministre Aneerood Jugnauth.
En septembre 2002, Paul Bérenger a été quant à lui le premier Franco-Mauricien à accéder au poste de Premier ministre, réservé depuis l'indépendance à la caste hindoue Vaish. Il a toutefois été battu aux élections législatives de juillet 2005 par Navin Ramgoolam (Alliance Sociale), déjà Premier ministre de 1995 à 2000. Ce dernier a remporté largement les élections législatives de mai 2010, avec 41 élus sur les 62 que compte le parlement.
En mars 2012, Anerood Jugnauth a démissionné de la Présidence afin de rejoindre l'opposition et s'allier à Paul Bérenger en vue des prochaines élections législatives : il a finalement été remplacé par l'ancien président de l'Assemblée nationale, **Kailash Purryag**.

### SUR LE PLAN INTERNATIONAL

La situation géographique et le statut de démocratie parlementaire de l'île Maurice lui confèrent un rôle considérable dans les **relations internationales**. Membre d'une vingtaine d'organismes internationaux, elle entretient des relations avec les principaux pays de la planète.
Si des considérations d'ordre idéologique ont été primordiales avec certains pays, l'accent est aujourd'hui essentiellement placé sur la coopération économique, scientifique et culturelle.
Maurice abrite ainsi le siège de plusieurs grandes organisations de coopération régionale, comme la **Commission de l'océan Indien** (COI) et l'**Indian Ocean Rim** (IOR/ARC), grâce auxquelles elle a un rôle actif dans les relations internationales, bien que démesuré par rapport à la taille de l'île.

## La population

### UNE EXPLOSION DÉMOGRAPHIQUE

Estimée à 1 307 000 habitants en 2013, la population n'a cessé d'augmenter pendant des années, notamment grâce à des progrès sanitaires tels que l'amélioration de l'alimentation, des services médicaux et de la distribution d'eau potable. La fermeture progressive des principaux pays d'émigration – la Grande-Bretagne, la France, certains pays d'Afrique et, dans une moindre mesure, le Canada et l'Australie – n'a fait qu'amplifier le phénomène.
L'île Maurice compte ainsi l'une des plus fortes densités de population du monde, avec près de 620 hab./km². Néanmoins, vous aurez sans doute l'impression inverse en vous promenant autour de l'île, à travers les villages et les

vastes étendues de canne à sucre des plaines côtières, une grande partie de la population vivant dans les villes du plateau central.
Une endémie de malaria poussa en effet la population à fuir Port Louis vers 1860 pour se réfugier vers des régions plus salubres. Cyclones et maladies ont entretenu cette migration vers le centre au cours des années suivantes. La création d'un chemin de fer traversant l'île a accéléré le processus, et la fraîcheur qui règne sur ces hauteurs a contribué à cette évolution durable.
Depuis les années 1970, des mesures de planning familial, les profondes mutations de la société mauricienne et la création de nombreux emplois ont permis de stabiliser la situation démographique.

## UNE MOSAÏQUE D'ETHNIES

Véritable creuset ethnique, la population mauricienne, au carrefour de l'Afrique, de l'Asie et de l'Europe, reflète l'histoire de l'île et les diversités culturelles des peuples souches qui l'ont façonnée. Au sein même des principales communautés interviennent de subtiles subdivisions, en fonction des origines géographiques, de castes ou de classes.

### Les Franco-Mauriciens

La population blanche de Maurice, qui descend des colons français, a pu maintenir au fil des siècles une forte identité culturelle. Elle possède encore aujourd'hui presque toutes les plantations et industries sucrières, ainsi que les plus belles demeures coloniales.
Sa fortune lui a souvent permis d'investir avec bénéfice dans des industries de la zone franche ou dans l'hôtellerie, mais, globalement, l'influence de cette aristocratie blanche ne cesse de décliner et elle ne représente plus que 2 % de la population mauricienne. Nombre de Franco-Mauriciens sont peu à peu partis vivre en France, en Grande-Bretagne ou en Afrique du Sud.
S'ils sont peu présents sur la scène politique, leur influence s'exerce dans ce domaine par le biais de leur prépondérance économique et de leurs liens internationaux dans des secteurs clés.

### Les Créoles

Ce terme ambigu désigne les descendants des esclaves, main-d'œuvre importée de Madagascar et des côtes est-africaines par les premiers colons de Maurice. Les mariages mixtes ont largement métissé cette communauté.
Franco-Mauriciens et Créoles, les deux groupes les plus anciennement établis sur l'île et les seuls qui ne soient pas originaires d'Asie forment ensemble la « population générale ». Tous de confession catholique, ils regroupent aussi bien les propriétaires blancs les plus fortunés que de modestes pêcheurs

## L'ÉDUCATION

L'éducation gratuite, bien que non obligatoire, favorise la scolarisation de plus de 90 % des enfants. Vous croiserez inévitablement au cours de votre séjour des ribambelles d'enfants en uniforme bicolore, différent d'un établissement à l'autre. Dès les plus petites classes, certains cours se déroulent en français, d'autres en anglais, ce qui permet, théoriquement, aux jeunes Mauriciens de sortir de l'école parfaitement bilingues. De plus en plus d'étudiants poursuivent ensuite leurs études supérieures au Réduit, le plus grand centre universitaire de l'île. Les plus fortunés partent étudier en France ou en Grande-Bretagne.

ou ouvriers d'origine africaine ou malgache et toutes les nuances de la petite bourgeoisie métisse.

### Les Indo-Mauriciens

Le groupe ethnique majoritaire descend des travailleurs engagés après 1835 pour remplacer dans les plantations les esclaves libérés. Parmi les Indo-Mauriciens, on distingue d'une part les hindous, dont font partie un nombre important de Tamouls, et d'autre part les musulmans, moins nombreux.

Certains **Tamouls**, arrivés de l'Inde du Sud (Tamil-Nadu) dès l'époque de Mahé de Labourdonnais, ont conservé une tradition d'artisans qui a facilité leur intégration aux autres communautés dans les faubourgs urbains. Il en résulte un taux de métissage nettement plus important que chez les autres **hindous**, dont les ancêtres sont venus en grande partie du nord de l'Inde et qui sont longtemps restés agriculteurs, plus isolés dans les campagnes.

Chez ces derniers, le système des **castes** hérité de la société brahmanique de l'Inde ancienne s'est perpétué à Maurice, avec plus de souplesse néanmoins. La caste sacerdotale des *brahmanes* (ou *maraze*) se situe au sommet de la hiérarchie, suivie par celles des guerriers, les *khastriyas* (ou *baboudji*), des propriétaires et des marchands, *vaishya* (ou *vaish*), des métiers subalternes, les *sudras* et, enfin, des intouchables, les *parias*, considérés comme impurs. Aussi désuètes qu'elles puissent paraître, ces divisions, profondément ancrées dans les mentalités, jouent un rôle fondamental dans la vie du pays.

Les deux premières castes, largement minoritaires, s'allient à l'occasion, notamment pour les mariages ou lors des élections. La troisième, majoritaire, est la plus représentative de la communauté hindoue et joue un rôle politique de premier ordre. Le Premier ministre est en principe, en vertu d'une règle tacite, toujours issu de cette caste. D'une façon générale, les hindous dominent le pays et façonnent son visage. En politique, les Mauriciens soutenant systématiquement le candidat représentant leur communauté ethnique ou religieuse, les hindous l'emportent toujours grâce à leur supériorité numérique. Du point de vue socio-économique, ils ont su s'immiscer dans tous les secteurs et gravir les échelons les plus hauts.

Au sein de la minorité indienne **musulmane**, on trouve des descendants de *coolies* du nord de l'Inde (Bengale, Bihar), qui sont venus à Maurice dans l'espoir d'y faire fortune comme travailleurs agricoles, et des commerçants de l'Ouest (Gujarat), venus y accroître la leur.

### CODES VESTIMENTAIRES

Pour la population indo-mauricienne, culture et religion sont indissociables, et l'habillement fait partie de cette culture identitaire. Beaucoup de femmes hindoues revêtent de magnifiques saris, drapés de tissus indiens colorés. La plupart des musulmanes portent le voile. Leur tenue se compose d'une longue tunique qui recouvre presque entièrement un pantalon ample. Les autres communautés, dans l'ensemble, ont largement adopté la mode occidentale. Jeans et tee-shirts font fureur et l'une des spécialités de l'île, dont les manufactures textiles fabriquent à bas prix de nombreuses marques étrangères réputées, consiste à en confectionner des copies pour le marché local.

Le quartier chinois de Port Louis.
*Nicolas Thibaut / Photononstop*

Ces différences d'origine géographique se répercutent aujourd'hui sur le plan socio-économique. Parmi les premiers, la majorité vit dans les campagnes, où nombre d'entre eux sont devenus petits propriétaires. Au cours des dernières décennies, certains ont su peu à peu accéder aux professions libérales et à la fonction publique. Les seconds, beaucoup moins nombreux, se sont pour la plupart établis dans la capitale, Port Louis, où ils prospèrent dans le commerce des tissus ou dans la finance.

### Les Sino-Mauriciens

Ils immigrent de Chine à partir du 19e s. comme entrepreneurs. Communauté minoritaire en nombre, elle est extrêmement dynamique, en particulier dans les affaires et le commerce, et fournit près de la moitié des médecins, des architectes, des ingénieurs et des comptables de l'île. Dans ce groupe sans clivage, une distinction subsiste cependant entre descendants de **Cantonnais** et descendants des **Hakkas**, originaires de la côte sud-est de la Chine.

## LA « CRÉOLISATION »

Vu de l'extérieur, le peuple mauricien offre une image de parfaite harmonie et d'intégration interraciale réussie. C'est l'image idyllique vantée dans les brochures publicitaires et l'impression ressentie par la plupart des touristes qui passent sur l'île de courtes vacances. Néanmoins, la réalité est plus complexe. Si les différentes communautés coexistent pacifiquement sans conflit majeur, les tensions n'en demeurent pas moins très présentes. Il en résulte un fort cloisonnement, à la fois ethnique et social, qui se manifeste notamment à travers l'institution du mariage, les mariages mixtes demeurant assez rares.

Néanmoins, par-delà les clivages qui divisent ce peuple d'immigrés, la mise en contact de communautés culturellement très marquées par leurs traditions respectives a généré une force unique, un peuple qui a su s'enrichir de ses différences au lieu de s'y perdre et de s'autodétruire. Ainsi, l'appartenance à une communauté n'exclut pas la reconnaissance d'une culture commune à tous, née d'un lent syncrétisme. Les apports mutuels ont atténué la stratification de cette société complexe.

Les esclaves africains et malgaches ont donné ses bases à la langue créole, la seule commune à tous les Mauriciens, et son rythme au séga, principale musique et danse du pays. Des colons français et britanniques, Maurice a conservé deux langues indispensables pour les relations internationales. Elle a aussi hérité de la Grande-Bretagne ses systèmes parlementaire et judiciaire. Les immigrés indiens ont apporté leur ténacité et leur acharnement dans le travail. Les Chinois ont insufflé leur esprit d'entreprise et leur volontarisme dans les affaires.

Cette « créolisation » a donné naissance à une langue et à une culture propres à Maurice – bien que proches de celles des îles voisines – qui marquent l'appartenance à une même nation, par-delà les différences ethniques, linguistiques ou religieuses, et permettent un ralliement, une communication autour d'une identité et de références communes.

# Les langues

Langue usuelle parlée par tous dans la vie quotidienne, lien entre toutes les communautés ethniques de l'île, le **créole mauricien** n'est pas officiellement reconnu, ni enseigné.

Il s'est constitué au cours de la période coloniale au 18e s., né du besoin de communication entre les esclaves de différentes origines d'une part, entre les esclaves et les colons d'autre part. Dérivé du français que les esclaves entendaient parler par leurs maîtres et qu'ils assimilèrent phonétiquement, avec quelques déformations et simplifications, il contient aussi des racines africaines et malgaches et s'est par la suite enrichi de vocables anglais, hindis et chinois.

Ainsi s'est forgée très progressivement une langue orale, très imagée, dont les linguistes commencent depuis peu à fixer la grammaire et l'orthographe.

À la langue maternelle de chacun s'est ajouté ce nouveau parler commun à tous, expression d'une culture métissée, facteur d'identité insulaire. Spécifique à l'île Maurice, il est très proche des créoles parlés à Rodrigues et aux Seychelles, mais diffère de celui des Réunionnais. Tous ces peuples peuvent néanmoins se comprendre les uns les autres. *(Voir aussi le lexique dans le rabat de couverture).*

L'**anglais** est la langue administrative, enseignée à l'école, employée en politique et dans les affaires. Mais rares sont les Mauriciens qui l'utilisent en dehors de ces circonstances officielles.

Le **français** est plus courant et vous n'aurez dans l'ensemble aucune difficulté à communiquer avec les Mauriciens. Largement compris et parlé, il prédomine dans les médias.

Les différentes communautés ont parfois conservé la langue de leurs ancêtres, qu'ils parlent entre eux, dans un contexte familial ou religieux. Les Indo-Mauriciens parlent hindi (surtout dans les médias), ourdou (qui s'écrit avec l'alphabet arabe), *bhojpuri* (originaire du nord de l'Inde et qui comprend des mots de créole) ou encore tamoul, *telegu*, *maathi* ou *gudjerati.* Certains Sino-Mauriciens parlent le mandarin, le cantonais ou le *hakka.*

# Les religions

Étroitement liées aux diversités ethniques, les différentes religions induisent elles aussi, et peut-être plus encore, des tensions, voire des hostilités, mais qui ont trouvé, là aussi, un terrain de tolérance et de cohabitation pacifique.

Malgré l'éloignement spatial et temporel du pays d'origine, les Mauriciens gardent un attachement identitaire à la religion de leurs ancêtres. Ainsi, toutes les grandes religions du monde sont représentées, avec leur multitude de courants internes.
L'île Maurice voit se côtoyer rites ancestraux et mœurs contemporaines, islamisme et laïcité, patriarcat hindou et modernité occidentale, contrôle démographique impérieux et catholicisme rigoureux. Mieux, une certaine perméabilité entre les communautés a suscité un brassage de religions, un métissage qui ajoute une touche atypique supplémentaire au kaléidoscope culturel mauricien.

### L'HINDOUISME

Pratiqué par plus de la moitié de la population, l'hindouisme à la mauricienne est plus souple qu'en Inde. Hérité de la religion védique de l'Inde antique, il reste indissociable des traditions, de la société et de l'histoire de ce pays. Il régit l'ordre social, même si le système des castes est moins marqué qu'en Inde, et rythme la vie quotidienne de ses adeptes. C'est lui qui donne à l'île son caractère aussi profondément indien.
Les trois principes fondamentaux de l'hindouisme résident dans la croyance en la *maya* (la réalité illusoire des apparences), au *karma* (la rétribution des actes) et au *samsara* (le cycle des réincarnations).
Les trois divinités majeures de l'hindouisme forment la *trimurti*, triade composée par Brahma (le Créateur), Shiva (le Destructeur), et Visnu (le Conservateur), qui représentent en réalité trois aspects de la même divinité. Chacune de ces divinités possède une force efficiente, incarnée par sa *shakti*, son épouse, par l'intermédiaire de laquelle il agit sur les hommes. Une myriade de divinités secondaires complètent le panthéon hindou et chaque divinité peut avoir des avatars, que les fidèles célèbrent aussi dans leur culte.
Parallèlement au panthéon hindou proprement dit, de nombreux êtres, animaux ou éléments, bénéficient de la vénération des fidèles, sans pour autant être considérés comme des divinités, comme les vaches, vénérées depuis l'Antiquité védique en tant que nourrices de l'Inde, et les fleuves, dont le plus sacré est le Gange, qui symbolisent la vie s'écoulant et se renouvelant sans cesse.
Dans l'hindouisme, il n'existe pas vraiment de frontière entre la vie quotidienne et une doctrine mêlée de diverses croyances animistes.
Il s'agit plus d'un mode de vie et de pratiques que de doctrines ou de croyances. Plusieurs philosophies et une multitude de cultes peuvent coexister. Leur point commun réside dans une certaine idée de Dieu, considéré comme une entité transcendantale, évolutive, dont les aspects visibles se manifestent à travers les constantes transformations du monde. Autre point commun, la

**LE MARIAGE**

Il est rare de voir des jeunes de plus de 24 ou 25 ans qui ne soient pas mariés. Comme en Inde, les hindous pratiquent toujours les mariages arrangés : traditionnellement, les futurs époux, choisis par les parents, font connaissance une semaine avant le mariage et n'ont le droit de le consommer que trois jours après. Quelle que soit la communauté d'origine du jeune couple, le mariage donne toujours lieu à des rituels religieux et à une fête haute en couleur.

croyance en l'éternité du principe divin en chaque être ou chose, dont l'apparence n'est que temporaire. L'image de la divinité joue dans le culte le rôle d'un substitut visible qui aide, puisque tel est le but du rituel, à maintenir le contact entre les entités supérieures et le monde présent, afin de conserver le bon ordre cosmique.

### Le panthéon hindou

Créateur universel, **Brahma** est le premier membre de la Trinité suprême. Il est représenté avec quatre têtes tournées vers les quatre points cardinaux et quatre bras tenant le lotus, la conque, le disque et les *Védas*, le savoir éternel.
**Shiva** est généralement figuré par un lingam phallique, symbolisant les aspects à la fois créateur et destructeur de la divinité. Il détruit la création afin de la recréer. Parmi ses attributs distinctifs, on recense le trident, la flamme, le croissant de lune dans les cheveux, la hache, les flots du Gange, la clochette et une antilope. Il domine le monde sur sa monture, le taureau **Nandi**, symbole des forces terrestres et de procréation.
**Visnu**, dieu solaire, conservateur du monde, immobile, s'oppose parfois à Shiva. Il lui arrive de s'unir à ce dernier pour former une seule divinité syncrétique : Hari-Hara.
**Parvati**, l'épouse de Shiva, est représentée avec ce dernier et **Ganesha**, leur fils aîné à la tête d'éléphant, dieu de la Sagesse et de la Bienveillance.
**Muruga** incarne la divinité tamoule de la Jeunesse, de la Beauté et de la Guerre. Chef des armées célestes, instructeur des armées, destructeur de démons et démon lui-même, il est identifié avec le cobra. Il est monté sur un paon faisant la roue, armé d'une lance et d'un arc.
**Kali**, aussi connue sous le nom de Durga, symbolise le jugement et la mort.

## L'ISLAM

Beaucoup plus modérés que dans certains pays arabes, les musulmans de Maurice suivent cependant les mêmes règles fondamentales : affirmer l'unicité d'Allah, prier, faire l'aumône, le jeûne du ramadan et si possible le pèlerinage à La Mecque. Les fidèles se réunissent tous les vendredis à la mosquée pour écouter l'imam et prier ensemble. La communauté musulmane compte surtout des **sunnites**, mais également une minorité **chiite**.

## LE CHRISTIANISME

Il est globalement pratiqué par toute la « population générale », Blancs franco-mauriciens et Créoles. De nombreux Sino-Mauriciens se sont aussi convertis.

## LE BOUDDHISME

Pratiqué par une majorité de Sino-Mauriciens, il mêle le culte des ancêtres, le service des morts et d'autres pratiques de religions chinoises, telles que le confucianisme, aux rites traditionnels du bouddhisme. Née du brahmanisme, la doctrine du Bouddha met l'accent sur les causes de la souffrance humaine et les moyens de s'en affranchir. Fondées sur l'enseignement du Bouddha à ses premiers disciples, les Trois Vérités en constituent le principe : la première est une conception pessimiste de la vie, où tout est souffrance parce qu'éphémère ; la deuxième attribue le malheur au désir, à l'envie, suscités par cette existence passagère ; la troisième indique comment supprimer la douleur en supprimant sa cause : le désir.
Le cycle des réincarnations *(samsara)* doit conduire au nirvana, état de béatitude totale, de méditation pure, d'apaisement total des sens, dénué de désir.

# Les fêtes

La plupart des fêtes qui se déroulent à Maurice sont liées à la religion. Elles reflètent la diversité et l'intensité des croyances religieuses des Mauriciens.

## LES FÊTES HINDOUES

Elles rassemblent des foules impressionnantes, qui peuvent atteindre jusqu'à plusieurs centaines de milliers de fidèles. Toujours très colorées, ces festivités font le régal du visiteur qui, s'il ne comprend pas la signification de tous les rituels, peut se laisser porter par l'animation ambiante, la ferveur, la gaieté, la souffrance parfois aussi, et admirer à loisir le défilé bigarré des saris et des décorations fleuries ou lumineuses.

### Cavadee

Cavadee (ou *Thaipoosam*) est célébrée par les Tamouls et les hindous, selon les années, en janvier ou en février. Pour toute la cérémonie, la date et l'heure, décidées par le *swami* (prêtre) en fonction de la Lune, relèvent de la plus grande importance. Cette fête de purification passe par des actes de pénitence, grâce auxquels les fidèles expient leurs fautes et libèrent leur âme du mal. Selon la légende, ils honorent ainsi Muruga, chef des armées célestes, qui délivra le sage Idoumban d'un démon. Au préalable, les fidèles observent une période de prière, de jeûne et de continence de dix jours. La journée du Cavadee commence à l'aube par des actes de purification dans une rivière. Certains pénitents s'infligent des **sévices corporels** : ils s'accrochent sur le dos, le torse et le cou des aiguilles et des crochets, auxquels ils attachent souvent des citrons et se transpercent la langue et les joues avec des broches. D'autres marchent sur des semelles hérissées de clous. Dans un état de transe fébrile pour nombre d'entre eux, ils portent sur leurs épaules le *cavadee*, une structure en bois qui évoque le temple de Muruga et contient son effigie, ornée de fleurs et de feuilles de palmier, avec à chaque extrémité un pot de lait (liquide sacré) en bronze *(sambou)*. Pour les femmes, un gros pot de lait en cuivre remplace généralement le *cavadee*. Une longue marche les conduit ensuite au temple, où le lait est offert à la divinité au cours d'une cérémonie officiée par le *swami*. Certains fidèles assistent à la célébration sans pratiquer tout ce rituel de pénitence. Ils se contentent des prières et apportent des offrandes au temple sur un plateau en cuivre : une noix de coco avec son lait, trois bananes, des fleurs, du camphre et de l'encens.

### Maha Shivaratree

C'est l'une des fêtes les plus populaires de l'île. La « grande nuit de Shiva » célèbre la victoire de Shiva sur Brahma et Visnu. Elle a lieu en février ou mars, pendant cinq jours consécutifs. C'est la plus grande fête hindoue à se dérouler hors de l'Inde. Après avoir veillé toute la nuit, les fidèles, vêtus de blanc, forment une procession jusqu'au lac de Grand Bassin, dont les eaux s'apparentent pour les hindous à l'eau sacrée du Gange, avec ses vertus purificatrices. Ils portent à plusieurs des *kanvars*, immenses structures de bambou couvertes de fleurs, de rubans et de miroirs, évoquant les temples shivaïstes. Au terme de cette longue marche, les pèlerins font des offrandes de nourriture et se baignent dans l'eau sacrée, qu'ils versent aussi à l'entrée du temple sur le lingam, représentation phallique symbolisant l'univers et la nature fondamentale, la puissance et l'énergie créatrice de Shiva.

### Holi

Festival de l'équinoxe de printemps, célébrée pendant la pleine lune en février ou en mars, la fête du

Feu et de la Couleur est l'une des manifestations hindoues les plus joyeuses. Elle marque le début du printemps et célèbre le culte de la fertilité et du renouveau de la vie. Ce jour-là, tout le monde se promène dehors pour s'asperger d'eau et de poudres colorées et pour échanger des vœux. La poudre rouge symbolise le sang nouveau qui coule dans les veines et apporte la vie et le désir d'amour. Les festivités se terminent par un feu de joie où l'on brûle des gâteaux. On incendie également l'effigie en paille du démon Holika, symbole des forces du mal. Si vous vous trouvez à Maurice à cette époque, mettez des vêtements auxquels vous ne tenez pas et n'hésitez pas à prendre part à cette fête bon enfant.

### Ganesha Chaturti

La fête de Ganesha Chaturti, en août ou en septembre, célèbre l'anniversaire de la naissance de Ganesha, dieu des voyageurs, des marchands, des voleurs, des études et des gens de lettres. Ganesha aurait la faculté de supprimer les obstacles et de dispenser l'immortalité à ses fidèles. Fils de Shiva et de Parvati, il est représenté avec un corps humain et une tête d'éléphant, car Shiva, ayant coupé la tête de son fils dans un moment de colère, la remplaça par la première tête qu'il trouva… et ce fut celle d'un éléphant. Pour l'occasion, les fidèles confectionnent des images de Ganesha en terre, qu'ils vénèrent pendant plusieurs jours avant de se rendre en procession au bord de l'eau pour les laisser fondre dans la mer sacrée.

### Divali ou Dipavali

Vers octobre ou novembre, elle célèbre la victoire de Rama (incarnation solaire de Visnu représentant la Loi cosmique) sur le démon Ravana, qui avait enlevé son épouse Lakshmi, déesse de la Multiplicité et de la Fortune.
À la tombée d'une nuit sans lune, les fidèles illuminent leurs maisons d'une multitude de bougies, de lampes à huile et de lumières électriques, et prient pour la richesse, l'abondance, la réussite, laissant les portes et fenêtres grandes ouvertes pour faire entrer la bonne fortune dans la maison. Les offrandes de fruits et de fleurs sont destinées à Lakshmi. Fête du partage, Divali est aussi l'occasion de confectionner des friandises que l'on s'offre les uns aux autres. Feux d'artifice et pétards contribuent à la gaieté et à l'animation et permettent de chasser la mauvaise fortune.

### Ganga Asnan

En octobre ou novembre, lors de cette fête qui consiste en Inde à s'immerger dans les eaux sacrées du Gange, les hindous de Maurice se rendent sur une plage où ils déposent des offrandes et

Fête de Ganesha à Tamarin.
*Florence Guillemain / Photononstop*

se baignent dans la mer, rituel purificateur au même titre que s'il s'agissait de l'eau du fleuve indien.

### Teemeedee

Les impressionnantes cérémonies de **marche sur le feu** ont surtout lieu entre décembre et février, lors de la fête tamoule de Teemeedee. Après une période de purification par l'abstinence, la continence, la méditation et la prière, les pénitents se rendent en procession à la rivière la plus proche du temple pour effectuer des ablutions. Devant le temple, dans les effluves d'encens, hommes et parfois femmes et enfants traversent lentement un long brasier de charbons ardents, encouragés par les tambours, puis se trempent les pieds dans du lait pour apaiser les brûlures. Ils s'infligent ces punitions pour expier leurs péchés et demander la faveur des dieux, en dépassant la matérialité de l'existence.

## LES FÊTES MUSULMANES

Moins « spectaculaires », elles se résument souvent à des prières à la mosquée et à des repas en famille, accompagnés de jeux, de musiques et de chants, de pratiques charitables, d'échanges de vœux et de cadeaux, sans donner lieu à des célébrations publiques. Elles se décalent de 10 ou 11 jours chaque année suivant le calendrier lunaire musulman.

### Yamun Nabi

Cette fête commémore la naissance du Prophète. Les fidèles se rassemblent à cette occasion pour écouter des panégyriques de Mahomet et le récit de sa vie.

### Id-El-Fitr

Elle marque la fin du mois de jeûne du ramadan. Les croyants célèbrent l'événement dans l'allégresse. Après avoir pris un bain et changé de vêtements, ils remercient Dieu de les avoir aidés à supporter les rigueurs du ramadan en allant prier à la mosquée. Échanges de cadeaux et de vœux, visites aux amis et à la famille, aumône aux pauvres font partie des réjouissances. C'est aussi le jour de la bonne entente et du pardon, où il convient à chacun de régler ses différends avec son entourage.

### Id-El-Adha

Id-El-Adha a lieu 40 jours après la fin du ramadan. Elle célèbre le sacrifice du prophète Abraham. Il accepta de sacrifier son fils Ismaël pour obéir à Dieu, mais ce dernier l'en dispensa finalement et lui demanda un bélier à la place de son fils. À cette occasion ont lieu, après une prière en commun, des sacrifices de moutons, de cabris ou de bœufs. Selon la tradition, l'animal est partagé en trois parts égales : deux sont destinées aux pauvres et aux proches, la dernière est pour la famille.

### Ghoons

La minorité chiite et une partie des sunnites célèbrent une fois par an cette fête commémorant le martyre de l'imam Hussein, descendant du Prophète. La procession, qui traverse Port Louis, rappelle par certains rites celle de la fête de Cavadee et le *ghoon*, structure en bambou ornée de fleurs, ressemble au *cavadee* hindou. Là aussi, les pénitents, le corps percé d'aiguilles, s'infligent des tortures pour expier leurs péchés.

## LES FÊTES CHRÉTIENNES

Spécifique à Maurice, la plus importante et la plus étonnante des célébrations catholiques, la **fête du Bienheureux Jacques-Désiré Laval**, a lieu le 9 septembre, date anniversaire de sa mort, en 1864. Missionnaire français, évangélisateur des esclaves libérés, on lui attribue des guérisons miraculeuses, qui lui valent d'être considéré comme un saint. Il a été béatifié par Jean-Paul II en 1979. Depuis plus d'un siècle, des Mauriciens de toutes confessions viennent à Sainte-Croix, en périphérie de Port Louis *(voir p. 105)*, se recueillir sur la tombe du père Laval, qu'ils considèrent comme l'apôtre de l'île. Ils forment alors une impressionnante procession réunissant plusieurs milliers de personnes sans considération ethnique ni religieuse, et les messes se succèdent toutes les heures pendant près de deux jours.

## LES FÊTES CHINOISES

### La fête du Printemps

Elle correspond au Nouvel an chinois (en janvier ou février selon le calendrier luni-solaire). Avant le Jour de l'an, chaque famille s'adonne à des rituels visant à chasser les esprits malfaisants de l'hiver. Elle cherche aussi à honorer le génie de la cuisine, qui part une semaine au ciel faire son rapport annuel à l'empereur céleste sur les actions de la famille. Pour tenter de l'amadouer, les Chinois apportent de généreuses offrandes sur son autel. C'est de là que viendrait la tradition de la confection des gâteaux de riz gluant au miel : les fidèles les offrent au dieu pour s'attirer ses faveurs.

Le **culte des ancêtres** occupe une place très importante pendant cette période : les chefs de famille convient les anciens à partager avec leurs descendants la liesse du renouveau. Les familles leur font alors le compte rendu des événements de l'année qui s'écoule et demandent leur bénédiction pour l'année qui s'annonce. Pendant ce « séjour » auprès des leurs, leur autel est abondamment garni d'encens et d'offrandes, et des mets délicats leur sont présentés avant d'être consommés par la famille.

Pendant les quelques semaines qui précèdent le Jour de l'an, chacun tâche de régler toutes ses affaires désagréables afin d'aborder la nouvelle année sous les meilleurs auspices. La période des fêtes est l'occasion de témoigner sa reconnaissance envers ses parents et ses amis en leur rendant visite, en leur envoyant des vœux de santé et de prospérité et en leur offrant des cadeaux.

Chaque famille procède au nettoyage complet de sa maison, qui est parfois repeinte. Pour l'occasion, la couleur rouge, symbole de bonheur, resplendit partout. Des banderoles tapissent les maisons de vœux calligraphiés. Les Chinois préparent des plats traditionnels pour garantir l'abondance de nourriture toute l'année à venir. Plantes, fleurs et fruits du printemps, aux couleurs vives, participent aussi à la fête, et des pétards explosent de tous côtés pour écarter les esprits maléfiques. Les Chinois, vêtus tout de neuf, se régalent, en famille, du meilleur repas de l'année.

Si vous vous trouvez à Maurice à cette époque, allez dans une pagode de Port Louis, où les fidèles vont déposer leurs offrandes au Bouddha, brûler des textes et des images du génie du foyer et honorer les ancêtres.

### La fête des Lanternes

Aussi appelée fête du Dragon, elle a lieu 15 jours après le Nouvel An. Elle célèbre la victoire de la sagesse, de la lumière du Bouddha sur le mal, le dragon cruel. Cette nuit-là, chacun sort avec des lanternes en papier, de diverses formes et couleurs. Ne manquez pas les défilés costumés et les danses de dragons qui animent les festivités, faisant revivre masques et costumes traditionnels bariolés.

### La fête du Ching Ming

Spécifiquement chinoise, la fête du Ching Ming se consacre au culte des ancêtres. Les Sino-Mauriciens apportent à leurs morts des fleurs et de la nourriture, et brûlent de l'encens sur leurs tombes à la lueur des bougies.

## La gastronomie

La cuisine mauricienne est aussi cosmopolite que la population. Vous aurez le choix entre des spécialités indiennes, chinoises, européennes ou créoles.
Le riz constitue la base de tous les plats. On le sert norm alement en premier, pour l'arroser de poisson ou de viande mijotés, parfumés de saveurs orientales et accompagnés de légumes locaux (chouchous), de potiron (giraumon), de pâtisson, d'aubergine, de brèdes ou d'achards.
Safran, curcuma, clou de girofle, noix muscade, cumin, coriandre, cannelle, piment, cardamome, gingembre, poivre… comptent pour beaucoup dans la réussite de ces plats. Introduites à l'époque de la colonisation française pour la plupart, ces épices provenaient d'Inde, d'Indonésie et d'autres pays d'Orient.

### LA CUISINE CRÉOLE

Produit d'un métissage culturel, elle s'est constituée à partir des apports culinaires de chaque pays souche de la population de l'île avec, naturellement, une influence indienne prédominante.
Le **cari** est un plat de viande ou de poisson, cuit avec des oignons, de l'ail, du gingembre, des herbes et des épices (coriandre, cumin et curcuma), parfois dans des tomates ou du lait de coco, et servi avec des lentilles, des pois ou des haricots.
Le **rougail** se compose de viandes, saucisses ou poissons mijotés dans une préparation relevée à base de « pommes d'amour » (petites tomates), d'oignons, d'ail, de gingembre, d'herbes aromatiques et de piment. Dans le **vindaye**, poissons ou volailles sont marinés dans un mélange de vinaigre, de graines de moutarde et de curcuma avec des oignons, du gingembre et de l'ail revenus dans l'huile. Tous trois constituent les plats les plus typiques.
Vous découvrirez aussi une grande variété de **poissons** (capitaine, sacréchien, vieille rouge, cordonnier, thon) et de fruits de mer (calamars, camarons, crabes, homards), que l'on mange souvent grillés et arrosés de limon (petit citron vert). Les gros poissons fumés, comme le marlin, peuvent également être savoureux. Les bouillons (de crabe, par exemple) et les soupes de légumes font également partie de l'alimentation quotidienne des Mauriciens.
Le **cerf**, introduit par les Hollandais au 16e s., fait toujours l'objet d'un élevage, tant pour les plaisirs de la chasse que pour ceux des papilles. En saison (de juin à septembre), vous pourrez par exemple goûter au cari de cerf.

Parmi les préparations qui accompagnent ces plats, goûtez les **brèdes**, feuilles de certains légumes que l'on mange bouillies ou cuites à la vapeur, les **achards** de légumes râpés, de mangue verte ou de citron, marinés et conservés dans un mélange d'épices, et les **chatinis**, généralement à base de tomates, hachées et assaisonnées d'huile et de vinaigre, d'oignon, d'ail, de piments et d'herbes aromatiques. Autre spécialité locale : la **« salade de millionnaire »**. Il s'agit du cœur extrait du tronc du palmiste, préparé en salade après avoir été attendri dans son lait. Sachant que le palmiste met plusieurs années à pousser et que chaque cœur ne fournit qu'environ 600 g de chair comestible, on comprend l'appellation que lui ont attribuée les Mauriciens.

Dans les marchés, dans la rue ou sur la plage, les vendeurs ambulants vous proposeront des **gâteaux piments** (boulettes frites à base de farine de pois, pas si pimentées), des **bringelles** (beignets d'aubergines), des **samoussas** (petits feuilletés frits de forme triangulaire, fourrés de viande, de poisson ou de légumes épicés), des **gâteaux patates** (à base de patate douce), des **dholl puri** (galettes à la farine de *dholl* recouvertes d'une délicieuse sauce de cari).

## LA CUISINE INDIENNE

Parfumée de toutes sortes d'épices, elle peut être très pimentée. Le cari reste le plat le plus caractéristique, mais, pour goûter une préparation typique et populaire, essayez le **biryani**. À base de riz sauté avec des épices, des légumes et éventuellement de la viande, du poisson ou des œufs, c'est à la fois un repas quotidien et un plat de fête chez les musulmans.

Comme les religions d'origine indienne comportent des interdits alimentaires, on note des particularités culinaires en fonction des communautés. Le Coran interdit aux musulmans de manger du porc, considéré comme impur, tandis que les hindous et les Tamouls ne consomment pas de bœuf, animal sacré, et souvent, pas de porc non plus.

## LA CUISINE CHINOISE

C'est sans doute la plus variée et la plus fine. De nombreux restaurants font venir des chefs cuisiniers de Chine, qui pratiquent leur art dans la pure tradition de leur pays. Le *wok* (large récipient métallique à fond arrondi, que l'on place sur une flamme vive en maniant la spatule avec dextérité) permet de faire sauter les légumes, le soja, les pousses de bambou, les champignons pour qu'ils restent croquants. Gingembre, citronnelle, sauce de soja, d'huître ou de poisson et herbes fraîches parfument ces préparations, à base de porc, de bœuf, de crevettes ou de poisson. Goûtez également le **mine frit**, plat populaire à base de nouilles sautées que l'on trouve dans tous les restaurants et chez les vendeurs ambulants.

## LES BOISSONS

Les Mauriciens boivent du thé (de Bois Chéri) et du café (de Chamarel), parfumés ou non à la vanille et généralement servis avec du lait et du sucre (précisez si vous le préférez nature), diverses boissons gazeuses et toutes sortes de boissons à base de yogourt, vendues dans la rue. Les bières locales, Phœnix, Blue Marlin ou Stella, et le rhum Green Island sont également très appréciés lors des pique-niques dominicaux. Les restaurants servent du vin sud-africain à un prix abordable, mais les vins français sont chers et rarement bien conservés. Vous trouverez partout des bouteilles d'eau minérale.

# Arts et culture

**À l'image de la diversité ethnique de l'île, la culture et les traditions mauriciennes mêlent naturellement de multiples influences venues d'Europe, d'Afrique, d'Inde et d'Asie. Une richesse culturelle surprenante qui rend ce petit pays tout à la fois familier et incroyablement exotique.**

## Architecture

*Voir les planches d'illustrations, p. 64-65.*

Témoin d'un certain art de vivre, les premières belles bâtisses sont apparues au 18e s., pendant la période coloniale française, sous l'égide du gouverneur Mahé de Labourdonnais. Les esclaves et les charpentiers de marine, formés par des artisans français, entreprirent la construction de l'habitat rural et l'édification des villes coloniales. Au fil des années, l'architecture évolua, opérant une synthèse d'éléments propres à chacune des cultures de l'île. D'autre part, dès le 19e s., les colons prirent conscience de la nécessité d'adapter leurs constructions aux contraintes spécifiques du climat insulaire, modifiant en particulier l'utilisation de certains matériaux. C'est pendant la période britannique, et notamment entre 1860 et 1930, qu'apparurent les innovations et l'intégration de formes françaises ou anglaises à l'architecture mauricienne.

### LA VILLE COLONIALE

Elle se caractérise à Maurice par un plan en damier. Les bâtiments publics, d'une grande sobriété, construits dans des matériaux résistants, essentiellement de la pierre, ont pour la plupart traversé les siècles et les cyclones. L'hôtel du gouvernement à Port Louis, l'hôtel de ville de Curepipe et le château du Réduit en témoignent.

Parmi les belles boutiques, grandes maisons créoles principalement en bois, construites sur deux niveaux avec une balustrade en fer forgé à l'étage, rares sont celles qui demeurent en bon état. Le rez-de-chaussée abrite des commerces, tandis que l'étage sert à l'habitation familiale. Vous en apercevrez encore quelques-unes à Port Louis et à Curepipe.

Hétéroclites, les villes comptent aussi bon nombre de cases créoles plus populaires, malheureusement peu entretenues, qui côtoient indifféremment des immeubles modernes dépourvus de toute esthétique, des maisons de style chinois ou des édifices inspirés par le style indo-musulman, dont certains détails rappellent les moucharabiehs et les arabesques orientales. Ces habitations, souvent modestes mais cossues, s'alignent le long des rues, protégées par un mur ou un **baro** (clôture).

### L'HABITAT RURAL

Moins touché par l'essor économique du pays que l'architecture urbaine, il est plus menacé par l'usure du temps.

# Ti'cases créoles

Couleurs vives, moulures en losanges, lambrequins et jardinet fleuri habillent la modeste case en tôle ondulée.

Comme en charpenterie de marine, des planches de bois, ou bordages, couvrent les structures des murs. Le toit triangulaire à double pente, ou toit en tapénak, favorise l'étanchéité.

Le revêtement des façades et du toit en bardeaux de bois repose sur un lattis. Des auvents soulignés par des lambrequins rehaussent la façade et protègent ses ouvertures.

Le baro, portail ouvragé fixé à des piliers en pierre, préserve l'intimité de la case urbaine. Le guetali, petit kiosque au coin de la propriété, permet d'observer la rue sans être vu.

# Grand'cases de planteurs

Les quatre tourelles ont été rajoutées ultérieurement au toit central à pignons. Une balustrade aux colonnettes de bois ouvragées sépare les deux niveaux de varangue. Les nombreuses ouvertures, toujours placées dans le même axe, permettent une ventilation judicieuse. Un perron surélevé isole la maison du sol détrempé lors des intempéries.

D'imposantes colonnes d'inspiration néoclassique rythment la varangue. Les murs des belles demeures sont blanchis à la chaux corallienne. Le permanganate ajouté à la chaux pour protéger le bois contre les termites donne aux volets leur couleur bleutée.

Des stores en raphia protègent la varangue du soleil et des regards indiscrets. Le bassin qui rafraîchit le parc est également signe d'opulence. Lambrequins et épis ornent jusqu'à la plus petite lucarne faîtière.

H. Choimet/MICHELIN

### La maison de maître

Inspirée par l'architecture coloniale française des Indes, puis par la simplicité du style néoclassique en vogue en France au début du 19e s., la maison de maître, isolée au milieu des plantations de canne à sucre, est alors construite en bois, avec un toit pentu en **bardeaux** (petites tuiles en bois), gris bleuté ou gris-noir, rehaussé d'épis de faîtage.
Autre élément caractéristique de cette architecture créole, la **varangue**, véranda couverte d'un toit plat en *argamasse* (mortier imperméable à base de chaux, d'œuf et de sucre), sert de transition entre la maison et le jardin, dont elle est séparée par quelques marches. Terrasse formant une galerie couverte qui court parfois tout autour de la maison, rythmée par de simples colonnes, par une balustrade ou, plus tard, par une baie vitrée d'inspiration anglaise, on peut la fermer à sa guise par des stores (en rotin ou en feuilles de latanier) ou par des persiennes pour se protéger du soleil, de la pluie ou du vent selon les saisons, ou simplement pour préserver son intimité. La varangue constitue un lieu important dans la vie des Mauriciens. C'est en principe l'endroit de la maison où la température est la plus agréable et où l'on aime à se tenir en famille ou entre amis, pour se reposer ou pour travailler, pour les repas ou pour la sieste.
Quelques fantaisies font ensuite leur apparition dans l'architecture mauricienne. Les toits, par exemple, s'ornent de petites tourelles, à plusieurs pentes et parfois à pignons. Les auvents qui protègent les fenêtres et les portes sont décorés de **lambrequins**, frise décorative découpée dans le bois ou la tôle comme de la dentelle.
À l'intérieur, le plan de la maison se divise en salon, salle à manger et chambres à coucher, qui communiquent toutes entre elles par plusieurs portes pour favoriser la ventilation. De petits pavillons abritent la salle de bains et la cuisine à l'extérieur du bâtiment principal, afin d'éviter les risques d'incendie.
Aujourd'hui propriétés privées de riches Mauriciens, descendants de grands planteurs français pour la plupart, ces demeures sont généralement masquées par des haies de bambous, dissimulées dans un vaste parc luxuriant au fond d'une allée rectiligne. Vous en verrez donc relativement peu. Les itinéraires décrits dans ce guide en mentionnent quelques-unes,

### UNE ARCHITECTURE MENACÉE

Conséquence de l'essor économique de l'île, l'architecture mauricienne est menacée par la modernité. Depuis quelques décennies, les vestiges du passé sont détruits au profit des immeubles modernes, comme à Port Louis, où le manque d'espace et la spéculation immobilière font croître les buildings au détriment des vieux bâtiments en bois et en tôle. En outre, le manque d'entretien des cases créoles ou des somptueuses villas coloniales, par négligence ou par manque d'argent, laisse de charmantes maisons à la merci des cyclones et des termites. Les autorités encouragent l'édification de nouvelles constructions, fidèles au style créole, grâce à l'utilisation de nouveaux matériaux (béton, fibre de verre, bois traité). Mais l'urgence porte avant tout sur la sauvegarde d'un patrimoine culturel en cours de destruction et sur la restauration de ce qui peut encore être sauvé, à commencer par les demeures du 18e s., dont certaines sont classées Monuments historiques.

mais vous en découvrirez peut-être d'autres si vous êtes bien guidé et si vous avez l'œil alerte.

### La maison populaire

Habitation plus modeste, mais conçue sur le même modèle que la villa de planteur, la maison populaire, peinte d'une couleur vive qui tranche avec la sobriété austère des grandes demeures, se divise généralement en deux pièces : chambre à coucher et salle à manger. Une varangue agrémente la façade et fait office de pièce principale, tandis qu'un auvent orné de lambrequins surmonte la porte d'entrée. Couverts autrefois de feuilles de vacoa ou de canne séchées, ou encore de bardeaux de bois, les toits que vous verrez aujourd'hui sont presque tous en tôle, de même que les façades.

### Les campements

Villas de bord de mer, les campements désignaient à la fin du 19e s. les maisons provisoires, en **ravenala** (arbre du voyageur) avec un toit de paille, où les familles les plus aisées venaient passer l'hiver, trop frais dans les villes résidentielles du plateau central. On « bougeait » alors les maisons en les démontant, entièrement ou en partie, pour aller « camper » à l'endroit voulu. Aujourd'hui, le béton a malheureusement remplacé le ravenala éphémère le long des côtes touristiques. Quelques campements ont cependant été reconstruits en béton et recouverts de ravenala, combinant ainsi solidité et esthétisme.

## Musique et danse

#### LE SÉGA

Hérité de la musique africaine du temps de l'esclavage, le séga s'improvisait à l'origine spontanément sur la plage, autour d'un feu, en fin de journée.

Après une dure journée de travail dans les champs de canne, le rhum aidant, les hommes commençaient à chauffer la *ravane* (large tambour plat tendu d'une peau de cabri) au-dessus du feu pour la tendre. Les paroles, improvisées en créole, évoquaient des histoires d'amour et les problèmes de la vie quotidienne, comme les difficiles conditions de travail des esclaves. Toujours teintées d'humour et de moquerie, elles jouaient souvent sur des phrases à double sens qui permettaient de railler sans en avoir l'air. Peu à peu, le rythme lancinant, donné par de petits coups secs et légers, invitait hommes et femmes à danser. Sur le rythme saccadé et répétitif des percussions, les jupes amples des femmes et les pantalons courts des hommes se frôlaient dans un balancement de hanches évocateur de désirs érotiques. Dans cette danse très sensuelle, se provoquant en s'offrant et en s'esquivant tour à tour, les couples ne se touchaient jamais.

Aujourd'hui, le séga n'a plus grand-chose à voir avec la danse traditionnelle et vous aurez peu de chance d'entendre les instruments d'origine : la **ravane**, la **maravane** (un récipient creux rempli de graines séchées) et le **triangle**.

Rarement spontané, le séga s'inscrit désormais dans les programmes d'animation des hôtels, qui organisent pour les touristes des spectacles au bord de la piscine ou sur la plage.

Vous entendrez peut-être des airs de **seggae**. Initiée par la communauté rasta de Maurice dans les années 1980, cette musique populaire mêle subtilement les rythmes du séga local à ceux du reggae de Jamaïque. Cette musique est celle de **Kaya**, le chanteur dont la mort est à l'origine des émeutes de février 1999.

**UNE MUSIQUE COSMOPOLITE**

Dans les villes et les villages, vos oreilles distingueront les voix aiguës des **chansons indiennes**, tirées de musiques de films pour la plupart, qui créent dans le contexte urbain une atmosphère joyeuse. Enfin, l'île Maurice n'a pas échappé à l'invasion de la **musique pop occidentale**, qui connaît un succès croissant auprès des jeunes, avides de rythmes nouveaux pour animer leurs soirées en discothèque.

## Peinture

La peinture qui émergea à Maurice au 19e s. se limitait aux commandes de portraits des gouverneurs et autres autorités en place.
La véritable création picturale est née au 20e s. La lumière et les couleurs de l'île inspirèrent des artistes comme Xavier Le Juge de Segrais ou Max Boullé, qui peignaient des scènes de la vie quotidienne locale. Plus naïf, l'art de Malcolm de Chazal est empreint d'un certain surréalisme. Seul Hervé Masson connut un succès international.
Les galeries d'art, à Rose Hill, Port Louis et Grand Baie principalement, exposent des œuvres de qualité fort inégale, et leur vocation se révèle plus commerciale qu'artistique. Véronique Le Clézio, Hervé Decotter, Henry Khoombes, Khalid Nazroo, créateurs mauriciens encore vivants, assurent actuellement le renouveau de l'art contemporain.

## Littérature

Les récits transmis par les colons, « créolisés » au fil des ans par l'apport d'histoires malgaches, africaines ou indiennes, ont donné naissance à une intéressante **littérature populaire**. Très représentatives de cette culture, les **sirandanes** reflètent le caractère imagé de la langue créole. Transmises oralement d'une génération à l'autre, ces devinettes, posées lors des veillées sous la varangue, consistent à trouver le mot correspondant à la définition formulée *(voir encadré ci-dessous)*.
La littérature mauricienne de langue **française**, la plus riche, s'est largement développée au 19e s., influencée par les grands courants de l'époque : romantisme, parnasse, symbolisme et surréalisme. Certains écrivains, comme Malcolm de Chazal et Loys Masson, vécurent d'ailleurs quelque temps à Paris. À cette époque, la hantise d'un conflit entre les différentes ethnies de l'île revient comme un thème récurrent. On assiste ces dernières années à un renouveau de la littérature d'expression française

**QUELQUES SIRANDANES**

« Dileau en pendant » (de l'eau suspendue) ? : la noix de coco.
« Dileau diboute » (de l'eau debout) ? : la canne à sucre.
« Cote mo allé li suivré moi » (où je vais elle me suit) ? : mon ombre.
« Nenez madame anglé en bas la terre » (le nez d'une dame anglaise dans la terre) ? : le radis.
« Pitit batt mama » (l'enfant bat sa mère) ? : la cloche.
« Baionètte par dérière » (baïonnette par-derrière) ? : la guêpe.
« Pitit bonhomme, grand sapo » (petit bonhomme, grand chapeau) ? : un champignon.
« Mouce dans di lait » (une mouche dans du lait) ? : une noire vêtue de blanc.

Danseuses de séga.
*Luca Invernizzi Tettoni / Tips / Photononstop*

avec des auteurs comme Carl de Souza et Ananda Devi.

On trouve également toute une littérature inspirée par les cultures **indienne** et **africaine** et, plus récents, des textes d'expression **anglaise** ou **hindi**, tandis qu'une littérature en **créole** s'est développée sans grand succès dans les années 1970.

Maurice n'a pas seulement inspiré des écrivains attachés à leur île, comme Robert Edward Hart, Loys Masson, Malcolm de Chazal, J.-M. G. Le Clézio. Elle a aussi marqué de célèbres auteurs non mauriciens : Mark Twain, Joseph Conrad, Bernardin de Saint-Pierre, Charles Baudelaire et Alexandre Dumas.

## Artisanat

Contrairement à ce que pourrait laisser supposer la richesse ethnique de la population, l'artisanat mauricien reste assez pauvre, essentiellement destiné aux touristes. Une grande partie des créations vendues à Maurice provient de Madagascar, comme les objets en cuir, en vannerie ou en bois. Certains tissus indiens sont magnifiques et vous dégoterez peut-être un chapeau ou un panier de Rodrigues à votre goût.

La confection des **maquettes de bateaux** constitue l'une des rares créations artisanales spécifiquement mauriciennes. Le bois est travaillé par les hommes, tandis que les femmes assemblent les voiles et les cordages, teints avec du thé pour créer un effet ancien. L'histoire de ces maquettes remonte au début des années 1970, lorsqu'un artisan, José Ramart, présenta des répliques de bateaux lors d'une exposition. Des centaines d'ateliers fabriquent aujourd'hui ces maquettes, réalisées d'après des plans d'archives. Galères, frégates, galions, goélettes et autres modèles français ou anglais, première flotte mondiale de modèles réduits, baptisés de leur nom d'époque *(Le Saint-Géran, L'Étoile, La Boudeuse, L'Astrolabe, La Boussole, Le Bounty)*, illustrent la riche histoire navale de l'île Maurice.

# Histoire

**Sa position stratégique sur la route des Indes valut à l'île d'être connue dès le 10e s. par les Arabes, qui y accostèrent et la baptisèrent « Dinarobin » (île d'Argent). Redécouverte par le navigateur portugais Pedro Mascarenhas (qui donna son nom à l'archipel des Mascareignes) en 1505 et renommée deux ans après « ilha do Cirne » (île du Cygne), l'île, déjà utilisée comme base par les pirates, demeura longtemps une étape maritime importante. Mais les Portugais n'entreprirent pas sa colonisation, attirés par les contrées plus lointaines de l'Orient.**

## La période coloniale

### L'OCCUPATION HOLLANDAISE

En 1598, l'amiral hollandais **Van Warwyck**, en route vers les épices et la soie d'Orient, débarque sur la côte sud-est et donne à l'île le nom de **Mauritius**, en l'honneur du prince d'Orange, Maurice de Nassau. Venus de leur colonie du Cap en Afrique du Sud, les Hollandais s'installent dans la région de Vieux Grand Port, près de Mahébourg, jusqu'en 1710. Contrairement aux précédents visiteurs, ils tentent de coloniser l'île, en y envoyant des forçats de leurs possessions indonésiennes et en amenant des esclaves africains et malgaches comme ouvriers agricoles. La population passe ainsi de 25 à plus de 500 personnes. Pour nourrir ces habitants, les Hollandais introduisent des cerfs de Java, des bananiers et surtout la canne à sucre. Parallèlement à l'introduction de nouvelles espèces, ces premiers occupants contribuent à la détérioration de la flore et de la faune indigènes, en exploitant de manière intempestive les forêts d'ébène et en exterminant le dodo. En 1658, après s'être heurtés aux cyclones, à la sécheresse, aux maladies, aux naufrages, aux pirates et aux esclaves fugitifs, les Hollandais finissent par renoncer à coloniser cet éden hostile.
Ils renouvellent leur tentative entre 1664 et 1710, conscients de l'intérêt stratégique de l'île, mais l'abandonnent une seconde fois, pour les mêmes raisons.

### LA COLONISATION FRANÇAISE

En 1715, les Français, sous la houlette du capitaine **Guillaume Dufresne d'Arsel**, débarquent à leur tour à Maurice en partant de l'île Bourbon (la Réunion), à bord du navire de la Compagnie des Indes *Le Chasseur*. Ils prennent possession de Mauritius, qui devient alors l'**île de France**, et qu'ils placent sous le monopole de la Compagnie française des Indes orientales. Les colons ne l'investissent réellement qu'en 1721. Cyclones, rats et esclaves fugitifs perturbent les débuts de la colonisation.
L'année 1735 marque un tournant important grâce à la nomination par Louis XV du capitaine de la Compagnie des Indes, **Bertrand François Mahé de Labourdonnais**,

comme gouverneur des îles Bourbon et de France. Le « père de l'île », comme on le surnomme plus tard, débarque à Port Nord-Ouest, dont il ne tarde pas à faire le port principal (au détriment de Grand Port, trop exposé aux alizés du sud-est) et la capitale de l'île de France : Port Louis.
Il développe une industrie navale qui permet rapidement de constituer une flotte importante, vouée au commerce aussi bien qu'à la guerre. Il entreprend d'autre part des constructions notables, comme celles d'un hôpital, de la première usine à sucre (à Pamplemousses), de fortifications et d'un réseau routier. L'introduction du manioc et du coton s'ajoute à celle du sucre. Les Français font alors venir des esclaves de Madagascar et du Mozambique pour développer les plantations de canne à grande échelle. La population de l'île, que rejoignent de nouveaux colons venus de métropole, atteint bientôt 60 000 habitants. De cette époque date une partie des somptueuses villas de planteurs et des sucreries, dont il ne reste, hélas, que de maigres vestiges.
Mort en France en 1753 après une dure période d'accusations, d'humiliation et d'emprisonnement, Mahé de Labourdonnais a néanmoins su transformer une île sauvage et déserte en une colonie française prospère.

### LES RIVALITÉS FRANCO-ANGLAISES

À la suite des déboires français aux Indes, le roi de France, soucieux de réaffirmer sa puissance navale dans l'océan Indien face aux Anglais, rachète en 1764 l'archipel des Mascareignes à la Compagnie des Indes – sur le déclin en cette période de guerre peu propice au commerce – et y envoie par la suite grand renfort de marins et de soldats. L'intervention française dans la guerre d'indépendance américaine ravive par ailleurs l'hostilité des Anglais à l'égard des Français.
Centre névralgique dans les rivalités franco-anglaises pour le contrôle des Indes et la colonisation des Seychelles, Maurice constitue également une base importante pour les pirates et les corsaires, qui jouent un rôle primordial dans cette guerre coloniale. Particulièrement actifs au 18e s., ils arraisonnent et pillent méthodiquement, sous l'œil protecteur des Français, les navires britanniques voguant entre l'Afrique et l'Orient. Port Louis devient un repaire notoire de corsaires et le commerce y prospère grâce au précieux butin qu'ils rapportent. Lorsque le « roi des corsaires », **Robert Surcouf**, voit sa tête mise à prix par les Anglais, il est soutenu par les commerçants de Maurice et, ami personnel de Napoléon, est officiellement protégé par le gouvernement français.
La Révolution française trouve un écho à Maurice en 1790, où une petite révolution aboutit à treize ans d'autonomie, libérant les colons de la tutelle des administrateurs royaux. Des tensions surviennent néanmoins lorsque l'abolition de l'esclavage est décrétée à Paris par la Convention en 1794, les colons français de Maurice refusant de libérer les leurs. **Napoléon Bonaparte** abroge finalement cette mesure pour rétablir l'ordre et envoie un nouveau gouverneur sur l'île.
Luttant contre la piraterie, les Britanniques tentent, après un siècle de conflit avec les Français, de prendre enfin possession à leur tour de cette île stratégique pour la colonisation des Indes.
Le tournant capital a lieu en 1810. Napoléon remporte en août la seule bataille navale de son règne

(gravée sur l'Arc de Triomphe, à Paris) à **Grand Port**, dans le sud-est de l'île. Les Anglais vaincus préparent leur revanche sur l'île de Rodrigues, qu'ils occupent déjà depuis un an et d'où ils lancent l'offensive décisive quelques mois plus tard, débarquant par surprise à cap Malheureux, pointe nord de l'île Maurice, pour prendre d'assaut tout le territoire.

### LE RÈGNE BRITANNIQUE

Le **traité de Paris** cède officiellement Maurice à l'Angleterre en 1814, ainsi que l'île Rodrigues et les Seychelles. Seule la Réunion est rendue aux Français.

L'île de France, devenue colonie britannique, reprend le nom de **Mauritius**. L'organisation et le fonctionnement des institutions changent toutefois peu et un certain nombre de lois édictées par le **Code Napoléon** restent en vigueur. La population franco-mauricienne demeure par ailleurs libre de conserver ses usages, sa langue, sa religion (catholique) et ses propriétés, à commencer par les plantations de canne à sucre. C'est donc paradoxalement grâce aux Anglais, et en particulier à leur premier gouverneur **Robert Farquhar**, que la culture française a survécu à Maurice, d'autant plus que peu de Britanniques sont venus s'installer sur l'île.

Au cours du 19e s., de nouvelles routes sont tracées, le libre commerce s'accroît à Port Louis et, surtout, le développement de la canne se poursuit de façon considérable, Farquhar fondant l'essentiel de l'économie du pays sur la production du sucre. Deux cent cinquante sucreries fonctionnent au milieu du 19e s.

En 1835, date historique fondamentale pour Maurice, la libération des esclaves (africains et malgaches) – soit plus des deux tiers de la population – provoque une grave pénurie de main-d'œuvre. Les Anglais la pallient par une immigration massive d'Indiens. Plusieurs centaines de milliers d'Indiens, **« engagés »** *(coolies)* comme main-d'œuvre bon marché, arrivent ainsi sur l'île entre 1835 et 1907.

Traités comme des esclaves dans les premières années de leur arrivée, ces ouvriers agricoles indiens vont très progressivement, au cours du 20e s., investir tous les secteurs de l'économie et participer peu à peu à la vie politique.

À la fin du 19e s., l'île connaît de graves difficultés économiques

### SIR SEEWOOSAGUR RAMGOOLAM (1900-1985)

Après de brillantes études en Grande-Bretagne, ce jeune homme d'origine hindoue entame une longue carrière politique à Maurice. En 1948, il adhère au Parti travailliste, dont il prend bientôt la tête. Il joue un rôle primordial dans la marche vers l'indépendance et représente son parti à Londres, en 1965, à la conférence constitutionnelle qui accordera l'indépendance à Maurice. Premier ministre du pays en 1968, il occupe cette fonction pendant treize ans. Son seul échec politique, en 1982, l'oblige à céder sa place à Aneerood Jugnauth, vainqueur des élections à la tête du MMM. Nommé gouverneur général (représentant de la reine d'Angleterre) en 1983, sir Seewoosagur Ramgoolam ne quittera la scène politique qu'en 1985, année de sa mort. Considéré comme le « père » de la nation mauricienne, son nom fut donné à de nombreuses rues, à des bâtiments publics et aux lieux les plus importants de l'île, comme l'aéroport ou le jardin botanique de Pamplemousses.

Cueilleurs de thé à Bois Chéri.
*Irène Alastruey / Author's Image / Photononstop*

liées aux fluctuations du cours du sucre de canne, aux cyclones, aux incendies et à l'endémie de malaria qui ravagent le pays.

## La marche vers l'indépendance

Maurice accède à l'indépendance le 12 mars 1968. Le processus de décolonisation enclenché au lendemain de la Seconde Guerre mondiale l'a progressivement conduite du statut de colonie à celui d'État souverain.
Au cours des vingt années marquant cette évolution, cinq Constitutions se succèdent, dont les traits les plus marquants sont l'institution du suffrage universel et de la responsabilité ministérielle en 1958, ainsi que la création d'un Conseil des ministres et d'une Assemblée législative en 1964. Ces jalons aboutissent dans un premier temps à une autonomie interne, en 1967, prélude à l'indépendance complète du pays. Malgré les réticences des autres communautés, l'influence des hindous, supérieurs en nombre, a été décisive dans ce processus. Depuis 1948, les partis politiques mauriciens tendent en effet à refléter les diversités raciales et religieuses de la population.
Le **Parti travailliste**, auquel s'identifient les hindous, domine longtemps la vie politique. Vers 1958, une opposition voit le jour, née du rassemblement des Franco-Mauriciens et des Créoles en un **Parti mauricien social démocrate** (PMSD) et des musulmans en un **Comité d'action musulman**.
Ces coalitions fluctuent au fil des ans : hindous et musulmans s'allient à partir de 1965 pour revendiquer l'indépendance et gagner les élections de 1967 contre le PMSD de Gaétan Duval, qui la refuse. Victorieux, le chef du Parti travailliste Sir Seewoosagur Ramgoolam est nommé Premier ministre dès 1968.
Le **12 mars 1968**, Maurice déclare son indépendance : le pays devient membre du Commonwealth, mais relève toujours de la couronne du Royaume-Uni, la reine Élisabeth II

étant représentée sur l'île par un gouverneur général et par un haut-commissaire. Rodrigues devient la 21e circonscription de l'État mauricien.

## VERS UNE RÉPUBLIQUE MAURICIENNE

En 1969 se forme un gouvernement de coalition dirigé par le Parti travailliste, auquel participe un nouveau parti aux accents révolutionnaires, le **Mouvement militant mauricien** (MMM), mené par le Franco-Mauricien Paul Bérenger. Le MMM, qui prendra de l'importance dans les années 1970, entend rompre avec le principe d'identification d'un parti politique à une communauté raciale. Multicommunautaire, il se veut aussi socialiste-marxiste.
Après quelques années houleuses, les élections de 1976 voient la victoire du MMM, mais l'absence de majorité absolue oblige le Premier ministre Ramgoolam à former un gouvernement de coalition avec le Parti travailliste et le PMSD, pour exclure le MMM du pouvoir.
En 1982, l'alliance du MMM avec le récent **Parti socialiste mauricien** (PSM) leur permet de remporter les élections haut la main. Tandis que Gaétan Duval se retrouve chef de l'opposition dans le nouveau gouvernement, **Anerood Jugnauth** (chef du MMM) devient Premier ministre, et Paul Bérenger ministre des Finances.
Les dissensions politiques et personnelles entre les deux hommes contribuent à faire éclater une crise en 1983 : Paul Bérenger démissionne, entraînant derrière lui plus de la moitié du gouvernement, et prend la tête de l'opposition. Jugnauth, toujours Premier ministre, crée un nouveau parti : le **Mouvement socialiste mauricien** (MSM). La même année, les élections sont remportées par une coalition de cinq partis contre le MMM de Bérenger.
De nombreuses péripéties animent la vie politique entre 1983 et 1987, et il faut attendre 1990 pour que se dessine un nouveau paysage politique. L'alliance entre les deux principaux partis, le MMM (Bérenger) et le MSM (Jugnauth), leur permet de gagner les législatives de 1991 avec une écrasante majorité.
Mettant fin à la bipolarisation de la vie politique mauricienne, cette coalition permet surtout d'abolir la monarchie anglaise – l'île reste membre du Commonwealth des Nations – et d'accéder au statut de république. Le **12 mars 1992** voit la proclamation officielle de la République mauricienne.

# Les dates clés

- **10$^{e}$ s.** – Les Arabes accostent à Dinarobin.
- **1507** – Les Portugais redécouvrent l'ilha do Cirne.
- **1598** – Les Hollandais s'installent à Mauritius.
- **1715** – Les Français prennent possession de l'île de France.
- **1735** – Mahé de Labourdonnais est nommé gouverneur de l'île.
- **1764** – L'administration royale remplace la Compagnie des Indes.
- **1790** – Autonomie révolutionnaire. Cassam Uteem est élu président de la République.
- **1810** – Victoire napoléonienne sur les Anglais à Vieux Grand Port.
  Victoire anglaise à cap Malheureux.
- **1814** – Mauritius devient une colonie britannique.
- **1835** – Abolition de l'esclavage.
- **1968** – Indépendance. Maurice devient une monarchie sous la souveraineté d'Élisabeth II. Rodrigues devient la 21$^{e}$ circonscription de l'État mauricien.
- **1992** – Proclamation officielle de la république de Maurice.
- **1995** – Navin Ramgoolam, le fils de Seewoosagur Ramgoolam, devient Premier ministre.
- **1999** – Émeutes à la suite de la mort en prison de Kaya, un chanteur de la minorité créole.
- **2000** – Aneerood Jugnauth, déjà Premier ministre de 1982 à 1995, le redevient, et Paul Bérenger est son vice-Premier ministre.
- **2002** – Après la démission du président, Karl Auguste Offmann est élu par le Parlement à la présidence de la République. Rodrigues obtient son autonomie.
- **2003** – L'ancien Premier ministre Aneerood Jugnauth devient président de la République. Paul Béranger occupe le poste de Premier ministre.
- **2005** – Navin Ramgoolam (Parti travailliste), déjà Premier ministre de 1995 à 2000, remporte de nouveau les élections le 3 juillet.
- **2006** – L'île est touchée par l'épidémie de chikungunya. Chute des ventes de sucre et de textile.
- **2010** – En mai, les élections reconduisent haut la main le Premier ministre Navin Ramgoolam.
- **2012** – Le 23 juillet, Kailash Purryag est élu par le Parlement président de la République.

# Nature

**« Dieu créa l'île Maurice, puis le paradis à son image », Mark Twain.**
**« Île d'or, d'azur et d'émeraude », Malcolm de Chazal.**
**C'est une image d'éden qui s'attache à cette terre tropicale, surgie de l'océan Indien. « Étoile et clé de la mer des Indes », telle est la devise de Maurice.**

## Géographie

### UNE ÎLE DES MASCAREIGNES

Maurice est située au cœur de l'océan Indien, à 20° Sud et 57° Est, ce qui la place à 220 km au nord-est de la Réunion et à 900 km à l'est de Madagascar. Elle forme avec la Réunion et Rodrigues, petite dépendance de Maurice à 563 km au nord-est, l'archipel des Mascareignes.

L'île mesure environ 63 km du nord au sud et 47 km d'est en ouest, couvrant une superficie de 1 865 km². L'archipel Cargados Carajos (St-Brandon), à 400 km au nord-est, et les îles Agalega, à 1 000 km au nord de Maurice, appartiennent également à la république de Maurice.

Longtemps point stratégique sur la route des Indes, puis sur celle du pétrole, Maurice conserve cette position aux yeux des grandes puissances internationales.

### UNE TERRE VOLCANIQUE ENTOURÉE DE LAGONS

Des barrières de corail brisent la houle furieuse de l'océan, protègent la plus grande partie des 330 km de côtes mauriciennes, et limitent de paisibles lagons.

De longues plages de sable blond alternent avec les rochers basaltiques noirs qui rappellent l'origine volcanique de l'île.

Cette origine se lit également dans le relief de l'île. Émergée il y a huit millions d'années, Maurice est de formation postérieure à celle de Rodrigues, mais antérieure à celle de la Réunion. Beaucoup moins élevée que cette dernière, elle n'a plus d'activité volcanique.

Un vaste **plateau central** culmine autour de 600 m d'altitude, sillonné par des rivières, dont certaines ont donné naissance à des gorges à la végétation luxuriante où se jettent des cascades impressionnantes (chutes de Tamarin ou de la Rivière Noire), et à d'anciens cratères éteints, désormais occupés par des lacs (Grand Bassin, Bassin Blanc, Trou aux Cerfs, Trou Kanaka).

Plusieurs **chaînes de montagnes**, masses de basalte aux formes effilées, bordent ce plateau verdoyant et surpeuplé : les chaînes de Montagne Longue et de Moka enserrent la capitale, Port Louis ; la montagne Bambous descend vers la côte est, et les massifs de Rivière Noire et de Savanne, couverts de forêts vierges, vers le sud-ouest ; le Rempart et les Trois Mamelles veillent sur la côte ouest, et la masse imposante du morne Brabant domine la péninsule sud-ouest de l'île.

Parmi les sommets, les silhouettes caractéristiques du piton de la Rivière Noire (828 m), point culminant de l'île, du Pieter Both (823 m) et du Pouce (812 m) dominent les vastes **plaines côtières** qui couvrent une grande partie de l'île. D'immenses étendues de canne à sucre ondulent au vent sur ces fertiles terres basaltiques, ressource agricole quasi exclusive de l'île. Dans les champs se dressent un peu partout des accumulations de pierres de lave retirées de la terre lors des labours, dont certaines évoquent les pyramides des temples aztèques.
Une grande partie de la population travaille à Port Louis, capitale de Maurice, mais vit dans la conurbation du plateau central, composée des villes de Curepipe, Rose Hill, Beau Bassin, Vacoas, Phœnix et Quatre Bornes. La seule autre ville de l'île, Mahébourg, se trouve dans le Sud-Est. De nombreuses bourgades aux noms pittoresques se succèdent le long des côtes et dans l'intérieur des terres. Seules deux passes permettent aux navires de franchir la barrière de corail pour s'abriter dans le lagon. Le Grand Port, dans le Sud-Est, n'étant plus en activité, Port Louis demeure l'unique port (naturel) de l'île.

#### UN CLIMAT TROPICAL TEMPÉRÉ

Maurice bénéficie d'un climat tropical tempéré par l'océan et reçoit du sud-est la fraîcheur et l'humidité des **alizés** (1 500 mm de précipitations par an). Le plateau central accroche les nuages, qui se déversent toute l'année sur ces hauteurs (4 500 mm par an), privant le Nord et l'Ouest de précipitations (900 mm par an) et provoquant une certaine sécheresse.
Des **cyclones** traversent chaque année cette partie de l'océan Indien pendant l'été austral, surtout en janvier et février. Situées sur leur trajectoire, Maurice et Rodrigues les subissent plus ou moins durement. Certaines années, de simples pluies s'abattent sur les îles ; d'autres fois, un vent terrifiant dévaste tout sur son passage, détruisant végétation et habitations.

## La flore

*Les espèces en gras figurent sur les planches d'illustrations, p. 78-79.*

#### FLORE INDIGÈNE ET FLORE IMPORTÉE

Le climat chaud et humide de Maurice permet à une végétation tropicale de prospérer. Si la plupart des espèces que l'on voit aujourd'hui ont été introduites par les colons depuis plus de trois siècles, les plantes qu'ils trouvèrent en débarquant sur l'île proviennent probablement de semences acheminées depuis des millions d'années par les vents, les courants marins et les oiseaux migrateurs. Une végétation indigène dérivée de ces espèces s'est alors développée sur l'île. Certaines d'entre elles ont subi une mutation, s'intégrant à leur nouvel environnement jusqu'à donner des espèces endémiques, spécifiques à Maurice.
Il ne subsiste quasiment plus rien de la forêt indigène qui couvrait autrefois l'île. Les premiers colons – hollandais puis français – l'ont détruite, pour exporter ou utiliser les essences rares et précieuses de teck, de palissandre, d'ébène, de bois natte, de *colophane* et de *tambalacoque* qui la composaient, bois fort appréciés pour la fabrication de meubles.
Le développement de la culture de la canne à sucre contribua largement à la déforestation.
Désormais protégés dans quelques réserves naturelles, notamment celle des Gorges de la Rivière Noire, les derniers spécimens indigènes

# La flore

Flamboyant

Croton

Poinsettia

Arbre
du voyageur

Vacoa

Fougère
arborescente (Fanjan)

H. Choimet/MICHELIN

H. Choimet/MICHELIN

couvrent moins de 1 % de la surface de l'île. On peut aussi voir certaines espèces sur des îlots côtiers protégés tels que l'île Ronde et l'île aux Aigrettes.
Certaines régions montagneuses de Maurice ont été reboisées de conifères, d'eucalyptus, de camphriers, d'acajous, tandis que le climat humide du centre de l'île fait proliférer **fougères arborescentes**, lianes et bambous.

### LES ARBRES

Outre les innombrables *casuarinas* (ou filaos), grands arbres effilés aux fines aiguilles que vous verrez partout le long des côtes sableuses (qu'ils permettent de fixer), les arbres les plus caractéristiques de l'île sont le **banian** (appelé aussi « multipliant » en raison de la façon dont ses branches prennent racine comme des lianes dans le sol, s'accroissant jusqu'à former une large voûte ombragée) et l'**arbre du voyageur** (ou ravenala), dont le feuillage en éventail fut longtemps utilisé pour couvrir les toits des maisons. On le baptise ainsi, car ses tiges constituent une réserve d'eau que pourrait boire le voyageur assoiffé.
Le badamier, aux amandes comestibles, le *takamaka*, plusieurs sortes de palmiers et de cocotiers, et le **vacoa**, dont les fibres servent pour la vannerie, ombragent encore l'île.
Sur certaines plages des côtes est et ouest, les palétuviers (ou mangliers), aux racines aériennes ou crampons, forment de véritables petits îlots.

### LES FLEURS

La richesse de la flore mauricienne vous apparaîtra dans toute sa splendeur à travers la multitude de fleurs aux couleurs éclatantes. Jacarandas mauves, **allamandas** jaunes, lauriers roses, **frangipaniers** odorants, lilas, massifs de **bougainvilliers** multicolores, **hibiscus** de toutes sortes, orchidées les plus variées, **anthuriums** rouges ou blancs, **poinsettias** rouge et vert, **flamboyants** d'un rouge éclatant (en décembre et janvier) : la plupart de ces espèces prospèrent sur les côtes.

### LES FRUITS

Le climat permet également à une grande variété de fruits tropicaux de s'épanouir. Certains poussent tout au long de l'année, comme les bananes, les ananas, les papayes ou les noix de coco, mais les plus savoureux mûrissent en été (vers décembre et janvier), comme les litchis, les longanes, les mangues, les corossols, les avocats, les fruits du jaquier, les goyaves ou les caramboles.

## La faune

*Les espèces en gras figurent sur les planches d'illustrations, p. 82-83 et 85-87.*

### LES OISEAUX

Emblème de Maurice, le dodo, gros oiseau au bec crochu et aux ailes atrophiées, trop lourd pour voler, a été chassé au 17e s. par les colons hollandais et par des prédateurs, jusqu'à l'extinction de l'espèce vers 1692. Le solitaire, son cousin qui vivait sur l'île de Rodrigues, a subi le même sort. Vous pourrez voir une reconstitution du dodo au Natural History Museum, à Port Louis (*voir p. 99*).
Les rares oiseaux indigènes qui ont survécu à la colonisation et au développement de l'île se réfugient essentiellement à Kestrel Valley et dans la réserve naturelle de Macchabée-Bel Ombre. Menacées d'extinction, plusieurs espèces ont été sauvées grâce à un programme de reproduction en captivité mis en œuvre par le gouvernement et par l'Association mauricienne de protection de la nature. Avec

Le banian, dont les branches prennent racine dans le sol.
*John Warburton-Lee / John Warburton-Lee / Photononstop*

beaucoup de patience et de chance, vous apercevrez peut-être la **crécerelle** (ou « faucon mangeur de poule »), le pigeon des mares, le pigeon rose, le *zozo banane* (ou cardinal de Maurice, à la tête rouge et aux plumes vertes), l'oiseau du paradis, le coq des bois (à la nuque bleue et au dos rouge), le merle cuisinier ou encore le perroquet *catau verte*.

Plus communs, vous verrez un peu partout des oiseaux introduits par les colons, tels que le moineau, le *zozo manioc* (ou *pikpik*), l'oiseau à lunettes, le **cardinal de Madagascar** (ou foudi rouge), le tisserand jaune, le **martin** (de la famille des merles, que l'on entend piailler par milliers dans les arbres à la tombée de la nuit), le **condé** (ou *boulboul*, avec sa petite houppette et sa tache rouge dans le cou et sous la queue, qui vient picorer tout ce qu'il y a dans votre assiette), le **serin** (jaune et gris).

Les oiseaux de mer qui planent gracieusement près du littoral comptent sans doute parmi les plus beaux spécimens, au premier rang desquels figure l'élégant **paille-en-queue**. Goélettes, fouquets, fous, mariannes, hirondelles, corbigeaux, oiseaux migrateurs pour la plupart, arrivent dans la région au début de la saison chaude, vers le mois d'octobre. Le meilleur poste d'observation se situe dans les îles côtières de Maurice et de Rodrigues.

## LA FAUNE TERRESTRE

La seule espèce indigène de mammifère est la chauve-souris mauricienne (ou « renard volant »), qui se nourrit de fruits. Les autres animaux ont été majoritairement introduits au 17e s. par les Hollandais, comme les cerfs de Java – élevés pour la chasse et dont la viande est assez répandue à Maurice –, les sangliers (ou cochons marrons) et les lièvres. Les singes que vous apercevrez peut-être dans la forêt ont été amenés par les Portugais, tandis que la mangouste fut importée d'Inde au début du siècle pour lutter contre les rats qui dévastaient les champs de canne à sucre.

# Les oiseaux

H. Choimet/MICHELIN

Paille-en-queue

Noddi

Pluvier crabe

Sterne fuligineuse

Madam Paton
(Héron garde-bœuf)

H. Choimet/MICHELIN

Maurice compte une quinzaine d'espèces de reptiles, dont huit sont endémiques à l'île Ronde. Aucun n'est venimeux, les seuls serpents étant des couleuvres et des boas. Victimes de la colonisation, les tortues géantes, terrestres et marines, ont été exterminées à Maurice et surtout à Rodrigues, où elles étaient nombreuses. Celles que l'on voit aujourd'hui proviennent des Seychelles.
Plus de 3 000 espèces d'insectes vivent à Maurice. Vous verrez notamment de magnifiques papillons multicolores et des libellules. Seuls les guêpes, les mouches et les moustiques vous causeront quelques désagréments.

### LA VIE MARINE

Malgré l'existence de lois sévères interdisant la pêche sous-marine, la pêche au filet, le ramassage des coquillages et des coraux vivants, la vie sous-marine a été considérablement détériorée. Les coraux qui entourent l'île ont été abîmés par les activités nautiques et par les dragages de sable intempestifs, ou encore ont été ramassés en guise de souvenirs. Sachant qu'un corail met un an pour croître de 1 cm, la situation paraît grave. Quelques organisations écologiques attirent l'attention du gouvernement sur la nécessité impérieuse de protéger ce qui peut encore l'être, et le gouvernement a déjà transformé plusieurs îles côtières en réserves naturelles.
Dans les eaux chaudes et paisibles du lagon préservées par la barrière de corail prospèrent des poissons multicolores en tous genres qui font le bonheur des plongeurs: **poissons-perroquets**, poissons-écureuils, poissons-lions (piqûre douloureuse), poissons-pierres (dangereux), poissons-coffres, **poissons-trompettes**, poissons-clowns, **poissons-anges empereurs**, poissons-pyjamas, poissons-chirurgiens…
C'est dans les eaux de l'océan, au-delà des récifs, que vivent toutes les espèces de grande taille faisant la réputation de Maurice pour la pêche au gros: marlins bleus, noirs ou rayés, thons jaunes, bonites à ventre rayé, *wahoos*, barracudas, *carangues*, espadons, *sacréchiens*, capitaines, dorades, requins (bleus, marteaux, tigres, noirs et blancs, les plus redoutables).
Outre les poissons, vous verrez au fond de l'eau de magnifiques coquillages: **porcelaines** blanches, tigrées, striées ou tachetées, **casques**, lambis roses ou violets, plusieurs espèces de **mitres** – papales, épiscopales ou pontificales – et de **cônes** – bouleaux, tesselés ou géographes (dangereux) –, **tritons** et bien d'autres encore. Éponges, coraux, anémones, vers éventails, gorgones, étoiles de mer, pieuvres, oursins… complètent ce spectacle.

### LA VIE DES CORAUX

Organismes très fragiles, les coraux ne vivent que dans des eaux peu profondes, ensoleillées, normalement salées, chaudes et à faible amplitude thermique. Ils sont composés de minuscules créatures sédentaires, les polypes, dont les sécrétions calcaires forment un squelette. Ces minuscules animaux se nourrissent de plancton, qu'ils capturent grâce à leurs tentacules visqueux. Les récifs coralliens se constituent par l'agglomération de ces millions de squelettes. Ils se reproduisent une fois par an, en une seule nuit, après la lune de printemps, sur l'ensemble du récif. Après la fécondation, les œufs rejoignent la nouvelle colonie de coraux qui croît, en moyenne, de 1 cm par an.

# Les coquillages

H. Choimet/MICHELIN

# Les poissons

H. Choimet/MICHELIN

Poisson-trompette
(Aulostomus chinensis)

Poisson-papillon
(Chaetodon meyeri)

Rascasse volante
(Pterois volitans)

Zancle
(Zanclus cornutus)

Poisson-clown
(Amphiprion percula)

H. Choimet/MICHELIN

# 3/ DÉCOUVRIR MAURICE

Plage de débarquement des taxis pour l'île aux Cerfs, à Trou d'Eau Douce.
Jean-Pierre Degas / hemis.fr

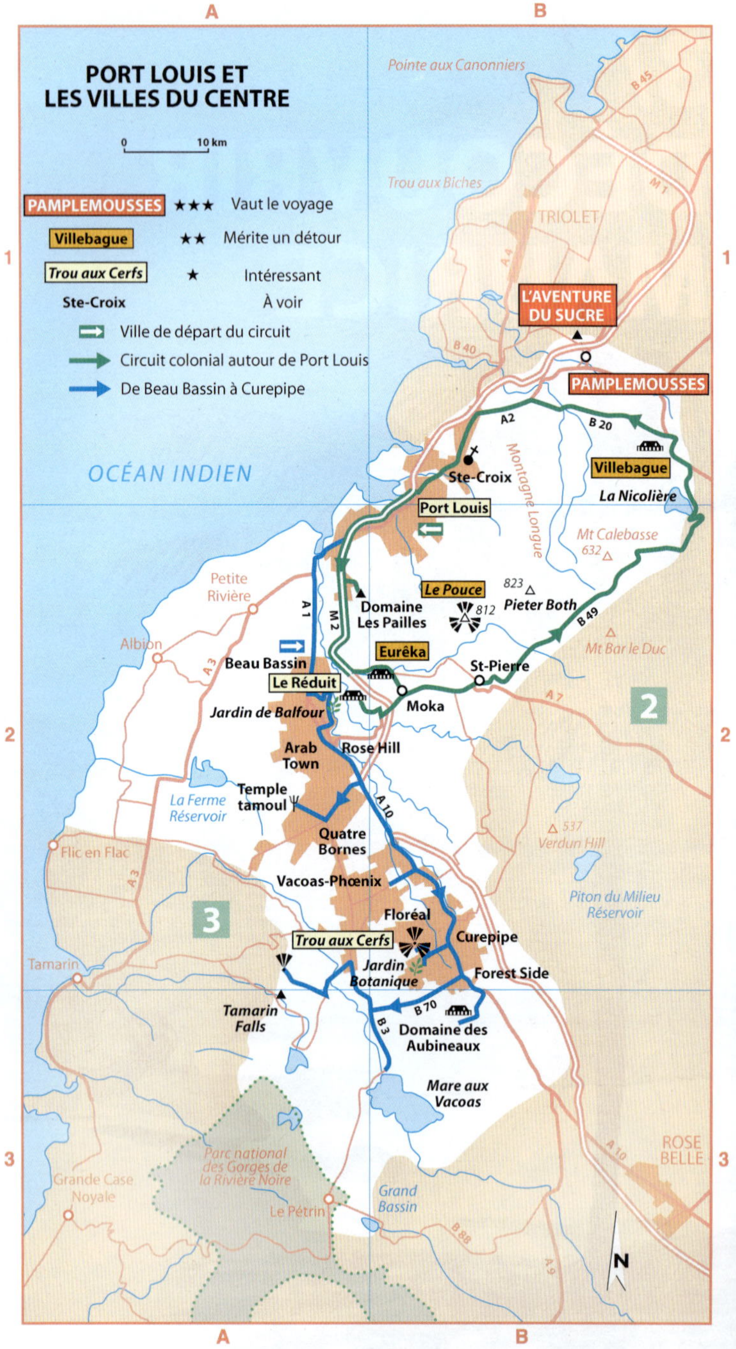
A
B
PORT LOUIS ET
LES VILLES DU CENTRE
0
10 km
PAMPLEMOUSSES ★★★ Vaut le voyage
Villebague ★★ Mérite un détour
Trou aux Cerfs ★ Intéressant
Ste-Croix À voir
Ville de départ du circuit
Circuit colonial autour de Port Louis
De Beau Bassin à Curepipe
1
2
3
Pointe aux Canonniers
B 45
Trou aux Biches
M 1
TRIOLET
A 4
L'AVENTURE
DU SUCRE
B 40
PAMPLEMOUSSES
A2
B 20
Villebague
Ste-Croix
Montagne Longue
La Nicolière
OCÉAN INDIEN
Port Louis
Mt Calebasse
632
Petite
Rivière
A 1
M 2
Domaine
Les Pailles
Le Pouce
823
812
Pieter Both
B 49
Mt Bar le Duc
Albion
A 3
Beau Bassin
Euréka
St-Pierre
Le Réduit
Moka
A 7
Jardin de Balfour
Arab
Town
Rose Hill
Temple
tamoul
La Ferme
Réservoir
A 10
Quatre
Bornes
537
Verdun Hill
Flic en Flac
A 3
Vacoas-Phœnix
Piton du Milieu
Réservoir
Floréal
Curepipe
Trou aux Cerfs
Tamarin
Jardin
Botanique
Forest Side
Tamarin
Falls
B 70
B 3
Domaine des
Aubineaux
Mare aux
Vacoas
Parc national
des Gorges de
la Rivière Noire
A 10
ROSE
BELLE
Grande Case
Noyale
Le Pétrin
Grand
Bassin
B 88
A 9
N
A
B

# Port Louis et les villes du centre 1

PORT LOUIS ET SES ENVIRONS★ 92

LES VILLES DU CENTRE 115

# Port Louis et ses environs

★

160 097 hab. – Port et capitale de la république de Maurice

## NOS ADRESSES PAGE 110

### S'INFORMER

**Mauritius Tourism Promotion Authority** – *Victoria House (rdc) - St Louis Street, Port Louis - ✆ 210 1545 - www.tourisme-ilemaurice.mu - lun.-vend. 9h-16h, sam. 9h-12h - fermé dim. et j. fériés.* Vous pourrez vous y procurer un plan de la ville et le **Tourist Information Guide**, assez pratique.

### SE REPÉRER

Carte de microrégion B1-2 (p. 90) - plan de ville (p. 94-95) - plan des alentours (p. 103). Située sur la côte ouest de l'île, à mi-chemin entre Grand Baie (27 km) et Flic en Flac (21 km), Port Louis est distante de 48 km de l'aéroport de Plaisance, facilement accessible par l'autoroute M 2.

*Voir « Transports », dans « Nos adresses à Port Louis » p. 110.*

### À NE PAS MANQUER

Un tour au marché le matin ; une balade dans le quartier chinois ; un verre à la terrasse du Café du Vieux Conseil ; en saison, une course de chevaux au Champ de Mars.

### ORGANISER SON TEMPS

Comptez une journée pour visiter Port Louis. Les meilleurs jours de visite sont les lundi et mardi. Visitez Port Louis le matin pour profiter de la fraîcheur et de l'animation. Évitez les embouteillages aux heures de pointe, entre 7h30 et 10h, 16h et 18h.

### AVEC LES ENFANTS

Le Domaine Les Pailles ; le jardin botanique et l'Aventure du sucre, à Pamplemousses.

**Unique port marchand de l'île Maurice, la capitale s'ordonne autour de la place d'Armes, où trônent les statues des deux personnalités symboliques du pays, celle de Mahé de Labourdonnais face à la mer et celle de la reine Victoria qui signale l'hôtel du Gouvernement. À l'image de l'ensemble de**

Le Caudan à Port Louis.
*Oliver Strewe / Photononstop*

**Port Louis, la place voit se côtoyer édifices historiques, cases modestes et gratte-ciel clinquants, sans oublier l'autoroute qui coupe la ville de son front de mer ! Ici tout se mélange harmonieusement : le quartier chinois côtoie la grande mosquée, les réclames en anglais, en français et en créole se disputent les faveurs des passants et les petits marchands affairés, les hommes d'affaires pressés et les hauts fonctionnaires zélés se partagent les étroits trottoirs de la ville. Hors les murs, les environs de la capitale dissimulent quelques-unes des plus belles demeures séculaires de l'île, sans oublier le jardin botanique et l'Aventure du sucre pour les plus curieux.**

1

## Se promener Plan de ville, p. 94-95

Petite ville embouteillée, Port Louis se visite aisément à pied. On se repère facilement dans ses rues en damier, guidé par la silhouette de la citadelle ou par le minaret de la mosquée moderne qui domine le centre-ville. Les plaques de rues sont indifféremment en français ou en anglais. Certaines rues, rebaptisées à l'indépendance en 1968, ont également conservé des plaques portant leur ancien nom.

### SUR LE FRONT DE MER A1-2 et B1

La visite commence devant le **port**, centre névralgique de la capitale et de l'île tout entière. Le public n'a pas accès aux quais pour des raisons de sécurité et vous ne pourrez donc apercevoir que de loin les navires venus des mers du monde entier, attirés par le paradis fiscal de ce port franc. Face au port se dresse le **quartier des affaires**, où les besoins en surface de bureaux se traduisent par une architecture de plus en plus verticale. Reflet du développement économique de l'île Maurice, ces premières ébauches de gratte-ciel ne sont pas des plus heureuses et laissent présager du paysage futur de la capitale.

Copie assez réussie du Waterfront de la ville du Cap, en Afrique du Sud, le **Caudan** se compose en revanche de bâtiments modernes colorés, bien conçus, qui donnent à Port Louis un petit côté « station balnéaire ». On y trouve une multitude de bars, d'excellents restaurants, des cinémas et des boutiques de souvenirs et de vêtements pratiquant des prix assez élevés.

### ★★★ Blue Penny Museum A2

*Comptez 45mn de visite - à côté du Labourdonnais Hotel - ✆ 210 9204 - www.bluepennymuseum.com - tlj sf dim. et j. fériés 10h-17h (dernière entrée 16h30) - 245 Rs (tarif réduit 120 Rs) - audioguides en français.*

PORT LOUIS
0
200 m
N
GRAND BAIE
ROSE-HILL, CUREPIPE
DOMAINE LES PAILLES
Trou Fanfaron
Aapravasi Ghat
Immigration Sq.
Moulin à vent
Musée de la Poste
Caudan
Statue de Mahé de Labourbonnais
Port
Caudan
BLUE PENNY MUSEUM
CASINO
Bassin Caudan
Marché central
QUARTIER CHINOIS
Jummah
Place d'Armes
State Bank
ROGERS HOUSE
CONSULAT DE BELGIQUE
Hong Kong Bank
Hôtel du Gouvernement
CONSULAT GÉNÉRAL DE SUISSE
Théâtre municipal
Musée d'Histoire naturelle
Old Council St.
Jardin de la Compagnie
Musée de la Photographie
Cour suprême
Victoria Sq.
AIR MAURITIUS CENTER
POL
CASERNE CENTRALE
AMBASSADE DE FRANCE
SIGNAL MOUNTAIN
M2
Abattoir Road
Queen
Emmanuel
Dr. Joseph St.
Farquhar
Louis St.
Corderie
Rivière
Jummah St.
Pasteur St.
Sir William
Queen
Royal St.
Bourbon St.
L'Homme St.
Rémy Ollier
Newton St.
Duke of Edinburg Av.
Queen Elisabeth Av.
Dr. A. Ferrière St.
Intendance St.
Raoul Noël St.
President J. Kennedy St.
Sir C. Antelme St.
Chaussée
Chevreau St.
Sequard St.
Barracks St.
St-Louis St.
Jemmapes St.
Edith Cavell St.
Sir Jules Kœnig
Maillard St.
Poudrière
Guibert St.
Geoffroy
Lislet Osman St.
Lord Kitchener St.
Descharres St.
Orleans St.
Mère Barthelemy St.
St-Georges St.
St-Louis St.
Champ de Lort St.
D'Entrecasteaux St.
Afan Tank Wen St.
La Gaieté St.
Ternay St.
D'Artois St.
Volcy Pougnet St.
Desroches St.
Dr. Rouget St.
Poivre St.
Feillafe St.
St. James St.
Monseigneur Leen Avenue
SE LOGER
Labourdonnais Water Front Hotel 1
Mon Choix 2
Suffren (Le) 3
Victoria Plaza Hotel 4
SE RESTAURER
Capitaine (Le) 4
Chinois (Le) 5
Escale (L') 7
Grand Canton 6
Lambic 8
Restaurant du Vieux Conseil (Le) 3
Rose des Vents (La) 11
Tandoori Express 12

# PORT LOUIS ET SES ENVIRONS

1

Installé dans un bel édifice en pierre de taille (1913) de la New Mauritius Dock Company, ce musée retrace l'histoire de l'île Maurice et de la ville de Port Louis à travers cinq espaces thématiques.
En hommage aux découvreurs, la première salle abrite des cartes marines, des maquettes et des instruments de navigation, mais surtout le **globe de Martin Behaim** (1492), le plus ancien globe terrestre existant, où ne figure pas encore le continent américain.
La salle suivante est consacrée à la période coloniale, avec des documents témoignant de l'occupation hollandaise, française et anglaise au cours des siècles. Puis viennent les cartes, gravures, peintures et premières photographies de Port Louis qui permettent de suivre le développement de la ville de sa création à nos jours.
Deux salles sont dédiées à l'aventure postale, avec le clou du musée, les tout premiers timbres émis à Maurice. Parmi eux, les célébrissimes « **Post Office** » de 1847 – le *One Penny* vermillon et le *Two Pence* bleu indigo au profil de la reine Victoria –, deux des plus prestigieux timbres du monde *(leur fragilité ne permet de les exposer que 10mn par heure).*
La visite se termine par une salle évoquant la légende de **Paul et Virginie** à travers diverses éditions, tableaux ou objets et une superbe statue en marbre du sculpteur mauricien Charles Adrien Prosper d'Épinay (1884).

### Musée de la Poste B1

*Port Louis Waterfront - ✆ 208 2851 - www.mauritiuspost.mu - lun.-vend. 9h30-16h30, sam. et j. fériés 10-16h - 150 Rs (-7 ans gratuit, tarif réduit 90 Rs).*
Avec sa façade de style victorien en pierre grise rehaussée de blanc, l'ancienne **poste centrale**, érigée entre 1865 et 1870, s'inscrit déjà comme un anachronisme au bord de la grande route d'accès à la capitale. Elle abrite désormais un musée qui présente l'histoire des services postaux mauriciens depuis leur création en 1772. Les philatélistes ne manqueront pas les collections de timbre de l'île Maurice, dont la copie du fameux timbre bleu, le *Blue Penny* *(voir le Blue Penny Museum p. 93).*

### Moulin à vent B1

*Port Louis Waterfront - ✆ 211 7465 - tlj sf w.-end et j. fériés 10h-12h, 13h-15h - gratuit.*
Derrière la poste, à côté du bureau des Douanes, s'élève un monument quelque peu anachronique : un modèle unique à Maurice de moulin à vent, construit en 1736 à la demande de Mahé de Labourdonnais pour approvisionner les travailleurs du port en farine, puis transformé en tour de signaux. Il abrite désormais un petit musée où sont exposés divers vestiges (canons, ancres) retrouvés sur le site.

### Aapravasi Ghat B1

*1 Queen St. - ✆ 217 3158/59 - www.aapravasighat.org - visite guidée tlj sf dim. 9h-16h - gratuit.*
L'Aapravasi Ghat (« quai des Immigrants ») est un lieu de mémoire essentiel à Maurice, classé au Patrimoine mondial de l'Unesco, puisque c'est ici que l'on débarquait les recrues indiennes engagées pour travailler dans les plantations de canne à sucre. Un demi-million d'immigrants y transitèrent de 1834 à 1910. Aujourd'hui rénovés, les bâtiments (hôpital, cuisines, salles communes, sanitaires, étable) sont ouverts au public dans le cadre d'une visite guidée.

## ★ LE MARCHÉ CENTRAL B1

*En face de l'ancienne poste centrale, le marché est délimité par l'autoroute et les rues Queen, Corderie et Sir W. Newton. Lun.-sam. 5h30-17h30 (5h oct.-mars), dim. 5h30-11h30 (5h oct.-mars). Attention aux pickpockets!*

C'est sans doute sous ces quatre **halles** couvertes, au cœur de la cité, que vous sentirez le mieux l'atmosphère populaire de la ville. Tout Port Louis réuni se bouscule, se coudoie, parlemente… Aux harangues des vendeurs se mêle le brouhaha des ménagères en quête de produits frais. L'effervescence commence dès les rues contiguës, où les vendeurs ambulants se faufilent avec leurs chariots dans la foule des badauds pour proposer fruits et friandises au son de leur Klaxon.

En entrant dans le bazar par la **porte principale** *(Queen St.)*, vous trouverez sur votre droite des articles hétéroclites, vêtements, épices, objets de vannerie, en cuir, et autres souvenirs, plutôt destinés aux touristes et qu'il convient de marchander avec humour mais acharnement. Sous la halle de gauche se déploient les étals chamarrés des fruits et légumes soigneusement agencés: petits tas de piments, bottes d'oignons joliment nouées, pyramides savantes de chouchous, piles vertigineuses de potirons, ail et limons enveloppés dans des cornets de papier disposés en étoiles… À la sortie de ce bâtiment, du côté de l'artère centrale qui sépare le marché en deux *(Farquhar St.)*, on ne manquera pas de vous proposer toutes sortes de tisanes aux vertus curatives les plus diverses.

Vous ne vous attarderez peut-être pas dans la travée où carcasses de viande et balances à plateaux pendent de la charpente en bois au bout de longs crochets. En revanche, la **halle aux poissons** s'apparente, les jours de bonne pêche, à un véritable arc-en-ciel.



## ★ AUTOUR DE LA PLACE D'ARMES (PLACE BISSOONDOYAL) B1-2

Pour vous plonger dans la ville historique, dirigez-vous vers la vaste esplanade qui s'ouvre face au port. Une **statue de Mahé de Labourdonnais** (B1), fondateur de la cité, vous accueille symboliquement à l'entrée. Centre historique de la ville, la place relie le port à l'hôtel du Gouvernement, dans une longue perspective plantée de palmiers royaux et de canons retournés. Duke of Edinburgh Avenue, qui longe la place sur la gauche, est bordée de vieilles maisons créoles. En face, Queen Elizabeth Avenue est hélas défigurée par deux imposants bâtiments: la **State Bank** (B2), dont l'architecture s'inspire du style postclassique qui fit fureur à Manhattan dans les années 1980, et la **Hong Kong Bank** (B2), qui siège plus discrètement dans une élégante bâtisse à véranda soutenue par des colonnes.

**L'hôtel du Gouvernement**★ (B2), qui ferme la place d'Armes au sud-est, fut érigé dès l'arrivée de Mahé de Labourdonnais en 1735 *(il ne se visite pas)*. Représentatif de l'architecture coloniale française du 18e s., il fut construit en bois et en pierre de taille, avec une toiture en bardeaux et une véranda soutenue par des colonnes sur trois niveaux. Édifice le plus ancien de l'île, il fut témoin de toute son histoire puisqu'il accueillit successivement, en tant que résidence de ville du gouverneur, les représentants de la Compagnie des Indes, des rois de France, de la République, de l'Empire et de la Couronne britannique.

Il est difficile aujourd'hui, sous le regard sévère de la statue de la reine Victoria, d'imaginer les fastes de l'époque, lorsque les luxueuses réceptions organisées par les femmes des gouverneurs attiraient plusieurs centaines d'invités – officiers, colons et belles dames créoles – dans les salons meublés de bois rares de la

# Histoire de Port Louis

## UNE NOUVELLE CAPITALE

La construction de la ville à partir de 1735 suit les plans établis par Bertrand François Mahé de Labourdonnais, alors gouverneur général des Mascareignes. Il ne se contente pas de faire de Port Louis un relais sur la route des Indes, mais il entend fixer en ce lieu privilégié la **capitale de l'île de France**, qui devient bientôt la ville la plus importante de l'océan Indien. Il la dote très vite de bâtiments administratifs, d'un hôpital et d'une église. Des fortifications protègent la nouvelle capitale contre l'ennemi anglais.
La ville prend alors le nom de Port Louis, en hommage au roi de l'époque, Louis XV. Les soubresauts de l'histoire de France conduiront à rebaptiser la capitale à plusieurs reprises. Au début de la Révolution, elle devient « Port Nord-Ouest », puis, sous l'Empire, « Port Napoléon ». Les Anglais lui rendront son nom initial lors de leur reconquête en 1810.

## GRANDEUR ET DÉCADENCE

La capitale connaît un essor rapide ; la majorité de la population y vit lorsqu'en 1865 une épidémie de malaria frappe la ville. Les moustiques vecteurs de la maladie, venus d'Inde avec la grande vague d'immigration de 1835, trouvent dans la chaleur moite de Port Louis un climat propice à leur prolifération. Les riches citadins désertent alors la capitale pour s'installer au frais sur les plateaux du centre (autour de Curepipe), emportant parfois avec eux leur villa même, qu'ils démontent pour la transporter.

## UNE POSITION DÉLICATE MAIS PRIVILÉGIÉE

Après 1865, la construction du chemin de fer reliant Port Louis à Mahébourg redonne un peu de vie à la ville. Port Louis ne retrouvera toutefois jamais ses fastes d'antan. Protégée par la chaîne des montagnes de Moka (le Pouce, Pieter Both et montagne des Signaux), elle se tapit au fond de la rade la mieux abritée de l'île. Ce site privilégié, judicieusement choisi par les Français de la Compagnie des Indes orientales pour y établir la capitale de leur nouvelle colonie, étouffe aujourd'hui la ville, enserrée entre mer et montagne alors qu'elle est en plein boom démographique et économique.

## LA CAPITALE DU 21E S. : L'ARRIVÉE DU MÉTRO LÉGER

Aujourd'hui saturée aux heures de pointe, l'autoroute qui traverse le cœur de la capitale devrait être bientôt délestée d'une partie de son trafic : le projet de métro léger entre Port Louis et Curepipe devrait en effet révolutionner les modes de déplacements de la capitale et propulser la cité dans le club des métropoles les plus modernes. Le chantier devrait commencer en octobre 2014 et durer au moins trois ans.

Compagnie des Indes. La cour illuminée s'ouvrait alors directement sur la perspective de la rade de Port Louis où les voiliers tanguaient au gré du vent. De ces fastes révolus, il ne subsiste pas grand-chose. Seule l'ouverture de la nouvelle session législative annuelle donne encore lieu à une cérémonie solennelle : l'occasion pour le gouverneur général de passer en revue la garde d'honneur en grande pompe.

**Musée d'Histoire naturelle (Natural History Museum)** (B2) – *Poudrière St. - ✆ 212 0639 - lun.-vend. 9h-16h, sam. 9h-12h - fermé merc., dim. et j. fériés - gratuit.* Présenté de façon très scolaire dans des vitrines défraîchies, ce musée abrite depuis 1831 une collection représentative de la faune locale. Là est exposée une reconstitution du fameux **dodo**. Cet oiseau maladroit qui figure souvent comme emblème de l'île Maurice pose ici parmi d'autres oiseaux, coquillages et poissons naturalisés.

En face du musée s'étire le **jardin de la Compagnie** (B2). Ancien parc de la Compagnie des Indes, il abritait le premier théâtre de Port Louis, où l'on joua Molière et Racine dès 1776. Halte ombragée bien heureuse sous les immenses banians, le lieu est très populaire à l'heure du déjeuner et vit au rythme des tubes égrenés par les stations de radio.

## ★ DE JULES KŒNING ST. AU CHAMP DE MARS BC2

1

L'activité politique et administrative de Maurice se concentre dans ce quartier animé, où l'architecture moderne en béton de l'hôtel de ville et des ministères côtoie des bâtiments historiques en pierre ou en bois.

Quittez le jardin de la Compagnie par Poudrière St. et tournez dans la deuxième rue à gauche. **Old Council Street** *(rue du Vieux-Conseil)* (B2), où le Conseil supérieur de l'île de France tenait ses assises, est une charmante ruelle piétonne pavée, bordée de maisons en bois.

**Musée de la Photographie** (B2) – *5 Old Council St. - ✆ 211 1705/238 5737 - www.voyaz.com/musee-photo - tlj sf w.-end et j. fériés 10h-15h - 200 Rs (tarif réduit 100 Rs, -12 ans gratuit).* Vous y verrez de vieux appareils et l'un des grands fonds photographiques du monde (daguerréotypes, autochromes et photographies de Maurice du 19e s.).

Old Council St. débouche sur Jules Kœning St. à hauteur du **Théâtre municipal** (B2), bâtiment jaune de style classique (1822), qui demeura très actif jusqu'à la Seconde Guerre mondiale. Il accueillait régulièrement les troupes de la Comédie-Française pendant l'hiver mauricien. De nombreux planteurs venaient alors séjourner dans leur résidence de Port Louis, faisant de cette saison – « la saison » – celle des mondanités, où courses de chevaux et représentations théâtrales se succédaient à bonne cadence, et ne délaissant leurs loges que pour les bals des gouverneurs. Les campements de bord de mer avaient désormais supplanté les villas de la capitale. Depuis 1940-1950, le théâtre de Port Louis n'ouvre plus qu'en de rares occasions. La salle est régulièrement louée aux partis politiques et aux syndicats pour des rassemblements, mais on y voit parfois encore des ballets indiens ou chinois et des pièces créoles.

En remontant Jules Kœning St., vous apercevez sur la droite *(après le poste de police)*, au fond d'une cour d'honneur plantée d'arbres séculaires, le beau bâtiment d'architecture coloniale de la **Cour suprême** (B2). Les séances publiques qui s'y déroulent ne manquent pas de pittoresque, lorsque les juges coiffés de leurs perruques à l'anglaise se donnent respectueusement du « Your Lordship » (Votre Seigneurie) en débattant du sort d'un voleur de poulets !

Tout de suite à droite après la cour Suprême, la charmante **Guibert Street** (B2) a conservé ses vieux pavés, ainsi que la maison où vécut Charles Baudelaire *(au n° 8)*, au cours de l'année 1841. La demeure appartenait alors à M. Autard de Bragard, et Baudelaire dédia le poème *À une dame créole* à l'épouse de son hôte.

En revenant sur Jules Kœning St. apparaît la **cathédrale St-Louis** (C2), église en pierre grise de 1770, sans grand intérêt architectural. Elle renferme les restes de Mme Mahé de Labourdonnais et de son fils, transférés là en grande pompe lorsqu'on les découvrit dans l'ancienne chapelle de l'hôtel du Gouvernement en 1829.

Prolongement de la rue Jules-Kœning entre la cathédrale et le Champ de Mars, la **Pope Hennessy Street** (C2) est bordée de quelques maisons coloniales en bois parmi les mieux conservées de la ville. Une maison chinoise décorée d'idéogrammes rouges et jaunes attire l'attention au n° 29.

Conçu en 1740 par les Français pour les exercices militaires, le **Champ de Mars** (CD2-3) clôt la rue Pope-Hennessy. Terrain de parade des troupes ou de duel depuis Mahé de Labourdonnais, lieu de célébration des sans-culottes sous la Révolution, lieu de défilé des régiments anglais où se pressait une foule élégante au son de la musique militaire au 19e s., il sert d'hippodrome depuis 1812. Vous aurez peut-être la chance d'assister aux courses qui s'y déroulent chaque samedi d'hiver, entre juin et novembre, et qui attirent une foule bigarrée. Les paris vont bon train et l'ambiance est garantie dans les tribunes toujours combles.

Outre les courses, cette immense piste réunit sur fond de montagnes, dans une curieuse promiscuité, un stade, une aire de jeux pour enfants, un parking, une tribune pour les rassemblements religieux ou politiques, ainsi que le **mausolée du comte de Malartic** (D3), gouverneur français mort en 1800, et une **statue du roi Édouard VII** (C3).

Vous découvrirez d'autres maisons créoles bien conservées en faisant un détour par **St-Georges St.★** (B2-3) *(nos 20, 25 et 32 bis)* ou en vous promenant le long de **Church St.** (C2) et **MGR Gonin St.** (C2), où se trouve notamment la belle demeure coloniale à colonnades de l'évêché de Port Louis *(derrière la cathédrale)*. Passez également par **Dr. Eugène Laurent St.** (C2-D3) *(nos 43 et 45)* qui cache une jolie **pagode chinoise** (D2) *(à l'angle de Corneille St.)*.

## LA CITADELLE CD2

*De Dr. Eugène Laurent St., tournez à gauche juste après la pagode chinoise et montez Corneille St. jusqu'à Sebastopol St. Prenez à gauche, jusqu'en haut.*

Si vous avez le temps et le courage, vous pouvez monter découvrir la vue depuis la citadelle (fort Adélaïde), ancienne forteresse militaire érigée en 1835 par les Anglais. Du haut de la colline, vous dominez la ville, avec ses rues en damier conçues au 18e s. dans l'axe de tir des meurtrières, le port et les montagnes environnantes. La citadelle, qui fait l'objet de travaux de réhabilitation, abrite d'ores et déjà quelques boutiques de luxe (bijouterie, artisanat d'art, objets décoratifs), en attendant l'ouverture en 2014 d'un musée et d'un restaurant gastronomique. Lors des grandes occasions, vous aurez peut-être la chance d'assister à un spectacle de son et lumière *(renseignez-vous sur les dates à l'office de tourisme)*. Vous pouvez redescendre côté mer, par la route ou par l'escalier qui débouche dans Jummah Mosque St.

## ★ LE QUARTIER CHINOIS BC1-2

Le quartier chinois s'inscrit entre Sir Seewoosagur Ramgoolam St. et Royal St. N'hésitez pas à déambuler dans ce quartier commerçant, le plus pittoresque de la ville. Malgré l'apparition de constructions modernes, il a conservé de

Promenade en calèche dans le jardin du Domaine Les Pailles.
*Jean-Pierre Degas / hemis.fr*



vieilles maisons plus ou moins délabrées, aux balcons fleuris en fer forgé à l'étage et aux boutiques colorées au rez-de-chaussée.

Les échoppes débordent sur les trottoirs, étalant en vrac ustensiles en fer-blanc et bidons en plastique, tas de poissons séchés ou sacs de riz. On trouve de tout dans ces boutiques, véritables cavernes d'Ali Baba, des pinceaux de calligraphie aux remèdes chinois, des épices aux tissus indiens, en passant par les montres et les appareils photographiques, sans oublier les outils de plomberie et les images pieuses.

Louis Pasteur St., Rémy Ollier St., Corderie St. (où se concentrent les magasins de tissus et les échoppes de tailleurs), Bourbon St. et Royal St. constituent le cœur du quartier chinois. En flânant dans ces rues fourmillantes, vous croiserez côte à côte Indiennes en sari, musulmanes voilées, commerçants chinois occidentalisés, hommes d'affaires franco-mauriciens ou sud-africains en costume-cravate et touristes étrangers.

**Mosquée Jummah★** (B1) – *Royal St. - 9h-15h30, vend. 9h-12h, 14h-15h30 - tenue décente exigée, épaules et jambes couvertes - gratuit.* Derrière sa porte en bois sculpté et sa façade blanche et verte, la mosquée, construite en 1852, est le plus bel édifice religieux de l'île. Elle cache un charmant patio ombragé, havre de paix et de fraîcheur au cœur de ce quartier bouillonnant. Seuls les hommes sont autorisés à franchir les colonnades derrière lesquelles les fidèles procèdent en silence à leurs ablutions autour du bassin.

## À proximité Carte de microrégion, p. 90

### LE DOMAINE LES PAILLES A2

*Comptez une demi-journée - à 6 km de Port Louis par la M 2 en dir. de Rose Hill (c'est indiqué) - ✆ 286 4225 - www.domainelespailles.net - 10h-15h - visite guidée (1h30) - visite seule 105 Rs (enf. 50 Rs) - visite guidée en train 110 Rs (enf. 55 Rs) ou en calèche 120 Rs (enf. 60 Rs) - forfait train + calèche 270 Rs (enf. 140 Rs) - balade à cheval 300 Rs (enf. 150 Rs). Restaurants ouverts midi et soir (voir p. 113).*

Ce complexe touristique tente de recréer, d'une manière artificielle, le mode de vie d'un domaine sucrier aux 18e et 19e s. Après quelques centaines de mètres parcourus en calèche ou dans le petit train évoquant les moyens de transport de l'époque, vous découvrirez un **moulin à sucre** activé par un malheureux bœuf résigné, un **alambic** qui distille le rhum du domaine (vendu à la boutique), puis vous passerez par un **jardin d'épices** miniature. Le domaine organise en outre des randonnées pédestres ou équestres et des promenades en 4x4 (balades de 2h dans les montagnes environnantes). L'intérêt des Pailles réside en fait dans son casino et ses restaurants réputés.

### ★★ L'ASCENSION DU POUCE B2

*Sentier assez facile (sauf dans sa dernière partie, parfois glissante) - 2h AS. Suivez la route M 2 en dir. du Réduit, puis tournez à gauche vers Mont Ory (B 46). Un grand panneau indique « Eurêka la maison créole » vers la droite, juste avant Souillac Bridge. 100 m avant Eurêka, prenez la route à droite : 2,5 km plus loin, le chemin du Pouce est indiqué à gauche, au milieu d'un virage. Suivez-le et garez-vous près des champs de canne.*

Il s'agit d'une randonnée assez facile, à faire de préférence le matin. Vous empruntez un chemin de terre dans les champs de canne sur 1 km, puis un sentier qui vous conduit au premier plateau en 30mn. Là, vous prenez le chemin à droite pour accéder au sommet (812 m) d'où l'on bénéficie d'une superbe **vue★★** sur Port Louis, les villes du centre et, à l'est, jusqu'à Flacq et la mer.

### ★ CIRCUIT COLONIAL AUTOUR DE PORT LOUIS AB1-2 et plan ci-contre

*Circuit de 50 km, pouvant être couplé avec la visite du Domaine Les Pailles, de Pamplemousses ou l'ascension du Pouce – Comptez une demi-journée en voiture.*

Ce circuit autour de Port Louis vous fera découvrir quelques beaux vestiges architecturaux de l'époque coloniale disséminés dans la verdure. Il contourne la chaîne de Moka, les montagnes des Deux Mamelles et du Pieter Both, arrive au lac de la Nicolière et rejoint Ste-Croix, de l'autre côté de la montagne Longue, traçant ainsi une boucle autour des reliefs qui enserrent la capitale.

#### ★★ La maison Eurêka B2

*Moka, à 10 km de Port Louis par la M 2 - ✆ 433 8477/2584 - www.maisoneureka.com - lun.-sam. 9h-17h, dim. et j. fériés 9h-15h30 - 200 Rs (visite guidée de la maison), 200 Rs (jardin et cascade), 300 Rs (maison + cascade) - sur réserv., déjeuner créole (805 Rs) servi sous la varangue ; snacks et pâtisseries - chambres d'hôtes (voir p. 112).*

« Eurêka ! », s'exclama **Eugène Le Clézio**, aïeul de l'écrivain J.-M. G. Le Clézio, en découvrant cette demeure coloniale des années 1830. On était en 1856. Il en fit aussitôt l'acquisition, et son fils Henri s'appliqua à l'embellir. Transformé en musée depuis 1980, le domaine est aujourd'hui la propriété de Jacques de Maroussem, ex-époux de Monique, arrière-petite-fille d'Henri Le Clézio. Une bonne occasion pour vous de découvrir les fastes de la vie coloniale à Maurice. Cent neuf portes desservent les pièces de cette villa – entièrement construite en essences du pays – qui communiquent toutes entre elles, faute de couloir. L'ameublement n'est que partiellement d'époque, car la famille Le Clézio a récupéré une grande partie des meubles de la Compagnie des Indes. Néanmoins, le salon en bois de rose, la salle à manger en acajou, le salon chinois en bois d'ébène ou le salon de musique, en bois de palissandre et de cannelle, restituent bien le cadre de vie raffiné des riches Blancs de Maurice au 19e s. Une varangue à colonnades court tout autour de la maison, ouverte sur le **parc** que bordent la montagne Ory d'un côté, la rivière Moka de l'autre. Le petit bâtiment en pierre abritait la cuisine, à l'écart de la maison pour éviter les incendies.

La visite guidée vous mène ensuite aux bassins et **cascades** de la rivière Moka *(30mn de marche)* et permet de découvrir des arbres plusieurs fois centenaires. *De Moka, poursuivez sur la B 46 jusqu'au rond-point. Prenez l'A 7 à droite (en dir. de Rose Hill), puis la petite route du Réduit en face après le rond-point (en dir. de Rose Hill).*

## ★ Le château du Réduit A2

*Ouvert un jour par an, généralement le 1er dim. de sept. Renseignez-vous sur place.* Isolé sur un monticule au confluent de deux rivières, protégé par les montagnes de Moka et du Corps de Garde, ce magnifique château colonial construit en 1748-1749 abrite à partir de 1770 la résidence des gouverneurs de l'île, français puis britanniques. Il s'agit désormais du lieu de travail du président de la république de Maurice.

C'est le successeur de Mahé de Labourdonnais comme gouverneur général des îles de France et de Bourbon, Barthélemy David, qui découvrit l'endroit et choisit ce cadre pour abriter des amours secrètes. Le site lui apparut aussi idéal pour servir de refuge aux femmes et aux enfants, que pour cacher les papiers de l'État en cas d'invasion britannique. Tout au long du 18e s. y étaient donnés des bals somptueux, surtout lorsque la marine et l'armée françaises séjournaient à Maurice avant d'aller combattre les Anglais en Inde.

C'est là, sous les vérandas à colonnades, que furent planifiées les grandes conquêtes françaises en Orient : Madagascar, Seychelles, Indochine, Indes.

Un vaste parc à la française entoure le château. Le jardin descend en pente douce jusqu'au point de vue du **Bout du Monde★**, une falaise vertigineuse

qui surplombe une gorge encaissée et d'où l'on aperçoit, en face, le **manoir de la Tour Blanche** à Rose Hill.
*Du Réduit, revenez au rond-point de Moka par l'A 7 et poursuivez en dir. de Quartier Militaire.*

### Moka et St-Pierre B2

Vous traversez l'ancien quartier résidentiel de Moka et de St-Pierre, où se cachent, dans d'immenses parcs, les plus belles demeures de l'île. L'épidémie de malaria de 1865 poussa en effet, dans les premiers temps, bon nombre d'habitants de la capitale à s'installer le long de la route principale qui longe la chaîne de montagnes, avant qu'ils n'optent pour les hauts plateaux de Plaine Wilhems.
Quelques dizaines de mètres après le rond-point de Moka, vous apercevez sur votre gauche deux belles **maisons coloniales★**, l'une à toit de bardeaux bleu ciel, l'autre gris foncé.
À St-Pierre, sur la droite, le toit bleu de la **maison « Trompette »** se laisse deviner au bout d'une allée de cocotiers *(100 m avant le rond-point).*
*Au rond-point, continuez tout droit en dir. de Quartier Militaire. À hauteur de la sucrerie de St-Pierre (à droite de la route), prenez à gauche la B 47 en dir. du Pouce, puis suivez la B 49 en dir. de la Nicolière. Vous traversez les villages de L'Avenir (prenez à droite après L'Avenir), Beau Bois et Ripailles.*
Les **montagnes du Pouce et du Pieter Both** se dressent sur la gauche de la route, loin derrière les champs de canne. Prenez à droite après Nouvelle Découverte ; la route devient plus pittoresque, la végétation se fait plus dense et les essences plus diverses. Une forêt de pins sylvestres, de *citranus*, d'eucalyptus, de bambous, de papyrus, de cryptomerias et d'araucarias se substitue aux champs de canne.
Au carrefour de Salazie, la Nicolière est indiquée à gauche *(panneau « Le Juge de Segrais Bridge »).* La route, bordée de fleurs multicolores, offre au détour de certains virages de belles vues sur le **bassin de la Nicolière** *(à gauche)*, sur l'île du Coin de Mire et l'île Ronde *(en face)* et sur la côte nord-est *(à droite).* Surplombant les champs de canne et leurs monticules de pierres noires, la route descend, sinueuse, jusqu'au pont qui longe le bassin, aménagé en réservoir afin d'alimenter en eau le nord de l'île.
*Après la Nicolière, prenez l'A 2 à gauche, en dir. de Port Louis. La route débouche sur une maison au toit de tôle rouge : tournez à gauche en dir. de Old Flack (B 20) et Port Louis (A 2).*

### ★★ La maison de Villebague B1

*À 5 km de Pamplemousses par la route A2, Grande Rosalie - ✆ 243 7900 - www.aventuredusucre.com - visite guide sur réserv.*
Dissimulée de la route par des haies de bambous, la maison (ou château) de Villebague, avec ses bardeaux gris clair, est l'ancienne résidence de Mahé de Labourdonnais, puis de Magon de la Villebague, autre gouverneur de Maurice à l'époque de la Compagnie des Indes. Cette demeure, la plus ancienne de l'île, modèle de l'architecture coloniale française, fut également la première plantation industrielle de canne à sucre à Maurice. L'intérieur, entièrement restauré en 2013, conserve entre autres plusieurs tableaux du peintre franco-mauricien Gaëtan de Rosnay (1912-1992).
*Poursuivez votre route sur la B 20. Au feu tricolore, la route débouche sur l'A 2. Vous pouvez alors tourner à droite pour rejoindre Pamplemousses ou à gauche pour rallier Port Louis.*

Le jardin de la maison Eurêka.
*Tibor Bognar / Premium / age fotostock*

1

## L'église et la tombe du père Désiré Laval B1

*Av. Père-Laval, Ste-Croix (à 5 km env. du centre de Port Louis) - entrée libre. Bus réguliers au départ de Port Louis.*

Médecin normand ordonné prêtre en 1838, Jacques-Désiré Laval s'embarqua comme missionnaire pour Maurice en 1841. Chargé d'évangéliser les Noirs libérés de l'esclavage depuis peu, il ne tarda pas à passer pour un saint en raison des guérisons « miraculeuses » qu'on lui attribua. Mort en 1864, il fut béatifié par le pape Jean-Paul II en 1979.

Les pèlerins se recueillent avec une rare ferveur devant « l'apôtre des Noirs », touchant la pierre de son **tombeau** *(6h-18h)* pour se passer sur le visage ou sur le corps la main ou le tissu qui l'a touchée. Chaque année, le 9 septembre (jour anniversaire de sa mort), un pèlerinage rassemble ici une impressionnante foule de Mauriciens de toutes confessions.

D'architecture moderne, l'**église** suscite également une incroyable dévotion. Le **centre Père Laval** *(8h30-16h45, dim. et j. fériés 10h-16h15)* retrace la vie du père Laval et expose des objets lui ayant appartenu.

## ★★★ PAMPLEMOUSSES B1

*Comptez une journée de visite - à 12 km de Port Louis par l'A 2 et env. 15 km de Grand Baie par la M 1. Bus de Port Louis ou de Grand Baie.*

Mahé de Labourdonnais choisit d'acquérir ici, peu de temps après son arrivée sur l'île, en 1735, un terrain vaste et fertile où faire construire sa demeure personnelle et créer un jardin potager. La demeure, baptisée château de Mon Plaisir – qu'il céda à la Compagnie des Indes en 1737 –, devint la résidence officielle des gouverneurs de Maurice jusqu'en 1770, date à laquelle Le Réduit commença à loger ces derniers. Dans le jardin, Labourdonnais y cultivait toutes sortes de plantes utiles (comme le manioc du Brésil), de fruits et de légumes venus d'ailleurs pour approvisionner les bateaux faisant escale à Port Louis. Il encouragea également le développement par les colons de l'usine sucrière voisine de Villebague, la première de l'île (avec celle de Ferney dans le Sud-Est), opérationnelle dès 1745.

Aujourd'hui, ce magnifique jardin botanique est devenu l'une des principales attractions touristiques de l'île et l'ancienne usine de Villebague accueille un musée passionnant retraçant l'histoire de Maurice et de la production sucrière. Deux visites incontournables.

### ★★★ Le jardin botanique Sir Seewoosagur Ramgoolam

Plan du jardin de Pamplemousses, ci-dessous

*Comptez 2h min. - 8h30-17h30 - 200 Rs (-5 ans gratuit) - visite guidée 50 Rs/pers. (il est conseillé de visiter d'abord le jardin avec l'un des guides officiels avant de vous promener seul).*

Quand, en 1767, **Pierre Poivre**, intendant du roi, découvrit Pamplemousses, il racheta le château de Mon Plaisir et décida de créer un véritable jardin botanique réunissant le plus grand nombre possible de spécimens nouveaux. Il espérait notamment introduire et acclimater toutes sortes d'épices, découvertes lors de ses voyages orientaux, pour les exporter à prix d'or vers l'Europe. Ce fut un succès; les plantes rares succédèrent aux plantes utiles. De ces années date l'introduction du girofle, de la muscade, de la cannelle, du poivre…

En 1775, le botaniste **Jean-Nicolas Céré** se vit confier la charge du « jardin du Roy ». Il l'enrichit considérablement en épices et en essences rares, arbres fruitiers, thé, plantes à fleurs ornementales, graines de sapins et pins de Chine, arbres destinés à la construction des bateaux… La première noix muscade cueillie sur l'île est envoyée au roi en grande pompe en 1778. À la fin du 18e s., c'est le jardin tropical le plus célèbre du monde.

Par la suite, les Anglais le délaissèrent quelque peu, jusqu'à la nomination en 1849 de **James Duncan**, qui poursuivit l'œuvre de Poivre et de Céré en continuant à introduire de nouvelles espèces de palmiers, lauriers, araucarias, fougères, orchidées, bougainvilliers…

Les guides officiels (A2) vous feront découvrir les principales espèces avec un intérêt particulier pour les arbres à épices, dont ils s'amuseront à vous faire deviner le nom d'après l'odeur des feuilles frottées entre vos mains. Vous pouvez également visiter le jardin seul.

**Bon à savoir** – Méfiez-vous des faux guides susceptibles de proposer leur service à l'intérieur du jardin. Les guides officiels sont postés devant l'entrée.

Situé non loin de l'entrée actuelle du jardin, le **château de Mon Plaisir** (A1) est une maison coloniale à varangue,

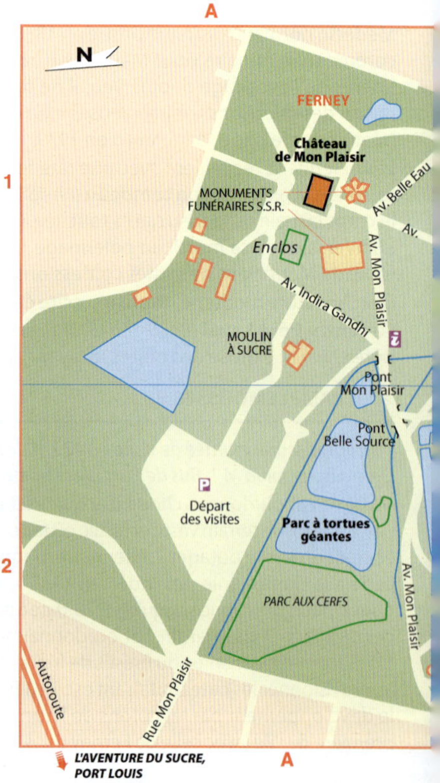

élevée au milieu du 19e s. par les Anglais : il n'a rien à voir avec l'immense château que Mahé de Labourdonnais s'était fait construire en 1735, et qui fut détruit. L'actuel château accueille les cérémonies officielles destinées à honorer les hôtes de marque de passage à Maurice. Certaines de ces personnalités sont invitées à planter un arbre rare devant le château, comme le firent par exemple Indira Gandhi, son fils Rajiv Gandhi, la princesse Margaret d'Angleterre ou François Mitterrand.

Dans le lotus de pierre noire qui fait face au château reposent les cendres de l'ancien Premier ministre Sir Seewoosagur Ramgoolam *(voir encadré p. 72)*, tandis qu'une immense dalle en marbre noir marque le lieu de sa crémation. À proximité du château, vous pouvez distinguer l'un des premiers moulins à sucre de l'île. L'avenue Indira-Gandhi (A1) mène au **parc à tortues géantes** importées en 1875 des îles Aldabra des Seychelles.

En vous engageant sur l'avenue Sir-John-Pope-Hennessy, bordée sur la droite par une double rangée de lataniers indigènes, une borne à fleur de lys marque la limite du jardin du Roy de Mon Plaisir. Plus loin, sur la gauche, se trouve le **bassin aux lotus** (B1), dont les fleurs, blanches ou jaunes, sont vénérées par les hindous.

En continuant sur l'avenue, vous tomberez sur le célèbre **bassin aux Nénuphars★★★** (B1). Trois espèces de nymphéas aux fleurs blanches, roses ou bleues côtoient les nénuphars géants originaires de la forêt amazonienne, les *Victoria amazonica*, qui peuvent atteindre plus d'un mètre de diamètre et

**D'UN NOM À L'AUTRE**
Officiellement rebaptisé en 1988 « jardin botanique Sir Seewoosagur Ramgoolam », le jardin a changé plusieurs fois de nom depuis 1735. Il a pris successivement les noms de Jardin de Mon Plaisir, Montplaisir, Jardin des plantes, Jardin royal, jardin botanique des Pamplemousses, Jardin national de l'Isle de France et Royal Botanical Garden. Aujourd'hui, il est communément appelé « jardin de Pamplemousses ».

supporter le poids d'un petit enfant sur leurs épaisses feuilles recourbées. Leur floraison ne dure que deux jours, des fleurs blanches s'ouvrant l'après-midi pour mourir le lendemain après avoir viré au rose.
Au-delà du bassin aux Nénuphars, engagez-vous dans l'avenue Labourdonnais (C2), plantée de lataniers dont les troncs sont ornés de lianes et de philodendrons indigènes. Tournez ensuite à gauche sur l'avenue Cossigny (C1) qui conduit aux fameux **palmiers tallipots**, plantés à l'angle avec l'avenue Telfair, et dont les immenses palmes en éventail se couvrent tous les 50 ans environ d'un manteau de plusieurs millions de petites fleurs, qui peut atteindre jusqu'à 5 m de haut avant de mourir.
Après le pont des Soupirs (C2), qui enjambe la rivière des Citrons, vous arrivez à un petit jardin planté d'arbres originaires d'Inde et de Chine, tels que le teck, le camphrier, le goyavier royal, le figuier des pagodes, l'arbre à laque, le badamier (qui donne des amandes), ou encore le cannelier de Ceylan.
En reprenant le pont, l'avenue Poivre (C2), qui part sur la gauche, est bordée de palmiers royaux provenant de Cuba, ainsi que de spécimens d'acajous et de *mahoganis*, essences très prisées pour la fabrication des meubles de la Compagnie des Indes.
Vous tombez enfin sur l'**entrée historique** (C2), marquée par une imposante grille en fer forgé et signalée par un imposant baobab, planté à gauche.

### ★★★ L'Aventure du sucre

Plan du jardin de Pamplemousses, p. 106-107, A2 en dir.

*Comptez 4h pour profiter pleinement de la visite - Beau Plan (à 300 m du jardin de Pamplemousses) - ✆ 243 7900 - www.aventuredusucre.com - 9h-17h - fermé 24-26 et 31 déc., 1er et 2 janv. - 350 Rs (enf. et étudiants 175 Rs) - catalogue 250 Rs, livret pour enf. 10 Rs. Un excellent restaurant est installé sur le site, idéal pour déjeuner avant ou après la visite ou pour goûter à tte heure (9h-17h).*
Si vous ne devez visiter qu'un musée à Maurice, c'est celui-ci qu'il faut choisir. Aménagé dans l'ancienne usine sucrière de Beau Plan, fermée en 1999 après 202 ans d'activité, il évoque l'histoire de l'île dans sa globalité, illustrant en particulier l'importance de l'exploitation de la canne depuis son introduction par les Hollandais en 1639. Le visiteur suit ensuite une chaîne opératoire complète de la fabrication du sucre.
La visite s'organise selon une démarche pédagogique et ludique, avec fiches documentaires, films et maquettes, autour d'une dizaine d'espaces thématiques. Après une introduction en vidéo sur la naissance de l'île, toute l'étendue de l'usine s'ouvre à vous, avant de suivre un parcours où vous passez au pied de la cheminée qui culmine à 33 m de haut et où vous découvrez, entre autres, le sucre à travers les âges. Parmi les espaces se trouvent le « **pavillon de l'histoire** » (de loin l'exposition la plus complète de l'île), la **salle des machines** où sont expliqués le processus de la fabrication du sucre, les liens entre l'industrie de la canne et les énergies renouvelables, « **le pavillon de la canne** » pour tout savoir sur cette plante, « **les routes du sucre** » à travers

Le bassin aux Nénuphars à Pamplemousses.
*Nicolas Thibaut / Photononstop*



l'histoire… Au terme du parcours, vous débouchez sur le « Village Boutik » *(voir p. 114)*, où l'on vous propose une surprenante **dégustation** d'une dizaine de sucres non raffinés.
Si vous désirez approfondir encore plus le sujet, l'excursion guidée « La Légende du sucre » permet de découvrir le site de la plus ancienne exploitation de canne de l'île, à Villebague *(voir p. 104)*.

## Le village

Quartier résidentiel à l'époque de la colonisation française, le village de Pamplemousses a conservé une atmosphère particulière, différente des autres villages de l'île.
Construite en 1756, l'**église St-François** – du nom du saint patron de Mahé de Labourdonnais – est le plus ancien édifice religieux de l'île. C'est dans cette vieille église en pierre grise que Paul et Virginie, les jeunes amants de Bernardin de Saint-Pierre, qui habitait la cure de l'église lorsqu'il écrivait son roman, se retrouvent à la messe.
Le **marché aux esclaves**, dont vous devinez encore l'emplacement près de l'église, témoigne de l'activité qui régnait à Pamplemousses à l'époque.
Vous pouvez accéder au **cimetière** par une petite grille grise, en face de l'église. Mal entretenu, il contient de nombreuses tombes historiques, comme celle de l'**abbé Buonavita**, aumônier de Napoléon exilé avec lui à Ste-Hélène et qui finit ses jours à Maurice, ou d'Emmeline de Carcenac, la **« dame créole »** du premier poème de Charles Baudelaire, écrit à Pamplemousses.

## NOS ADRESSES À PORT LOUIS

Plan de ville, p. 94-95

**INFORMATIONS UTILES**

### Banques

Les banques et les bureaux de change se concentrent sur la place d'Armes, Sir W. Newton St., Queen St. et Royal St.

### Poste

**Poste centrale** – B2 - *Jules Kœnig St. (Emmanuel Anquetil Building) - ✆ 208 1304 - www.mauritius post.mu.* Bureau de poste également dans l'immeuble sur Victoria Square (A2).

### Téléphone

Cabines à pièces ou à carte dans la rue. Pour l'international, les fax et les cartes téléphoniques :
**Mauritius Telecom** – B2 - *Mauritius Telecom Tower - Edith Cavell St. - ✆ 203 9000 - www.mauritiustelecom.com.*

### Internet

Accès Wi-Fi gratuit dans toute la zone du Caudan.
**Cyberyder** – B2 - *Mauritius Telecom Tower - Edith Cavell St. - ✆ 203 7277.*
**Clickpost** – A2 - *Poste de Victoria Sq.* Postes en accès gratuit.

### Santé

Vous trouverez des pharmacies un peu partout dans le centre-ville.
**Pharmacie du port** – B2 - *President John Kennedy St. (à l'angle de la place d'Armes) - ✆ 208 1037.*
**Dr. Jeetoo Hospital** – B3 - *Volcy Pougnet St. - ✆ 209 3400.*
**SSR National Hospital** – *Royal Rd, Pamplemousses - ✆ 243 4669.*

### Compagnies aériennes

**Air Mauritius** – B2 - *Air Mauritius Centre - President John Kennedy St. - ✆ 207 7070 - www.airmauritius.com.*
**Air France** – B1 - *5 President John Kennedy St. - ✆ 202 6747 - www.airfrance.com.*
**Air Austral** – A1-2 - *Caudan Waterfront (ILB House) - ✆ 202 8050 - www.air-austral.com.*
**Corsair** – A1-2 - *Caudan Waterfront (ILB House) - ✆ 210 2020 - www.mauricecorsair.com.*

**TRANSPORTS**

### À l'arrivée

**En avion – Aéroport Sir Seewoosagur Ramgoolam** - *L'aéroport international de Maurice se trouve à Plaisance, à 48 km de Port Louis - ✆ 603 6000 - http://aml.mru.aero.* Vous y trouverez les représentants des agences de location de voiture. Tous sont en principe ouverts à chaque arrivée de vol. Des taxis attendent à l'arrivée de chaque avion. N'hésitez pas à négocier la course. Autobus publics environ toutes les 30mn, entre 6h et 18h, derrière le parking de l'aéroport. Ils relient Mahébourg à Port Louis, via Curepipe.
**En bateau – Mauritius Shipping** - C3 - *St James Court, St Denis St. - ✆ 208 5900 - www.mauritiusshipping.intnet.mu* (*voir p. 13*).
**En bus** – *✆ 201 1075 - www.mauritius-buses.com.*
Un service régulier de bus relie Port Louis au nord et au sud de l'île, toutes les 10 à 20mn environ, de 6h à 18h, quelquefois 18h30. Il faut parfois changer à Curepipe ou à Quatre Bornes.
**Terminal nord** - *Immigration Sq.* (B1). Départs pour la côte nord (Trou aux Biches, Grand Baie, Pereybère, Cap Malheureux, Grand Gaube), pour Pamplemousses, Goodlands, Poudre d'Or, et pour la côte est

(centre de Flacq). Pour Grand Baie, bus express environ toutes les heures, de 7h à 18h30. Pour Trou aux Biches, bus environ toutes les 20mn, de 6h à 18h30.

**Terminal sud** - *Victoria Sq. (ancienne gare de chemin de fer)* (A2). Départs pour Rose Hill, Vacoas, Curepipe, Quatre Bornes et Mahébourg. La ligne pour Curepipe et Quatre Bornes fonctionne dans les deux sens jusqu'à 23h.

**En voiture** – Les deux principales voies d'accès à la capitale sont l'autoroute M 1/M 2 reliant Port Louis à Curepipe et l'ancienne route royale A 1 qui relie les villes du centre. Du nord comme du sud, vous arriverez par la voie rapide qui longe le port, mais attention aux embouteillages le matin et en fin d'après-midi. Difficile de se garer dans le vieux centre-ville : mieux vaut laisser votre voiture aux parkings payants du Caudan (A1-2) ou sur la place de la Cathédrale (C2).

## Dans la ville

**À pied** – La ville se visite idéalement à pied et il est difficile de s'y perdre (attention toutefois, les rues changent souvent de nom en cours de route).

**En taxi** – Vous trouverez des taxis près des parkings du Caudan (à côté du Casino) (A2), près du musée de la Poste (B1) ou sur la place d'Armes (B2).

### HÉBERGEMENT

## Port Louis

Port Louis compte peu d'hôtels attrayants. Voici néanmoins quelques adresses, en cas de besoin.

#### PREMIER PRIX

**Victoria Plaza Hotel** – A2 - *8 Victoria Sq. - ✆ 212 0031/2131 - dashan @intnet.mu - 13 ch. 15/25 €.* Cet hôtel décati et sans charme, appelé aussi Tandoori Hotel, a pour unique intérêt de proposer des chambres à un tarif imbattable sur Port Louis. Elles sont néanmoins sommaires et l'endroit est bruyant, car situé au-dessus de la gare routière. En dépannage uniquement.

#### UNE FOLIE

**Le Suffren** – A1 - *Caudan Waterfront (le long du bassin du Caudan) - ✆ 202 4900 - www.lesuffrenhotel.com - - 100 ch. 150/200 €.* L'adresse la plus charmante de Port Louis distille avec réussite une ambiance nautique. Chambres et espaces communs bénéficient d'une belle décoration design, mêlant harmonieusement bois clair, métal satiné ou chromé, et couleurs chaudes. La terrasse du restaurant, la piscine et sa plage artificielle donnent sur la marina. Accès aux services du Labourdonnais Hotel, relié par une navette en bateau (gratuite).

**Labourdonnais Waterfront Hotel** – A1 - *Caudan Waterfront - ✆ 202 4000 - www.labourdonnais.com - 109 ch. 200/300 €.* Salle de gym, accès Internet. L'hôtel le plus luxueux de Port Louis est fréquenté avant tout par des hommes d'affaires fortunés. Ceci explique le calme qui y règne, confort et discrétion semblant être la devise du lieu. Le vendredi, une réception réunit le gratin du monde des affaires autour d'un concert de jazz.

## Vallée des Prêtres

#### POUR SE FAIRE PLAISIR

**Ecolodge Mon Choix** – D1 en dir. - *À 6 km de la capitale par Pamplemousses Rd (en amont de la vallée) - ✆ 760 0836 (portable) ou 217 0505 - www.ecomauritius.com - - 4 ch. 124/224 € - dîner 32 €.*

1

Isolée au pied des montagnes du Pouce et de Pieter Both, la grande maison rouge du Franco-Mauricien Jean-Michel et de l'Anglaise Joan surplombe merveilleusement la vallée des Prêtres, avec la mer à horizon. Les vastes chambres (dont un cottage à l'extérieur) sont décorées d'antiquités et s'ouvrent sur le magnifique point de vue. Le dîner *(sur réserv.)* est servi sur la grande terrasse panoramique. Inoubliable petit déjeuner, à l'anglaise ou à la française, bercé par les chants de la nature.

### Moka

#### BUDGET MOYEN

**Maison Eurêka** – *À 10 km de Port Louis par la M 1 - ✆ 433 8477 - www.maisoneureka.com - 3 ch. 86 € ☕ - repas 20 €.* Ambiance champêtre et calme garantis aux portes de Port Louis. Trois *cottages* à l'indicible charme se cachent dans le luxuriant jardin de la maison Eurêka (*voir p. 102*) et il est prévu d'aménager bientôt une suite à l'étage de cette superbe demeure coloniale du 19e s. Le petit déjeuner, comme le déjeuner, est servi sous la varangue. Accueil très affable.

## RESTAURATION

### Port Louis

#### PREMIER PRIX

Au **Food Court** du marché central (B1) et dans le centre-ville, vous trouverez nombre de petites échoppes et de vendeurs ambulants vendant des *dholl puri*, *parantha*, gâteaux piment, soupes, pâtisseries, *alouda*, jus de tamarin ou lait caillé… Pour déjeuner sur le pouce, à des prix imbattables. Au **Food Court** de Khadafi Square (C1), vous pourrez voir les femmes préparer le *farata* (ou *roti*), galette à base de farine, qui peut se déguster seule, agrémentée de sauce et d'herbes, ou en accompagnement d'un plat. À savourer sur les tables en plastique disposées au milieu.

**Tandoori Express** – B1 - *Centre commercial Astrolabe, Caudan Waterfront - ✆ 210 9898 - www.tandoori-express.restaurant.mu - mar.-dim. 10h30-22h30 - 5/10 €.* Ce self-service dispose d'une appréciable terrasse au bord de l'eau pour déguster un menu indien bon marché. Bons poulets tandoori et plats végétariens.

**Le Chinois** – B1 - *20 Jummah Mosque St. - ✆ 242 8655 - fermé merc. soir - 5/10 €.* Une bonne cuisine chinoise à petits prix (savoureux chop suey). La salle clinquante étant un peu sombre, préférez les tables proches de la fenêtre.

#### BUDGET MOYEN

**Le Restaurant du Vieux Conseil** – B2 - *Old Council St. - ✆ 211 0393 - lun.-sam. 12h-14h - 15/30 €.* Un lieu plein de charme et de fraîcheur pour boire un verre ou déjeuner de crêpes salées, de salades ou d'un plat créole (spécialités à base de palmiste), à l'ombre d'un paisible jardin.

**L'Escale** – A1 - *Labourdonnais Hotel, Caudan Waterfront - ✆ 202 4000 - 6h30-23h - 15/30 €.* Une bonne occasion de profiter de l'élégant cadre de cet hôtel luxueux en dégustant une cuisine variée, propre à satisfaire tous les goûts et à des prix tout à fait raisonnables. Les salades composées gargantuesques combleront même les gros appétits.

**Grand Canton** – B2 - *47 Queen St. - ✆ 217 3715 - www.grandcanton.mu - tlj sf mar. 11h-15h, 18h-21h30 - 15/30 €.* Au cœur du quartier chinois, cette adresse tenue par la famille Lai, d'origine cantonaise, est réputée pour ses *dim sum* (raviolis à la vapeur), disposés en évidence à côté du comptoir de l'entrée. Belle salle à l'étage, décorée de paravents en bois. Aubergines braisées saveur poisson salé, tofu japonais aux légumes frais… Autre établissement au 15 rue Emmanuel-Anquetil (BC1).

**Lambic** – AB2 - *4 Georges St. - ✆ 212 6011 - www.lambic.mu - tlj sf dim. 8h-22h (vend. 22h45) - 15/30 €.* Situé dans l'une des rues les mieux conservées de la capitale, le Lambic occupe une maison séculaire, à l'ombre de trois manguiers. L'intérieur respire le bois, avec ses lattes rustiques au sol, sa bibliothèque à bières (dont la bière maison « Flying Dodo ») et son vieux comptoir. Fish & chips, cuisse de cerf à la bière d'abbaye, rôti à la Kriek… Belle mosaïque à l'entrée des sanitaires. Service soigné avec serveuses en tailleur. Bières à emporter.

**Le Capitaine** – A1 - *Caudan Waterfront - ✆ 213 0038 - 10h-23h - 25 €.* Précédé de la bonne réputation du restaurant homonyme de Grand Baie, Le Capitaine reprend une formule qui a fait ses preuves. Cuisine originale et raffinée, savamment exécutée, faisant la part belle aux poissons. Petit plus non négligeable : une large terrasse donne sur le port. Addition un peu salée.

POUR SE FAIRE PLAISIR

**La Rose des Vents** – A1 - *Labourdonnais Hotel, Caudan Waterfront - ✆ 202 4000 - fermé sam. midi et dim. - 30/50 €.* Le hall du Labourdonnais accueille également un restaurant gastronomique réputé où savourer une cuisine inventive et raffinée, tendance fusion. Ambiance feutrée et service de grande classe.

### Domaine Les Pailles

Le Domaine Les Pailles, à 6 km de Port Louis (*voir p. 101*), compte quatre restaurants réputés.

PREMIER PRIX

**Dolce Vita** – *✆ 286 4225 - tlj à midi, merc., jeu. et sam. soirs - 15 €.* Un restaurant tourné vers l'Italie et ses délicieuses spécialités. On s'en sort pour un prix raisonnable en optant pour des pizzas ou des pâtes. Petit atout, une piscine et un minigolf sont à la disposition des clients.

BUDGET MOYEN

**Fu Xiao** – *✆ 286 4225 - tlj sf sam. midi - 15/30 €.* Une belle salle qui échappe au kitsch habituel et des spécialités chinoises aussi variées que savoureuses. Goûtez le divin canard laqué.

**Indra** – *✆ 286 4225 - tlj sf dim. et j. fériés - 15/30 €.* Pour déguster une exquise cuisine indienne dans un cadre enchanteur, digne d'un palais du Rajasthan, avec des serveurs impeccables coiffés de turbans. Des musiciens prennent place le soir au milieu des boiseries et soieries. Succulent poulet mariné à la cardamome.

POUR SE FAIRE PLAISIR

**Clos St-Louis** – *✆ 286 4225 - tlj sf dim. et j. fériés à midi, vend. et sam. soirs - 30/50 €.* Cadre plus classique pour ce restaurant gastronomique installé dans une demeure coloniale, très prisé des hommes d'affaires. On y sert une bonne cuisine française et mauricienne.

### Pamplemousses

**Bon à savoir** – Plusieurs adresses fonctionnent aux commissions autour du jardin botanique, ne vous fiez donc pas aux conseils des chauffeurs de taxi.

1

#### PREMIER PRIX

**Le Paradis épicé** – *Royal Rd (à 200 m de la sortie du jardin) - ✆ 243 8459 - fermé dim. et le soir - 10 €.* Ouvert par une famille de biologistes sous-marins, cette case a été construite autour d'un vieil arbre à litchis, dont la toiture laisse passer les troncs. Sculptures en bois et chaises de bar réalisées à partir d'un tronc mort. Cuisine simple et savoureuse, agréablement présentée. Café et thé accompagnés d'un choix de différents sucres.

#### BUDGET MOYEN

**Le Fangourin** – *L'Aventure du sucre, Beau Plan (à 300 m du jardin de Pamplemousses) - ✆ 243 7900 - www.aventuredusucre.com - 9h-17h - 15/30 €.* Installé dans une jolie villa créole au cadre soigné ouvrant sur une large terrasse extérieure, cet excellent restaurant mérite à lui seul le détour. Cuisine métissée moderne et raffinée. Idéal pour déjeuner avant ou après la visite ou pour goûter à toute heure.

## ACHATS

Vous trouverez toutes sortes de spécialités, épices, artisanat ou vêtements au **marché central** de Port Louis (B1) : *entre l'autoroute, Queen St., Corderie St. et Sir W. Newton St. - lun.-sam. 5h30-17h30 (5h oct.-mars), dim. 5h30-11h30 (5h oct.-mars) (voir p. 97).*
Les principales boutiques sont concentrées au **Caudan Waterfront** (AB1) et dans Sir W. Newton St. (B1-2) (dont le centre commercial **Happy World**) et President John Kennedy St. (B1-2).

### Boutiques hors taxes

**Adamas** – B2 - *Dias Pier, Caudan - ✆ 210 1462 - www.adamasltd.com.* Bijoux en or et diamants. Passeport et billet d'avion exigés, vos achats sont livrés à l'aéroport le jour de votre départ.
**Poncini** – B2 - *2 Jules Kœning St. - ✆ 212 0818 - www.poncini.com.* Boutique de cadeaux hors taxes (montre, vaisselle, bijoux...).

### Artisanat

**Village Boutik** – *L'Aventure du sucre, Beau Plan - ✆ 243 7900 - 9h-17h.* Belle sélection de produits d'artisans et de producteurs locaux ; quelques œuvres d'artistes également.

### Librairies

Presse locale et internationale, cartes, livres et guides sur Maurice sont disponibles en librairie.

### Tailleurs

Nombreuses boutiques de tissus sur Corderie St. (B1-2), notamment de soieries bon marché. Les tailleurs font des vêtements dans des délais assez brefs (il vaut mieux apporter son modèle).

## EN SOIRÉE

**Bars** – La vie nocturne se concentre sur le Caudan Waterfront. Quelques adresses sont ouvertes jusqu'à 23h-0h.
**Casino** – A2 - *Caudan Waterfront - ✆ 210 4203 - www.casinosofmauritius.com.*
**Cinéma** – A2 - *Caudan Waterfront - ✆ 211 6866.* Trois salles. Films en français, anglais et hindi sous-titrés.

# Les villes du centre

Plus de 400 000 hab.

## NOS ADRESSES PAGE 121

### S'INFORMER

**Mauritius Tourism Promotion Authority** – *Victoria House (rdc), St Louis Street, Port Louis - 210 1545 - www.tourisme-ilemaurice.mu - lun.-vend. 9h-16h, sam. 9h-12h - fermé dim. et j. fériés.*

### SE REPÉRER

Carte de microrégion AB2 (p. 90) - plan des villes du centre (p. 118). Les villes du plateau central – Beau Bassin, Rose Hill, Quatre Bornes, Vacoas, Phœnix, Curepipe – s'égrènent le long de l'A 1-A 11-A 10 qui relie Port Louis, sur la côte ouest, à Mahébourg, dans le sud-est de l'île.

*Voir « Transports », dans « Nos adresses dans les villes du centre » p. 121.*

### À NE PAS MANQUER

La vue depuis le Trou aux Cerfs ; la visite d'un atelier de maquettes de bateaux.

### ORGANISER SON TEMPS

Comptez une journée ; profitez de l'animation du samedi à Curepipe ou à Rose Hill ; prenez veste et parapluie, car le climat est frais et humide (de 3 à 5 °C de moins que sur la côte).

1

**Rassemblant un tiers de la population de Maurice, le plateau central forme un tissu urbain quasi continu le long de l'ancienne voie royale métamorphosée en autoroute, souvent surchargée aux heures de pointe, qui relie la capitale à l'aéroport. Le climat frais et salubre du cœur de l'île attira en masse les habitants fuyant l'épidémie de malaria qui décima Port Louis et les régions côtières à la fin du 19e s. Épargnée par le moustique anophèle responsable de la maladie – probablement introduit lors de la grande vague d'immigration indienne des années 1860 –, la région la plus arrosée de l'île a accueilli l'arrivée du chemin de fer, puis de l'autoroute parachevant un développement industriel et commercial continu. Si elles n'offrent que peu d'attrait touristique, ces villes nouvelles demeurent le meilleur endroit pour faire des emplettes : boutiques hors taxes et dépôts d'usines aux prix imbattables, marchés pittoresques et centres commerciaux modernes comptent en effet parmi les principales attractions de la région. C'est aussi là, en complément de la capitale, que vous pourrez saisir la vie quotidienne des Mauriciens.**

## De Beau Bassin à Curepipe Carte de microrégion, p. 90

*Circuit d'env. 20 km tracé en bleu sur la carte de microrégion p. 90 – Comptez 30mn de route sans les arrêts. Quittez Port Louis par la M 2 en direction du sud. Beau Bassin est situé à 10 km de Port Louis.*

### BEAU BASSIN A2

À mi-chemin entre Port Louis et Curepipe, les villes de Beau Bassin et de Rose Hill furent unifiées dès 1896 au sein de la même municipalité et forment aujourd'hui une agglomération de plus de 110 000 habitants. Le climat, tempéré, y est particulièrement agréable.

*De Royal Rd qui traverse Beau Bassin, prenez à gauche Reverend Lebrun St. jusqu'à Swami Sivananda St., où vous tournez de nouveau à gauche.*

Un peu plus loin sur la droite se cache le **manoir de la Tour Blanche**, au fond d'une allée qui s'enfonce dans un parc magnifique au-dessus de la rivière encaissée des Plaines Wilhems. Également connue sous le nom de **Thabor**, cette ancienne résidence aristocratique à l'architecture crénelée sert aujourd'hui de centre de formation pour le clergé du diocèse de Port Louis et ne se visite pas. Vous pouvez néanmoins aller au fond du jardin pour la vue sur la montagne Ory, sur les gorges verdoyantes et sur la mer au loin.

Peu après, sur la gauche *(à l'angle de Victor Hugo St.)*, vous remarquerez une superbe **maison coloniale**, un peu cachée par les arbres.

Devenue Balfour St., cette rue à sens unique vous conduit ensuite au **jardin de Balfour** *(tlj sf merc. 10h-19h)*. Lieu de rendez-vous des amoureux et parc récréatif pour les enfants, il surplombe les chutes de Sorèze dans la Grande Rivière Nord-Ouest. Vous ne profiterez, hélas, de cette vue magnifique sur les gorges, le manoir du Thabor (à droite) et le mont Ory (à gauche) qu'à travers un grillage au fond du jardin. La végétation cache le plus souvent la résidence du Réduit, perchée juste en face.

## ROSE HILL A2

Ville étudiante animée et centre culturel actif, avec ses nombreux établissements scolaires et édifices religieux, Rose Hill est sans aucun doute la ville la plus dynamique de l'île. Carrefour ethnique aussi bien que routier, elle reste pourtant ignorée de la plupart des touristes, qui s'y aventurent rarement. Originairement peuplée par une majorité de métis francophones – bourgeoisie de culture plutôt que d'argent –, Rose Hill occupe une place de premier ordre dans la vie culturelle mauricienne.

Outre les nombreux artistes et intellectuels sortis de ses rangs, sa réputation non usurpée de « ville de la culture » tient à l'activité du **théâtre Plaza** *(Royal Rd, vaste esplanade à droite après Ambrose Malartic St. - fermé pour rénovation)*. Ce bâtiment victorien accueille une grande variété de pièces jouées dans les principales langues de l'île, des concerts et des opéras.

Allez flâner dans la « vieille » ville autour du théâtre pour découvrir, derrière les haies de plantes ou les murets de pierre, les dernières demeures coloniales aux toitures en bardeaux de bois, notamment dans le riche quartier de Cascadelle, près de l'hôtel de ville et dans Ambrose Malartic St. et Dr. Roux St.

Pour s'immerger au cœur de l'île Maurice, loin des plages et des hôtels, il faut passer quelques heures dans cette ville, si possible le samedi, jour où les Mauriciens font leurs courses. Outre le contact plus authentique que vous aurez là avec la population, vous pourrez en profiter pour faire vos emplettes. L'animation est à son comble dans le quartier d'**Arab Town** (A2) où se tient un grand marché coloré et bien approvisionné.

## QUATRE BORNES A2

Seule une **foire aux tissus**, où vous pouvez acheter des vêtements à très bon prix, anime les jeudi et dimanche cette ville résidentielle de près de 82 000 habitants, fondue dans la trame urbaine de Beau Bassin et Rose Hill.

Au nord-ouest de la ville – dont le nom fait référence aux quatre bornes qui, dans le centre-ville actuel, délimitaient les territoires de quatre plantations de canne à sucre – se dresse la **montagne du Corps de Garde** *(de St Jean Rd (A 8) qui traverse la ville, tournez à droite dans Shri Velamurugan Av., 100 m après*

Statue de Paul et Virginie, à Curepipe.
*Nicolas Thibaut / Photononstop*



*le carrefour de La Louise).* Vous pouvez visiter le **temple tamoul** (A2) coloré perché sur ses flancs, auquel on accède par un escalier *(montez par celui de droite et redescendez par l'autre).* Du sommet battu par les vents (719 m), vous apercevrez les montagnes du Pouce et du Pieter Both à gauche, la mer au loin à droite après les champs de canne et la colline de Candos en face.

## VACOAS ET PHŒNIX AB2

Ces deux villes industrielles, réunies sous la même administration municipale, comptent près de 108 000 habitants.
Non loin de l'usine qui fabrique la bière nationale Phœnix, la ville du même nom est bordée de « camps », banlieues maraîchères spécialisées dans l'élevage et l'industrie laitière, qui s'étendent en retrait de Royal Rd jusqu'à Curepipe.
Ancienne ville résidentielle des fonctionnaires coloniaux britanniques jusqu'à l'indépendance en 1968, Vacoas a hérité des grandes étendues de pelouses aménagées par les Anglais, et en particulier du **Gymkhana Club**, club de polo ouvert en 1844, qui offre aujourd'hui un parcours de golf de 18 trous.

## CUREPIPE B2

Ville la plus élevée de l'île, culminant à 605 m, c'est aussi la plus froide et la plus humide. Les mauvaises langues parlent de Curepipe en évoquant ses deux saisons : la saison des pluies et la saison pluvieuse ; ou encore, la petite saison des grandes pluies et la grande saison des petites pluies.
Ville de prédilection de l'aristocratie franco-mauricienne pendant de longues années, la tendance a commencé à s'inverser avec la crise économique de la fin des années 1970. Un certain nombre de ces familles ont dû vendre leur résidence principale du haut plateau pour s'installer dans leur campement en bord de mer. Leurs belles demeures, quand elles n'ont pas été démolies et remplacées par des constructions en béton en raison de leur fragilité lors des cyclones et du coût excessif de leur entretien, ont souvent été rachetées par des ambassades ou des industriels étrangers. Parmi ces somptueuses villas

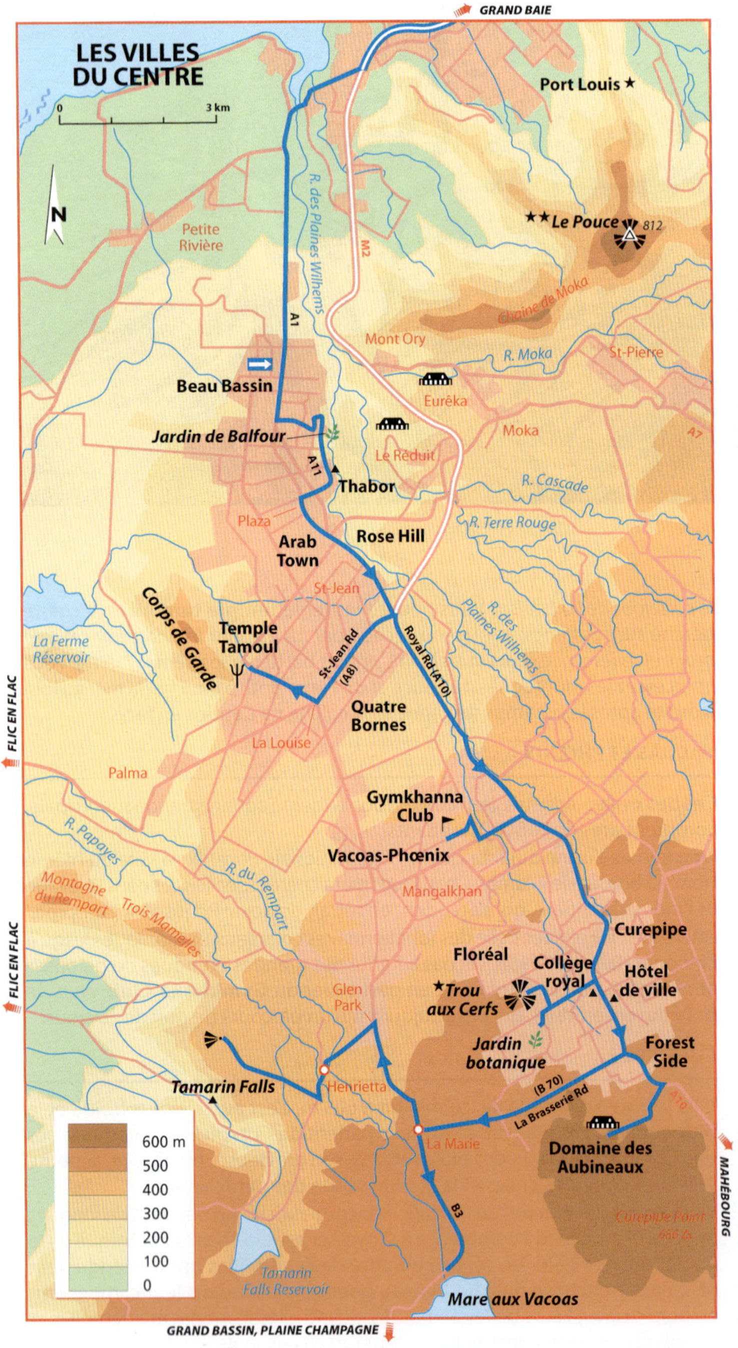
LES VILLES DU CENTRE
0
3 km
N
GRAND BAIE
Port Louis ★
★★ Le Pouce 812
Chaîne de Moka
Petite Rivière
R. des Plaines Wilhems
M2
A1
Mont Ory
R. Moka
St-Pierre
Beau Bassin
Eurêka
Moka
A7
Jardin de Balfour
Le Réduit
A11
Thabor
R. Cascade
R. Terre Rouge
Plaza
Arab Town
Rose Hill
St-Jean
R. des Plaines Wilhems
Corps de Garde
Temple Tamoul
La Ferme Réservoir
St-Jean Rd (A8)
Royal Rd (A10)
Quatre Bornes
FLIC EN FLAC
La Louise
Palma
Gymkhanna Club
R. Papayes
Vacoas-Phœnix
R. du Rempart
Montagne du Rempart
Trois Mamelles
Mangalkhan
Curepipe
FLIC EN FLAC
Floréal
Collège royal
Hôtel de ville
Glen Park
★Trou aux Cerfs
Jardin botanique
Forest Side
Tamarin Falls
Henrietta
(B 70)
La Brasserie Rd
A10
La Marie
Domaine des Aubineaux
MAHÉBOURG
B3
Curepipe Point 686
600 m
500
400
300
200
100
0
Tamarin Falls Reservoir
Mare aux Vacoas
GRAND BASSIN, PLAINE CHAMPAGNE

**NOM D'UNE PIPE !**
À mi-chemin sur la route de Port Louis à Mahébourg, la ville s'est élevée près d'un ancien relais pour les diligences, avec auberge et poste de garde. Son nom ferait référence au rituel qu'accomplissaient les soldats des troupes coloniales lors de ce long trajet chaotique, profitant de la pause pour le repos des bêtes et des esclaves afin de curer leur pipe.

coloniales en bois, élevées au 19e s. au milieu de grands parcs ombragés et de pelouses verdoyantes, certaines sont toujours debout, notamment dans le sud-est de la ville dans le quartier de **Forest Side** (B2), rue Lees et rue du Jardin. Mais, dissimulées derrière d'épaisses haies de bambous, elles échappent le plus souvent au regard des passants.
Comme les autres villes du plateau central, Curepipe, avec près de 85 000 habitants, se vide le matin de tous les bureaucrates, fonctionnaires et autres employés qui vont travailler à la capitale, et ce n'est qu'en fin de journée, quand Port Louis déserté s'endort, que Curepipe se réveille et s'anime à son tour. L'activité de Curepipe se limite cependant essentiellement à Royal Rd, Châteauneuf St. et Sir Winston Churchill St. (rue du Jardin), qui concentrent les commerces. Le reste de la ville est peu attrayant.
C'est à Curepipe que l'on trouve le meilleur rapport qualité-prix pour l'achat de **maquettes de bateaux**. Même si vous n'avez pas l'intention d'acheter, le spectacle des artisans au travail dans leur arrière-boutique est fascinant de précision et de minutie *(voir p. 69 et 123)*.
*Suivez Royal Rd jusqu'au centre-ville, à l'entrée duquel s'élève, sur votre droite, le bâtiment du collège royal.*

1

## Le centre-ville

C'est dans le **collège royal** de Curepipe, collège britannique de 1913, qu'a été formée l'élite du pays. Un **monument aux morts** de la Première Guerre mondiale est érigé juste devant, à la gloire des soldats français et anglais aux côtés desquels combattirent de nombreux Mauriciens.
Un peu plus loin, à gauche, Chateauneuf St. mène au très populaire **marché forain** qui se tient tous les mercredis et samedis matin au Forum. Sous cette immense halle verte se vendent pêle-mêle fruits et légumes, vêtements, tissus et articles divers.
Tout près du marché, dans Elizabeth Av., s'élève le gracieux bâtiment blanc de l'**hôtel de ville**, au toit de bardeaux bleutés. Typique de l'architecture coloniale du 19e s., en pierre et bois précieux (teck, palissandre, ébène), avec son élégant perron et sa varangue surélevée, il se trouvait à l'origine à Moka. Comme cela s'est beaucoup pratiqué à l'époque, la Malmaison fut démontée, puis reconstruite à Curepipe en 1902. Juste à côté se trouvent la **bibliothèque Carnegie**, qui abrite des archives exceptionnelles sur l'histoire des Mascareignes, et un jardin avec une **statue de Paul et Virginie** d'après le sculpteur mauricien Prosper d'Épinay.
*De Royal Rd, prenez Sir John Pope Hennessy St. à gauche, puis Edgar Hugues St. à droite.*

## ★ Trou aux Cerfs B2

Cratère d'un volcan éteint envahi par une végétation dense d'arbustes et de broussailles, le Trou aux Cerfs (605 m), large de 180 m à sa base et profond de 80 m, évoque les grandes battues aux cerfs organisées en l'honneur des princes royaux au 19e s. La route qui le contourne, George V Av., dévoile une

**vue★★** plongeante sur la ville, sur les champs de canne et au loin, vers l'ouest, sur l'océan, encadré par les montagnes des Trois Mamelles, du Rempart et du Corps de Garde, et par le réservoir de Mare Longue *(route réservée aux joggers de 7h à 9h et à partir de 16h).*

*Redescendez du Trou aux Cerfs par Edgar Hugues St., prenez à droite dans Sir John Pope Hennessy St., puis à gauche dans Kœning St., qui devient Botanical Gardens St.*

### Le jardin botanique B2

*9h-17h30 - entrée libre.*

Plus petit et beaucoup moins beau que celui de Pamplemousses, ce jardin aux allées sinueuses offre une agréable promenade sous ses vieux arbres tropicaux. Il est cependant regrettable que les voitures y aient accès.

### Le Domaine des Aubineaux B3

*Comptez 1h de visite - Royal Rd, Forest Side (près du pont Carbonel) - 676 3089 - www.saintaubin.mu/larouteduthe - lun.-vend. 8h30-16h, sam. 8h30-13h30 - 385 Rs, avec dégustation de thé. Cette visite fait partie du circuit « La Route du thé » avec l'usine de thé de Bois Chéri (voir p. 173) et la demeure coloniale de St-Aubin (voir p. 182).*

Cette superbe demeure coloniale construite en 1872 est la propriété de la famille Guimbeau qui dirige l'exploitation de thé de Bois Chéri. Ses 12 pièces ornées de mobilier d'époque se visitent. La plus belle est sans doute la salle à manger donnant sur la varangue de façade. La visite terminée, vous pouvez prendre le thé dans l'élégant pavillon qui abritait autrefois la salle de billard, puis vous promener dans le jardin et découvrir la distillerie d'huiles essentielles.

### FLORÉAL B2

Faubourg résidentiel de Curepipe, perché sur une colline à l'ouest de la ville, Floréal abrite quelques ambassades étrangères et les superbes demeures des diplomates, hommes d'affaires et riches Mauriciens.

## À proximité Carte de microrégion, p. 90

*Circuit d'env. 20 km – Comptez de 30mn à 1h.*

Cette excursion aux environs de Curepipe permet de découvrir de beaux points de vue et de traverser une forêt sauvage, mais surtout de rejoindre le Sud ou l'Ouest par un itinéraire magnifique. Cette région humide, parsemée de réservoirs, de lacs et de cascades, était couverte d'une forêt de bois rares où se cachaient bandits et esclaves. En partie défrichée au profit de la canne, elle demeure un lieu de prédilection pour les citadins qui aiment s'y promener et y pique-niquer le week-end.

*Au sud de Curepipe, suivez la route de la Brasserie (B 70) jusqu'à La Marie, et prenez à droite la B 3. Au carrefour de Glen Park où s'élève une mosquée, tournez à gauche en direction d'Henrietta.*

Vous passez devant une église, à droite, au milieu des serres d'anthuriums, des bambous et des cannes, avant d'arriver au terminal de bus d'Henrietta. Prenez à droite au milieu des champs, puis encore à droite (300 m), et arrêtez-vous au bord du chemin pour la vue sur les **chutes de Tamarin** (A3) *(Tamarin Falls)*, sept cascades qui alimentent un barrage hydraulique au milieu de la forêt. Le panorama s'ouvre vers l'ouest jusqu'à l'océan.

Vue depuis le cratère de Trou aux Cerfs sur la montagne des Trois Mamelles.
*Oliver Strewe / Photononstop*



*Retournez à La Marie et reprenez la B 3 en dir. de Plaine Champagne.*
Cette route traverse une forêt humide et sauvage, envahie par la vigne marron, où oiseaux, singes et cerfs ont élu domicile au milieu des arbres du voyageur, pins maritimes et fougères arborescentes, *citranus*, pins sylvestres, fleurs sauvages, liserons bleus. Elle longe la **mare aux Vacoas** (B3), un réservoir naturel niché dans un cratère éteint à 600 m d'altitude, aménagé et agrandi pour l'alimentation en eau des villes du plateau.
De là, vous pouvez remonter vers Curepipe, descendre vers la côte ouest ou Mahébourg.

## NOS ADRESSES DANS LES VILLES DU CENTRE

### INFORMATIONS UTILES

#### Banques
La plupart des banques se situent sur Royal Rd, à Rose Hill, Quatre Bornes et Curepipe.

#### Poste
Bureau dans chaque centre-ville.

#### Internet
**Carnegie Library** – *À côté de l'hôtel de ville, Curepipe - lun.-vend. 9h-18h, sam. 9h-15h.* 0,50 Rs/mn.

#### Santé
**Victoria Hospital** – *Rte Royale, Candos, Quatre Bornes - ✆ 425 3031.* Consultations gratuites 24h/24.
**Fortis Clinique Darné** – *Georges Guilbert St., Floréal - ✆ 601 2300 - www.fortiscliniquedarne.com.* Clinique privée réputée, mais chère.

### TRANSPORTS

#### En bus
Un service régulier de bus relie Port Louis, Mahébourg, les côtes ouest

et est aux villes du centre, ainsi que les villes du centre entre elles.

### En taxi

On en trouve sans difficulté pour circuler dans ou entre les villes.

### En voiture

Le plateau central est desservi par un excellent réseau routier. L'ancienne voie Royale *(Royal Rd)* traverse les villes du centre et la grande route M 2 les longe, reliant le Sud-Est (Mahébourg) à Port Louis et au Nord.

## HÉBERGEMENT

**Conseil** – Séjournez plutôt sur la côte que dans les villes du plateau central, qui comptent d'ailleurs peu d'hôtels agréables.

## RESTAURATION

### Rose Hill

#### PREMIER PRIX

**Dewa & Sons** – *Marché central, Duncan Taylor St. - ✆ 464 5646 - 6h30-15h - 2/5 €.* « Les meilleurs *dholl puri* de l'océan Indien » n'ont pas volé leur réputation. C'est là que les Mauriciens passent commande pour les fêtes. Un bon prétexte pour faire un tour dans ce sympathique marché. Vente à emporter uniquement.

### Quatre Bornes

#### PREMIER PRIX

**Le Bon Choix** – *76 St Jean Rd (en face du Happy Valley) - ✆ 465 3856 ou 454 8039 - 5/10 €.* Cuisines créole et indienne de qualité et bonnes grillades à déguster en terrasse ou dans une salle modeste.

**Happy Valley** – *79 St Jean Rd - ✆ 454 9208 - fermé merc. - 5/10 €.* Plats à emporter et repas sur place. Si les bras vous tombent à la lecture de la carte, laissez-vous guider par les recommandations du chef hongkongais. On vous proposera différentes formules de menus (de 2 à 10 pers.) vous permettant de goûter une multitude de plats typiquement chinois. Excellente cuisine.

**Le Dragon Vert** – *St Jean Rd, au carrefour de La Louise (à côté du précédent) - ✆ 424 4564 - fermé lun. - 10/15 €.* Un restaurant chinois bon marché.

**King Dragon** – *St Jean Rd, au carrefour de La Louise - ✆ 424 7888 - fermé mar. - 15 €.* Un bon restaurant chinois, dans une salle compartimentée ornée de velours rouge. Un peu plus cher que le précédent.

### Floréal

#### POUR SE FAIRE PLAISIR

**La Clef des Champs** – *Queen Mary Av. (à 1 km de Floreal Sq. par John Kennedy St.) - ✆ 686 3458 - champs@intnet.mu - fermé le w.-end - réserv. conseillée - 50 €.* La propriétaire franco-mauricienne vante sa « cuisine française qui parle créole ». La carte, soignée et raffinée, change toutes les deux semaines. À titre d'exemple, ce que vous pourriez y découvrir : crème cressonnière à la noix de coco, médaillons de langouste aux bâtons de vanille, magret de canard caramélisé à la mangue, carpaccio de cerf…

### Curepipe

#### PREMIER PRIX

**Le Pot de Terre** – *Impasse Pot de Terre (r. parallèle à Chateauneuf St., en face du Monoprix) - ✆ 676 2204 - midi seult - fermé dim. - 5/10 €.* Ce petit restaurant central propose une bonne cuisine créole (caris, grillades et plats du jour variés) à tout petits prix.

**Chinese Wok** – *242 Royal Rd (1er étage) - ✆ 676 1548 - fermé dim. - 10/15 €.* Ne pas se fier à la salle, froide et défraîchie. La cuisine, chinoise et créole, y est excellente.

### BUDGET MOYEN

**La Potinière** – *18 Sir Winston Churchill St. (en face du poste de police, près de la station Shell) - 676 2648 - fermé dim.-lun. - 20 €.* L'aspect extérieur de cet immeuble défraîchi ne laisse pas présager d'une salle aussi coquette et agréable. Une adresse réputée pour sa cuisine créole et française (« grandes assiettes », salades, crêpes).

**Le Gaulois** – *Dr. Ferrière St. (r. perpendiculaire à Chateauneuf St., derrière la MCB) - 675 5674 - midi seult - fermé dim. - 20/30 €.* Une bonne cuisine française et créole à savourer dans une petite salle à la décoration classique avec ses tables joliment dressées.

## ACHATS

**Bon à savoir** – Vous trouverez de nombreuses boutiques dans les galeries commerçantes de Curepipe, Phœnix, Quatre Bornes et Rose Hill.

### Boutiques hors taxes

**Adamas** – *Mangalkhan Rd (rue perpendiculaire à Floréal Rd), Floréal - 686 5246 - www.adamasltd.com.* Bijoux en or et diamants. Passeport et billet d'avion exigés, vos achats sont livrés à l'aéroport le jour de votre départ.

**Poncini** – *Royal Rd, Curepipe - 674 7044 - www.poncini.com.* Vaisselle, bijoux, cadeaux divers.

### Librairies

**Le Trèfle** – *Arcades Currimjee, Royal Rd, Curepipe - 676 3025.*

**Allot** – *Arcades Currimjee, Royal Rd, Curepipe - 676 1253.*

**Le Cygne** – *307 Royal Rd, Rose Hill - 464 2444 - www.lecygne.com.*

### Maquettes de bateaux

De nombreux ateliers sont installés en périphérie de Curepipe. Comparez les modèles et les prix avant d'acheter. Sachez que les taxis touchent une commission de presque tous les ateliers où ils amènent des clients.

**Bobato** – *53 A Sir Pope Henessy St., Curepipe - 675 2899 - www.bobatoshipmodels.com.*

**First Fleet Reproductions** – *74-76 Royal Rd, Phœnix - 698 0161 - www.firstfleetreproductions.com.* Plus d'une centaine de modèles de bateaux à la vente. Du beau travail.

**Voiliers de l'Océan** – *Sir W. Churchill St., Curepipe - 674 6764 - www.voiliersocean.intnet.mu.*

**La Pirogue** – *La Brasserie Rd, Curepipe - 674 1061 - lun.-sam. 8h30-18h, dim. 8h30-15h.* Entreprise familiale. Petites maquettes bon marché.

### Prêt-à-porter

De nombreux dépôts d'usines textiles sont concentrés dans le quartier Mangalkhan à Floréal.

**Floreal Square** – *1 John Kennedy St., Floréal - 698 7959 - lun.-vend. 9h30-17h30, sam. 9h30-16h.* La boutique Floreal est réputée pour ses pulls en laine ou en cachemire, ses tee-shirts et polos en coton, vendus à prix d'usine.

**Bon à savoir** – Floreal Sq. abrite aussi le musée du Textile, ainsi que d'autres boutiques de vêtements (Harris Wilson, Et Dieu créa la Femme, Aquarelle…).

**Shibani Centre** – *Mangalkhan Rd (r. perpendiculaire à Floreal Rd), Floréal - 696 9049.* Pulls en laine ou cachemire. Moins de choix, mais de meilleure qualité que chez Floreal.

1

ÎLE PLATE, ÎLE RONDE, ÎLE AUX SERPENTS
LES CÔTES NORD ET EST
0
5 km
BELLE MARE ★★★ Vaut le voyage
Blue Bay ★★ Mérite un détour
Trou aux Biches ★ Intéressant
Le Goulet À voir
Ville de départ du circuit
La côte nord-ouest
La côte nord-est
La côte de Flacq
La côte historique de Grand Port
OCÉAN INDIEN
Île Coin de Mire
Cap Malheureux
Pointe aux Canonniers
Le Cuvette
Pereybère
Grand Gaube
Mont Choisy
Grand Baie
Historic Marine
Trou aux Biches
Batterie des Grenadiers
Maheswarnath
Goodlands
TRIOLET
Baie de l'Arsenal
Labourdonnais
Poudre d'Or
Pointe Lascars
Le Goulet
Baie du Tombeau
Pamplemousses
Rivière du Rempart
Pointe de Roches Noires
Pointe Lafayette
R. du Rempart
Montagne Longue
La Nicolière
PORT LOUIS
Mt Calebasse 632
Poste de Flacq
Pointe de Flacq
BON ACCUEIL
BELLE MARE
Le Pouce 812
Centre de Flacq
Palmar
Mt Bar le Duc
Trou d'Eau Douce
Touessrok
Bel Air
Grande Rivière Sud-Est
Île aux Cerfs
Verdun Hill 537
Montagne Blanche
Piton du Milieu Réservoir
Grande Rivière Sud-Est
VACOAS-PHŒNIX
Kestrel Valley
Pointe du Diable
Le Val
Ferney
Bois des Amourettes
Mare aux Vacoas
Vallée de Ferney
Vieux Grand Port
R. des Créoles
ROSE BELLE
Île au Phare
Mahébourg
Île de la Passe
Île aux Aigrettes
Bois Chéri
Pointe d'Esny
N
Blue Bay
ÎLE DES DEUX COCOS
A
B
1
2
3
B 13
B 14
B 15
B 16
B 42
B 39
A 4
A 5
A 6
A 2
A 7
M 1
B 49
B 62
B 59
B 55
B 27
B 28
A 10
A 9

# Les côtes nord et est 2

LA CÔTE NORD★ 126

LA CÔTE EST★★ 147

MAHÉBOURG ET SES ENVIRONS★★ 160

# La côte nord

★

## NOS ADRESSES P. 130, 131, 134, 137, 140, 146

### S'INFORMER

**Mauritius Tourism Promotion Authority** – *210 1545 - www.tourisme-ilemaurice.mu* (*Port-Louis, p. 92).*

### SE REPÉRER

Carte de microrégion AB1 (p. 124) - plan de la côte nord (p. 128-129). Circuit d'environ 80 km entre Baie du Tombeau et Roches Noires.

### À NE PAS MANQUER

Le coucher du soleil sur la plage de Mont Choisy ; la messe du dimanche dans l'église de Cap Malheureux ; une excursion vers les îles.

### ORGANISER SON TEMPS

Comptez 3-4 jours pour découvrir la région. Le climat est idéal d'avril à octobre, mais un peu étouffant de novembre à mars. Logez hors de Grand Baie. Méfiez-vous des vols sur la plage et dans les locations non surveillées.

Le Nord est desservi par un bon réseau routier. Une petite route longe presque tout le littoral. L'autoroute relie Port Louis à Grand Baie, de même que l'ancienne route Royale qui passe par Pamplemousses. De l'aéroport, il faut compter 1h30 de route.

Des autobus directs ou omnibus relient Port Louis *(Immigration Sq.)* aux principales destinations du Nord (Trou aux Biches, Grand Baie, Cap Malheureux). Renseignez-vous sur place sur la fréquence et les horaires. De l'aéroport, il faut changer à Port Louis.

### AVEC LES ENFANTS

Baignade à Trou aux Biches, Mont Choisy et Pereybère ; balade à cheval avec Horse Riding Delights ; exploration sous-marine à bord du *Nessee* ; visite des vergers de Labourdonnais.

**Abritée du vent, la côte nord bénéficie d'un climat particulièrement doux et ses vastes plages de sable, ponctuées de roches noires, sont baignées par des eaux calmes propices aux activités nautiques. Au milieu de cette côte prisée, Grand Baie, ultime étape de l'autoroute, est un peu le Saint-Tropez mauricien, avec ses adresses branchées, ses bateaux qui mouillent en nombre et ses villas de luxe. Déjà au début du 20e s., les riches familles mauriciennes y passaient les mois d'hiver, trop frais sur les hauts plateaux : à chaque saison, la côte se bordait de campements, bâtisses précaires construites en ravenala et facilement démontables. Aujourd'hui, si le béton a largement remplacé les matériaux végétaux et si l'entrée de la station est signalée par un triste centre commercial, elle conserve une attraction indéniable. À quelques encablures de la grouillante station, les petits villages de pêcheurs font le charme du cap Nord et du Nord-Est. Quant à l'arrière-pays, il dissimule parmi ses champs de canne et ses monticules de pierres de lave la plus somptueuse demeure de l'île, le château de Labourdonnais.**

Statue de Bouddha, à Trou aux Biches.
*Tibor Bognar / Photononstop*

# La côte nord-ouest Carte de microrégion, p. 124

*Circuit d'env. 32 km de Baie du Tombeau à Pereybère tracé en vert sur la carte de microrégion p. 124 et sur le plan de la côte nord p. 128 – Comptez 1h sans les arrêts. De Port Louis, la route B 29 longe le littoral.*

2

## BAIE DU TOMBEAU A1

Le premier village côtier au nord de Port Louis présente avant tout un intérêt historique. La baie doit son nom au tombeau de **Pieter Both**, gouverneur hollandais qui périt en 1615 dans le naufrage d'un bateau de la Compagnie hollandaise des Indes orientales lors d'un cyclone. La vue sur le port de la capitale et la pollution de l'eau vous inciteront à poursuivre plus au nord.

La route B 29 rejoint l'A 4 que vous empruntez à gauche sur 1 km avant de prendre à gauche la B 40. De l'autre côté de la rivière du Tombeau, la **plage du Goulet**, bien que peu profonde, est plus propice à la baignade. Méfiez-vous cependant des courants.

## BALACLAVA ET POINTE AUX PIMENTS A1

Autrefois couverte de buissons de piments, la pointe aux Piments s'étend de la **baie de l'Arsenal** (dite « baie de Balaclava ») – qui évoque l'arsenal français, détruit en 1774, et dont on voit les ruines dans l'enceinte de l'hôtel Maritim – à la **batterie des Grenadiers**. Les hôtels de luxe ont remplacé le four à chaux, la distillerie, le moulin et l'hôpital de jadis. Néanmoins, toute cette côte, bordée de roches noires à l'exception des petites langues de sable aménagées devant les hôtels, invite peu à la baignade.

**Aquarium** – *Rte côtière, Pointe aux Piments - ✆ 261 4561 - www.mauritiusaquarium.com - lun.-sam. 9h30-17h, dim. et j. fériés 10h-16h - 250 Rs (enf. 125 Rs). Bus n° 20 et 228.*
Une vingtaine d'aquariums aux vitrines plus ou moins claires abritent quelque 200 espèces locales de poissons et crustacés, ainsi que quelques tortues et requins, mais on regrette le manque cruel d'explications. N'intéressera guère que les enfants. Nourrissage des poissons tous les jours à 11h.

ÎLE PLATE
LA CÔTE NORD
N
0
3 km
400 m
300
200
100
0
OCÉAN INDIEN
Île Coin de Mire
Cap Malheureux ★
Pointe d'Azur
Pointe Église
Pereybère
Pavillon
Grand Baie
★ Pointe aux Canonniers
La Cuvette
Grand Baie
St-François
Petit Raffray
★★ Mont Choisy
The Vale
Maheswarnath ★
Fond du Sac
★ Trou aux Biches
Batterie des Grenadiers
Triolet
Δ 70 Mt Virer
Pointe aux Piments
★★ Labourdonnais
Morcellement St-André
Pointe aux Piments
Balaclava
Solitude
Mapou
Baie de l'Arsenal
★★★ L'AVENTURE DU SUCRE
Piton
Le Goulet
Baie du Tombeau
R. Citrons
Arsenal
PAMPLEMOUSSES ★★★
Baie du Tombeau
Mont Goût le Plessis
Mont Piton Δ 267
R. des Calebasses
R. Labourdonnais
Terre Rouge
Grande Rosalie
Montagne Longue
Ste-Croix
Valton
La Nicolière
Port Louis ★
B13
B45
B11
A5
A4
B12
M1
B36
B38
B35
B37
B17
B43
B42
B39
B40
B29
A6
B20
A2
1
4
5
7
8
9a
9c
10
13
14
17
18
19
20
21
22
23

# LA CÔTE NORD

ÎLE AUX SERPENTS, ÎLE RONDE

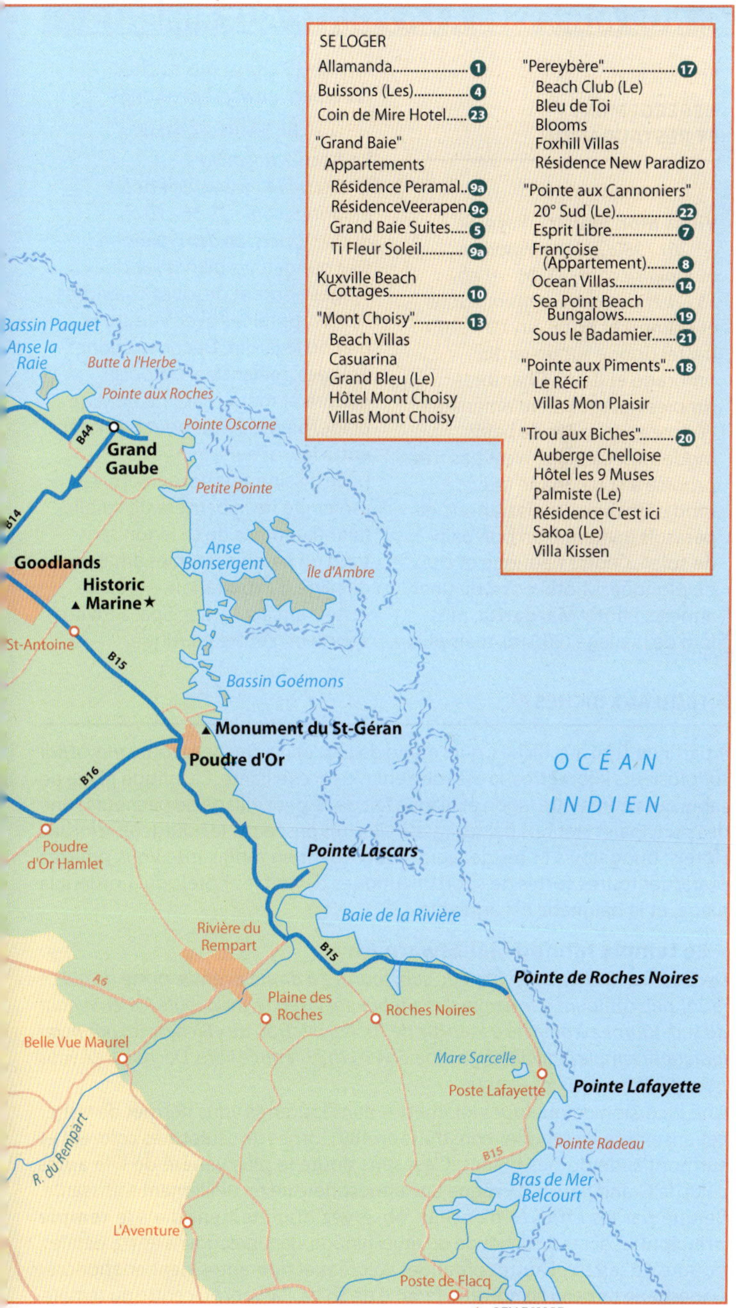


BELLE MARE

## NOS ADRESSES À LA POINTE AUX PIMENTS

Plan de la côte nord, p. 128-129

### HÉBERGEMENT ET RESTAURATION

#### BUDGET MOYEN

**Villas Mon Plaisir** – *Royal Rd - 261 7980/7471 - www.villasmonplaisir.com - 41 ch. 55 €/pers. en demi-pension.* Isolé et calme, cet hôtel aux couleurs pastel donne sur un jardin ombragé et fleuri. Chambres simples mais joliment aménagées et dotées de salles de bains modernes. La plage n'est pas très propice à la baignade (peu de fond et rochers), mais transats et parasols invitent à un bon bain de soleil. Centre nautique et club de plongée. L'hôtel possède une annexe, l'hôtel **Margarita**, plus loin de la plage (200 m), mais plus intime (19 ch.) et moins cher *(35 €/pers. en demi-pension).*

#### POUR SE FAIRE PLAISIR

**Le Récif** – *Royal Rd - 261 0444 - www.recif-hotel-mauritius.com - 70 ch. 80/102 €/pers. en demi-pension.* Des bungalows blancs sur deux étages abritent de jolies chambres contemporaines avec vue sur la mer ou le jardin. Décor aux lignes épurées, mêlant bois, ardoise, marbre et métal. Pas vraiment de plage, même si l'on peut barboter entre les rochers, mais une belle piscine à débordement. La proximité de la barrière de corail fait néanmoins de ce lagon sans fond un paradis pour les amateurs de nage d'exploration. Agréable restaurant sur la mer. Spa, activités sportives, centre nautique.

## ★ TROU AUX BICHES A1

À partir de Trou aux Biches, qui s'étend de part et d'autre de la route *(Royal Rd)* sur plusieurs kilomètres, la mer devient plus accueillante. La longue plage de sable qui s'étire entre lagon et filaos a fait de ce petit village de pêcheurs l'une des principales stations balnéaires de l'île, très prisée par la bourgeoisie locale. Hôtels, bungalows et résidences s'y succèdent en rang serré. Vous pourrez pratiquer toutes sortes de sports nautiques devant les hôtels qui bordent la plage, et la baignade est agréable.

### ★ Le temple hindou Maheswarnath A1

*De Trou aux Biches, en venant du sud, tournez à droite avant le poste de police (B 36), puis contournez le terminal d'autobus par la droite. De la route A 4, en venant du sud, tournez à gauche à la sortie de Triolet, dir. Trou aux Biches : un panneau indique le temple (Shivala) à gauche. 5h45-17h55 - entrée libre. Déchaussez-vous pour pénétrer dans les temples.*

Une incursion de quelques kilomètres dans les terres vous permet de visiter cet ensemble de temples construits en 1891, ornés de sculptures colorées et surmontés de dômes blancs. C'est sans doute le plus vénéré de l'île après celui de Grand Bassin. Il y règne une atmosphère de recueillement saisissante. Baigné par les effluves d'encens, observez discrètement dans le **temple principal** les actes de dévotion du rituel hindou. Bananes, grains de riz, pétales, poudre de safran et autres offrandes colorées et odorantes viennent honorer Ganesha, le taureau Nandi ou la femme de Shiva, Parvati. Au centre du temple, les fidèles arrosent le lingam de Shiva de lait de coco et piquent sur son trident des fleurs sacrées. À l'entrée, ils sonnent les cloches suspendues au-dessus de la porte afin d'effrayer les démons et d'attirer l'attention des divinités.

La plage de Mont Choisy.
*Tibor Bognar / age fotostock*

### ★★ MONT CHOISY A1

2

Cette magnifique plage en arc de cercle offre 3 km de sable fin sur lequel aucune construction n'est encore venue empiéter. Calme la semaine, elle s'anime le dimanche, lorsque les Mauriciens s'installent en famille pour pique-niquer, faire la sieste, jouer au ballon ou écouter de la musique. Vendeurs ambulants et camions-bars font alors leurs affaires de la semaine, à l'ombre des filaos.

## NOS ADRESSES

Plan de la côte nord, p. 128-129

#### INFORMATIONS UTILES

**Banques**

**MCB** – *Royal Rd (près du Mont Choisy Hotel), Trou aux Biches.* Distributeur et change.

**Shibani** – *Royal Rd (en face du Blue Water Diving Center), Trou aux Biches.* Bureau de change.

**Santé**

**Pharmacie Ducasse** – *Royal Rd, Trou aux Biches - ✆ 265 6538 ou 423 6217 (urgences).*

**Location de véhicules**

**ADA** – *Royal Rd, Trou aux Biches - ✆ 265 6726 - www.ada.fr.*

#### HÉBERGEMENT

**Trou aux Biches**

PREMIER PRIX

**Auberge Chelloise** – *Dans une ruelle perpendiculaire à Trou aux Biches Rd (B 36), à droite avant l'agence Le Flambeau - ✆ 265 7196 ou 763 3065 - www.aubergechelloise.com - 4 ch. : 20 € et 2 appart. (4-5 pers.) : 50 €.* Située à 300 m de la plage, cette sympathique pension familiale comprend 2 vastes appartements de 3 et 4 chambres, avec cuisine, salon et terrasse à l'étage. Confort simple et déco un peu surannée, mais l'endroit est propre et calme.

Accueil charmant. Location de voiture.

**Villa Kissen** – *R. Kangalee Lane (1re ruelle à droite perpendiculaire à Trou aux Biches Rd en dir. de Triolet) - ✆ 265 5523 - www.villakissen.com - ✕ - 4 ch. : 31 € et 8 appart. : 39 € - poss. de demi-pension (60 € pour 2 pers.).* Dans un bâtiment moderne sans grand cachet, des chambres et studios confortables et bien équipés mais étroits, avec de petits balcons. Les chambres dans le bâtiment ancien à l'arrière sont moins chères.

**Hôtel Les 9 Muses** – *Camélia Av. (à gauche en dir. de Triolet, en face de l'agence Le Flambeau) - ✆ 265 5367 ou 257 2848 - www.les9muses.com - ✕ - 9 ch. 30/35 € - 4 € - poss. de demi-pension - accès Wi-Fi.* Dans un bâtiment tout neuf, des chambres immenses (50m$^2$), certaines avec cuisine équipée, toutes dotées d'une terrasse ou d'un balcon ouvrant sur le patio central et la petite piscine. Bon rapport qualité-prix… mais la route n'est pas loin.

### BUDGET MOYEN

**Résidence C'est Ici** – *Royal Rd (à côté de la pharmacie) - ✆ 265 5231 - www.cest-ici.com - 11 appart. 75/100 €.* Une belle résidence composée de deux studios, quatre deux-pièces et cinq appartements indépendants, agréables et bien équipés, disséminés dans une grande cocoteraie en bordure de la superbe plage de Trou aux Biches. Une femme de ménage passe tous les jours (sauf dim.).

### POUR SE FAIRE PLAISIR

**Le Palmiste** – *Impasse Le Palmiste (non loin de la pharmacie), Rte côtière - ✆ 265 6815 - www.hotel-lepalmiste.com - ✕ - 81 ch. 130/234 € (en demi-pension) - poss. de pension complète (15 €/pers.) ou de séjour « all inclusive » (35 €/pers.).* À défaut d'un accès direct à la plage (100 m), les bungalows, sur deux ou trois niveaux, se répartissent autour de deux piscines, dans un cadre arboré et plaisant. Chambres vastes et très confortables, bien décorées, avec kitchenette, grande salle de bains, balcon ou terrasse. Bon rapport qualité-prix.

**Le Sakoa** – *Rte côtière - ✆ 265 5244 - www.lesakoa.com - ✕ - 16 ch. 140/190 € - poss. de demi-pension (25 €/pers.).* Une adresse de charme à des prix encore raisonnables. Les chambres sont aménagées dans de plaisants bungalows aux toits de chaume, installés autour de la piscine, face à la mer. Chacune possède une kitchenette et un balcon ou une terrasse, et bénéficie d'une décoration à la fois épurée et raffinée. Superbe suite avec lit à baldaquin pour les amoureux.

## Mont Choisy

### BUDGET MOYEN

**Villas Mont Choisy** – *Royal Rd - ✆ 263 8771 - www.gbtt.com/holiday rentals/villasmontchoisyfr.htm - 5 st. : 58/72 € et 11 bung. : 75/108 €.* En face des Beach Villas, de l'autre côté de la route. Ce complexe aux faux airs de motel se compose de 5 studios et 11 bungalows en duplex (4-6 pers.) donnant sur la piscine et une cour pavée qui manque peut-être un peu de charme. Ils sont décorés de tons chauds et d'un joli mobilier en rotin. Services similaires aux Beach Villas.

**Le Grand Bleu** – *Rte côtière - ✆ 265 5812 - www.legrandbleu hotel.com - 62 ch. 60 € - poss. de demi-pension.* Préférez les bungalows aux chambres, sans grand charme. Bien que la route ne soit pas trop bruyante, il vaut mieux demander celles qui sont le plus en retrait. Activités nautiques.

**Beach Villas** – *Royal Rd - ✆ 263 8771 - www.gbtt.com/holidayrentals/beachvillasfr.htm - 8 st. : 72/86 € et 6 appart. : 95/132 €.* L'indépendance d'une location, avec les services d'un hôtel (ménage, réception, sécurité 24h/24). Petit déjeuner et cuisinière en sus. Huit studios ou six appartements avec cuisine américaine et salon. Sobre, moderne et propre. La terrasse donne sur un jardin où l'on peut faire son barbecue, avec un accès direct à la mer. La plage de Mont Choisy, beaucoup plus agréable pour se baigner, est à quelques minutes à pied.

UNE FOLIE

**Casuarina** – *Royal Rd - ✆ 204 5000 - www.hotel-casuarina.com - - 94 ch. : 150/192 € en demi-pension et 15 bung. : 180/275 €.* Cet hôtel de charme à la belle architecture d'inspiration mauresque dégage une indéniable sensation d'exotisme. Ses pavillons aux murs chaulés couverts de toits de chaume sont nichés dans un luxuriant jardin tropical. Quinze bungalows de deux chambres avec kitchenette pour les familles. Deux belles piscines, dont une avec Jacuzzi, mais il faut traverser la route pour accéder à la petite plage et les buffets repas sont assez médiocres. Activités sportives et nautiques, miniclub.

**Hôtel Mont Choisy** – *Royal Rd - ✆ 265 6070 - 88 ch. 184 € - poss. de demi-pension.* Un club sans charme particulier, mais qu'apprécieront les familles pour son accès direct à la plage, ses facilités et ses animations. Activités sportives, centre nautique, miniclub. Tarifs négociables en saison creuse.

**RESTAURATION**

## Trou aux Biches

PREMIER PRIX

**L'Assiette du Nord** – *Trou aux Biches Rd (non loin du poste de police, à droite en dir. de Triolet) - ✆ 265 7040 - 5/15 €.* Ce restaurant n'a d'autre prétention que de proposer d'honnêtes plats créoles, avec quelques incursions dans les cuisines indienne et chinoise.

**Café de la Paix** – *Royal Rd (à côté du Blue Water Diving Center) - ✆ 265 5335 - 10/15 €.* Une petite salle sans prétention, doublée d'une modeste terrasse, mais qui sert une délicieuse cuisine créole à un prix très raisonnable : curry de poisson à l'aubergine, poisson au gingembre... Service souriant.

UNE FOLIE

**Le Pescatore** – *Royal Rd - ✆ 265 6337 - http://pescatore.restaurant.mu/fr - tlj sf dim. 12h-14h, 19h-22h - 70/100 € - réserv. conseillée.* L'une des meilleures tables de Maurice. Une cuisine recherchée dans un cadre romantique et raffiné. On y dîne sous une varangue à la lueur des bougies, bercé par une douce musique et le clapotis de la mer. Si vous ne savez que choisir sur la carte, le chef vous propose une savoureuse formule de dégustation variée.

## Mont Choisy

Les camions-bars et les vendeurs ambulants qui longent la plage publique de Mont Choisy vendent des sandwichs, des samoussas, des fruits et des glaces, bienvenus lorsque l'on ne souhaite pas s'attabler au restaurant le midi.

PREMIER PRIX

**Cosi Restaurant** – *Rte côtière - ✆ 265 5104 - http://cosihotel.com/restaurant.html - 7h30-23h - 10/15 €.*

2

Cuisines mauricienne et indienne (samoussas, brochettes, rougail ou vindaye de poisson). La formule à 350 Rs (9 €) offre un bon rapport qualité-prix.

**ACTIVITÉS**

### Croisière

**La Sorellina** – *265 6247 ou 758 2322 (portable) - www.lasorellina.net.* Croisière d'initiation et de détente à bord d'un voilier de 13,5 m. Vous pouvez barrer, participer aux manœuvres, apprendre à lire les cartes. Groupe limité à six personnes. Les centres nautiques des hôtels acceptent les non-résidents, mais il existe aussi des organismes indépendants.

### Équitation

**Horse Riding Delights** – *Mont Choisy Sugar Estate (au carrefour de Royal Rd et de la B 13, en face du Caprice) - 265 6159 - www.horseridingdelights.com.* Balades de 1h30 dans un superbe parc privé de 750 ha, à la découverte des cerfs et des biches.

### Exploration sous-marine

**Blue Safari Submarine** – *Royal Rd (à côté du Cosi Restaurant) - 263 3333 - www.blue-safari.com.* Excursion à 35 m de profondeur, au large de la plage de Mont Choisy, dans un petit sous-marin offrant une vision panoramique, ou balade en scooter sous-marin, à 6 m de profondeur.

**Blue Water Diving Center** – *Royal Rd, Trou aux Biches - 265 6700 - www.bluewater divingcenter.com.* Hugues Vitry (l'un des plus célèbres plongeurs mauriciens) et son équipe, sont réputés pour leur sérieux.

**Dive Dream** – *Trou aux Biches Rd (en face de l'agence Le Flambeau) - 753 5352 (portable) - www.dive-dream.org.* Baptême, plongée d'exploration, de jour ou de nuit, formations CMAS et PADI.

### Pêche au gros

**Corsaire Club et Killer Sport Fishing** – *Royal Rd, Trou aux Biches (près du restaurant Le Pescatore) - 265 6267/5209.* À la demi-journée et à la journée pour la location d'un bateau.

## ★ POINTE AUX CANONNIERS A1

*À 2 km de Mont Choisy par la B 13 et 3 km du centre de Grand Baie.*
Ce site privilégié, idéal pour guetter les esclaves fugitifs ou les envahisseurs anglais, servit de camp militaire aux colons français. Zone résidentielle cossue, la presqu'île abrite quelques hôtels qui jouissent d'une **vue**★★ splendide sur les îlots du Nord. L'hôtel Le Canonnier a conservé un **phare**, construit en 1855 à l'emplacement d'un ancien fort français. Il balaya le large de son faisceau lumineux jusqu'en 1932.

## NOS ADRESSES À LA POINTE AUX CANONNIERS

Plan de la côte nord, p. 128-129

**INFORMATIONS UTILES**

### Santé

**Centre médical du Nord** – *Royal Rd - 263 1010 - www. cliniquedunord.mu.* Service 24h/24. Ambulance, laboratoire, chirurgie.

**HÉBERGEMENT**

**BUDGET MOYEN**

**Appartement Françoise** – *Rte côtière (en face de l'hôtel Sea*

*Point) - 263 8688 ou 779 4897 - bungalowfrancoise@yahoo.fr - 2 appart. 50/75 €.* Dans une petite maison attenante à la sienne, la propriétaire loue deux appartements (de 2 et 3 ch.) simples et proprets, avec cuisine équipée et un grand salon un peu désuet. Repas sur commande. Parfait pour une famille ou un groupe d'amis.

**Sea Point Beach Bungalows** – *Rte côtière - 263 8604 - www.seapointbungalows.com - - 20 st. et appart. : 50/90 €.* Quinze studios avec vue sur mer ou jardin et cinq appartements en duplex (4-5 pers.) avec terrasse à l'ombre d'une treille couverte de bougainvilliers. Simples mais confortables. On éprouve tout de même la sensation d'être un peu entassé entre vacanciers. La femme de ménage peut préparer vos repas, moyennant un supplément. Barbecue à disposition dans le jardin qui donne sur une petite baie peu profonde, avec vue sur les îles. Climatisation en sus *(5 €)*.

**Ocean Villas** – *Royal Rd - 263 1000 ou 263 3039 (réserv.) - www.ocean-villas.com - - 26 ch. : 29/64 €/pers. en demi-pension et 23 villas : 38-50 €/pers.* Cette agréable résidence hôtelière dispose de 18 chambres contemporaines, avec vue sur mer ou jardin, et 23 villas en duplex, tout confort, en rez-de-jardin avec accès direct à la plage. Huit chambres, plus basiques mais moins chères, sont situées au-dessus de la réception. Formule en hébergement seul, avec petit déjeuner ou en demi-pension. Une bonne option, surtout pour les familles. Activités nautiques.

**Sous le Badamier** – *Rte côtière - 263 4391 - www.sousle badamier.com - - 12 ch. 58/65 € ou 77/94 € en demi-pension.* Une maison d'hôtes pleine de couleurs et de lumière, avec son patio verdoyant, ses murs ocre et ses chambres d'un doux blanc immaculé, rehaussé par quelques notes colorées. À défaut d'un accès à la plage, un bassin de détente permet de se rafraîchir à toute heure et une pirogue peut vous conduire sur les plages de Grand Baie.

**Esprit Libre** – *Royal Rd - 269 1159 ou 974 3193 (réserv.) - www.espritlibremaurice.com - - 12 ch. 60/140 € - rest. 10/15 €.* Dissimulé par un beau muret en pierre bleue volcanique, la chambre d'hôtes du jeune Français Jérôme vous charmera dès votre arrivée grâce à son petit jardin de cocotiers, son comptoir décoré de fleurs et à son accueil très soigné. Les confortables chambres sont décorées sobrement, avec un mobilier différent pour chacune. À toute heure, les clients peuvent se servir en boisson derrière le comptoir ; livres et DVD à disposition. Petit déjeuner à la carte, à déguster jusqu'à midi sous les palmiers du jardin. Ne manquez pas de faire un repas sur place, avec un excellent burger et une carte différente chaque semaine.

### UNE FOLIE

**Le 20° Sud** – *Rte côtière, Pointe Malartic - 263 5000 - www.20degressud.com - - 34 ch. 330/515 € en demi-pension - accès Wi-Fi gratuit.* Un hôtel 5 étoiles, intimiste et raffiné, tout en bois, chaume et ravenal, petit bijou de décoration mêlant les styles colonial et provençal. Service attentif. Spa, hammam, activités nautiques.

## RESTAURATION

### PREMIER PRIX

**Le Dodo** – *Royal Rd - 263 6389 - fermé mar. - 10 €.* Un restaurant modeste où on vous servira, en salle ou en terrasse, une bonne cuisine créole.

POUR SE FAIRE PLAISIR

**Hidden Reef** – *Royal Rd (en face du centre médical) - ✆ 263 0567/0568 - www.hidden-reef.restaurant.mu - tlj sf dim. 10h-15h, 18h-22h (23h vend.-sam.) - 30/65 €.* Malgré la proximité de la route, la terrasse de ce bistrot plutôt chic, avec ses parasols, ses fleurs et son palmier, se révèle bien agréable pour un repas. Délicieuses salades, poissons et surtout viandes épaisses et juteuses importées d'Australie et d'Afrique du Sud.

## PETITE PAUSE

**Coffee & Culture** – *Royal Rd - ✆ 263 4725.* Un agréable café-librairie aménagé dans un joli pavillon attenant à la maison d'Ida Coombes, la propriétaire, et ouvrant sur un paisible jardin. Un lieu pour se nourrir le corps autant que l'esprit.

## ACHATS

### Galeries d'art

**Galerie Raphaël** – *Rte côtière - ✆ 263 6470.* Des tableaux d'artistes locaux et de jolies maquettes de bateaux.

**Galerie Hélène de Senneville** – *Rte côtière - ✆ 263 7426.* Expo-vente d'artistes mauriciens et service d'encadrement. Assez huppé.

## ACTIVITÉS

### Plongée sous-marine

**Mascareignes Plongée** – *Royal Rd, Pointe Malartic - ✆ 269 1265 - www.mascareignes plongee.com.* Ce centre de plongée réputé est désormais installé à l'arrière de l'hôtel 20° Sud. Baptêmes, plongée à l'unité ou en forfaits de 6 ou 10, plongée de nuit et formations.

## GRAND BAIE A1

Station touristique la plus fréquentée de l'île, Grand Baie se partageait encore il y a vingt ans entre campements de riches propriétaires côté mer et cases modestes de pêcheurs et agriculteurs côté champs. La route qui séparait ces deux mondes n'est plus qu'une succession dense et anarchique de boutiques et de supermarchés, d'appartements à louer, de pensions bon marché et d'hôtels de luxe, de boîtes de nuit et d'agences de tourisme locales. Vous ne trouverez plus rien d'authentique à Grand Baie, pas même les Mauriciens, à l'affût du gain, devenus racoleurs avec les touristes.

Fermée sur elle-même, protégée d'un côté par la pointe aux Canonniers et de l'autre par la pointe Église et dépourvue de hauts fonds, la baie bénéficie des meilleures conditions nautiques. Elle abrite un important **port de plaisance** et le Yacht Club de Maurice. Régates multicolores, ballets de skieurs et de véliplanchistes évoluent joyeusement sur cette mer étale, mais la pollution, le trafic des bateaux à moteurs et la présence de méduses rendent la baignade peu engageante. Si vous tenez absolument à vous baigner à Grand Baie, la **plage de la Cuvette**, à la sortie nord de la baie entre les hôtels Véranda et Royal Palm, vous offre du sable et une eau propre.

## NOS ADRESSES À GRAND BAIE

Plan de la côte nord, p. 128-129

### INFORMATIONS UTILES

#### Banques

**Barclays** – *Royal Rd (près de la station Caltex).* **HSBC** – *La Salette Rd (près du Super U).* **MCB** – *Royal Rd (près de La Salette Rd).* **State Bank** – *Royal Rd (près de la station Caltex).*

#### Poste

**Poste** – *Centre commercial du Super U (sous les arcades).*

#### Santé

**Grand Bay Pharmacie** – *Royal Rd - ☎ 263 8403.*

#### Agences de voyage

Les agences, nombreuses sur Royal Rd entre Trou aux Biches et Pereybère, proposent toutes les mêmes services, activités ou excursions : location de voitures, d'appartements ou de villas, tours en bateau, circuits touristiques.

**GBTT** – *Royal Rd - ☎ 263 8771 - www.gbtt.com.* Locations de voitures, transferts, excursions. Grand choix de chambres et villas à louer, de 35 à 85 € selon la saison.

#### Location de véhicules

**Coastal Tour Ltd** – *Royal Rd (près de la station Caltex) - ☎ 263 6987 ou 259 7171 - www.coastal-holidays.mu.* N'hésitez pas à marchander.

### HÉBERGEMENT

Grand Baie concentre une grande quantité d'hôtels et d'appartements à louer, à des prix souvent très compétitifs. Mais c'est l'endroit le plus touristique de l'île : il n'y a pas de plage agréable à proximité et les nuits y sont bruyantes.

#### PREMIER PRIX

**Résidence Veerapen** – *Souvenir Lane (à côté de Résidence Peramal) - ☎ 269 0849 - ballog@hotmail.com - 7 appart. 20/25 € - clim. 2 €.* Une excellente adresse pour profiter de la proximité de Grand Baie sans en subir les inconvénients. Les studios et appartements, bien tenus et joliment aménagés, jouissent d'une belle vue sur la baie. Le sympathique Rajou Veerapen et son épouse veilleront à votre bien-être.

**Résidence Peramal** – *Souvenir Lane (une ruelle perpendiculaire à Royal Rd, à l'angle du restaurant Le Capitaine) - ☎ 263 8109 - www.residence-peramal.com - 14 appart. 30/50 € - accès Wi-Fi.* Une résidence conviviale, idéalement située au fond d'une ruelle tranquille, au bord de l'eau (mais on ne peut pas se baigner). Studios (2 pers.) et appartements (3-4 pers.), impeccables et bien équipés, qui disposent tous d'une terrasse avec vue sur la mer. Minimum de sept nuits.

#### BUDGET MOYEN

**Ti Fleur Soleil** – *Royal Rd - ☎ 269 3380/81 - www.tifleursoleil.com - ✕ - 18 ch. 64 € ☕ - accès Wi-Fi gratuit.* Si vous souhaitez profiter de l'animation de Grand Baie et ne craignez pas le bruit, cet hôtel est un point de chute on ne peut plus central, tenu par une équipe jeune et dynamique. Les chambres et appartements, parés de couleurs très vives, sont propres et bien équipées. Un Spa est intégré à l'hôtel.

**Grand Baie Suites** – *Royal Rd - ☎ 263 1600 - www.gbtt.com/holidayrentals/grandbaiesuitesfr.htm - 🏊 - 25 st. 85/112 €.* Située à la sortie de Grand Baie, cette petite

2

résidence s'ordonne autour de la piscine et propose de vastes studios avec cuisine américaine, salon équipé d'un canapé-lit, chambre séparée par une porte coulissante et terrasse ou balcon privatif. Petit déjeuner sur réserv. Plage à 3mn à pied. Buanderie, barbecue, lit bébé à disposition. Parking surveillé et épicerie à proximité. Très bon rapport qualité-prix.

## RESTAURATION

### PREMIER PRIX

**Café Müller** – *Royal Rd (au sud du village, après la mosquée, dans une ruelle en retrait) - ✆ 263 5230 - lun.-sam. 8h-17h - brunch le sam. (10h-14h) à 370 Rs (9 €).* Sympathique salon de thé avec une terrasse noyée dans la verdure, où l'on peut grignoter sandwichs, crêpes et gâteaux ou prendre son petit déjeuner. Tous les plats sont préparés avec des produits bio.

**Palais de Chine** – *Royal Rd - ✆ 263 7120 - fermé dim. midi - 7/10 €.* L'une des meilleures adresses de Grand Baie. Cuisine cantonaise et sichuanaise authentique : ne manquez pas le crabe à la chinoise et les *dim sum* (raviolis à la vapeur). Service très attentionné.

**La Toque blanche** – *Racket Rd (à côté du bazar) - ✆ 263 6023 ou 765 4797 (portable) - fermé dim. - 15 € - réserv. recommandée.* Françoise et Arnaud vous combleront de leurs plats mitonnés généreusement et avec bon goût : gratin de papaye, rougaille de saucisses, bouillabaisse créole, fameuse aumônière de chair de crabe (à commander la veille)... et pain à l'ail servi à volonté. Excellent rapport qualité-prix.

### BUDGET MOYEN

**La Rougaille créole** – *Royal Rd (à l'arrière du Sunset Bd) - ✆ 263 8449 - 15/25 €.* Une petite adresse charmante et conviviale en retrait de la route principale, où l'on sert une cuisine créole savoureuse à petits prix. Excellente salade d'ourite (poulpe) et large choix de rougailles : demandez celui au poisson frais !

**Sakura** – *Royal Rd (à côté du Grand Bay Resort) - ✆ 263 8092/5700 - lun.-sam. 11h30-14h30, 18h30-22h30, dim. 17h30-22h30 - 15/25 €.* On s'attable d'abord au « salon » pour boire l'apéritif, puis on prend place à table ou autour des plaques du *teppan yaki*, selon que l'on souhaite déguster sushis, sashimis, brochettes ou autres spécialités japonaises. Ne vous arrêtez pas à l'allure un peu austère de la salle : service prévenant, cuisine délicieuse et prix raisonnables en font une très bonne adresse.

**La Botteghita** – *Royal Rd (à côté de la mosquée) - ✆ 701 6345 - fermé dim. et midi - 15/30 €.* Le petit restaurant toscan de Patrizia et Giacomo (Jacques pour les Mauriciens) propose une cuisine italienne savoureuse, où la truffe est reine. Assiettes de charcuterie et de fromage, *bruschette* (grandes tartines grillées), pizzas, pâtes fraîches aux saveurs originales et limoncello maison.

**Happy Rajah** – *Royal Rd, Centre commercial Super U - ✆ 263 2241 - www.happyrajah.com - 12h-14h30, 18h30-22h30 - 20/40 €.* Ambiance intérieure très cosy et intimiste, avec lumières tamisées, tables bien mises et déco indienne de bon goût. Originaire de Bombay, le chef est un expert dans les plats au tandoor, les currys parfumés aux épices et le poisson à la mode de Goa. Service parfait.

**Le Capitaine** – *Royal Rd (à la sortie sud de Grand Baie, près du temple tamoul) - ✆ 263 6867/7526 - www.lecapitaine.mu - 11h-23h - 20/50 €.* Il est conseillé de réserver le soir, surtout si vous souhaitez obtenir une table en bordure de terrasse, avec vue sur la mer. Une adresse prisée des Mauriciens aisés pour la qualité de sa cuisine, fine et inventive, tournée vers les produits de la mer.

#### PETITE PAUSE

**Sunset Café** – *Sunset Bd - ✆ 263 9602 - www.sunset-cafe.mu.* Pour boire un verre ou un cocktail, déguster une glace, voire grignoter à midi une salade, attablé à une terrasse agréable, en retrait de la route, face à la baie.

#### ACHATS

### Galerie d'art

**Galerie Vaco** – *Dodo Sq., Royal Rd - ✆ 263 3106 - www.vacoartiste.com.* Peintures et aquarelles de cet artiste insulaire à la palette sensuelle et colorée.

### Librairie

**Papyrus** – *Centre commercial du Super U, La Salette Rd.*

### Prêt-à-porter

Grand Baie *(Royal Rd et Sunset Boulevard Sq.)* concentre l'essentiel des boutiques de prêt-à-porter du Nord. Boutiques de marques à bons prix (Chipie, Hugo Boss, Harris Wilson, Cerruti), pulls en laine ou en cachemire (Floréal, Bonair). Vous verrez de beaux paréos un peu partout, mais on trouve les prix les plus intéressants devant la plage publique de Pereybère.

**Le Bazar de Grand Baie** – *Racket Rd - lun.-sam. 6h-18h, dim. 6h-12h.* Ensemble d'échoppes, un peu à l'arrière de la route côtière, qui proposent vêtements, souvenirs et artisanat. Marchandage de rigueur.

### Supermarché

**Super U** – *La Salette Rd - ouvert tlj.* Nombreuses boutiques dans le centre commercial voisin.

#### EN SOIRÉE

### Bars et discothèques

**Bon à savoir** – C'est à Grand Baie que vous trouverez l'essentiel des bars et discothèques de l'île, indépendamment de ceux des hôtels. Les soirées animées ont lieu les mercredi, vendredi et samedi.

**Banana Beach Club** – *Royal Rd (à côté de la station essence) - ✆ 263 0326 - www.bananabeachclub.com.* L'institution des soirées de Grand Baie : outre son restaurant The Grill et son bar à cocktails rythmé par les retransmissions sportives et la musique live *(merc.-sam.)*, le Banana dispose également d'une discothèque, le Kamikaze *(voir p. 140)*.

**Buddha Bar** – *Royal Rd - ✆ 263 7664 - merc., vend. et sam. 22h-4h.* Une adresse phare du clubbing mauricien. Inspiré de la célèbre adresse parisienne, avec une statue de Bouddha en plus petit, ce bar a déménagé en 2010 et intégré des locaux tout neufs, avec une grande terrasse extérieure.

**Café de la Plage** – *Royal Rd - ✆ 263 7041.* Un bar branché pour boire un verre en début de soirée.

**Les Enfants Terribles** – *Royal Rd (vers la pointe aux Canonniers) - ✆ 263 8117 - merc., vend. et sam. de 23h à l'aube.* Fréquentée par une clientèle plutôt aisée et plus âgée qu'ailleurs, ce club élégant comprend un *dance-floor*, un bar à cigares ainsi qu'un superbe espace en plein air, bien agréable pour voir et être vu. Musique orientée années 1980.

**Insomnia Night Club** – *Royal Rd (sortie nord de Grand Baie) - ✆ 263 7664 - merc., vend. et sam. de 23h à l'aube - entrée 200 Rs (5 €), gratuit pour les filles.* Bar dansant, le plus classe et le plus glamour du périmètre, au très beau décor contemporain, mélange de styles tropical et urbain. Clientèle chic et musique à la pointe de la nouveauté.

**Le Kamikaze** – *Royal Rd (entrée par le Banana Beach Club) - ✆ 263 3265 - lun., merc., vend. et sam. de 23h30 à l'aube.* Une bonne discothèque (malgré la mauvaise qualité de la sono), dont le *dance-floor* attire une foule compacte de jeunes Mauriciens de bonne humeur. Musique hip-hop, R & B, soul et groove. *Lounge-bar* au décor africain à l'étage.

#### ACTIVITÉS

##### Activités nautiques

**Centre Sport nautique** – *Sunset Bd - ✆ 263 8017.* Excursion en catamaran vers l'îlot Gabriel et l'île aux Cerfs, kayak, ski nautique, plongée, pêche au gros...

##### Exploration sous-marine

**Solar Sea Walk** – *Rte côtière (près de la station Caltex) - ✆ 263 7819/7820 - www.solarseawalk.com - départ à 9h, 10h30, 12h, 13h30 et 15h.* Si la plongée vous fait peur, la marche sous-marine constitue une bonne solution de rechange. Accessible à tous à partir de 7 ans, il n'est pas nécessaire de savoir nager pour tenter cette amusante expérience. Un bateau vous mène à une plate-forme d'où, lesté par une ceinture de plomb, vous descendez par une échelle de 2 à 5 m de profondeur. Équipé d'un large casque posé sur les épaules et alimenté en air, vous pouvez ainsi observer en toute sécurité la vie sous-marine qui vous entoure.

**Le Nessee** – *Réservation auprès du Centre Sport nautique de Grand Baie (voir ci-contre) ou des agences de la ville - départs à 10h, 12h30 et 14h30 de Grand Baie.* Excursion de 1h45 dans le lagon à bord d'un semi-submersible. Trente sièges sont disponibles dans la cabine immergée à 2 m de profondeur.

##### Pêche au gros

**Sport Fisher** – *Sunset Bd - ✆ 263 8358 - www.sportfisher.com.* Bateaux à la demi-journée ou à la journée.

### PEREYBÈRE A1

Ce village qui jouxte Grand Baie tend à se consacrer lui aussi de plus en plus exclusivement au tourisme. Complexes hôteliers et autres constructions d'une esthétique douteuse s'élèvent à bonne cadence et de façon anarchique le long de la route. Allez-y si possible le week-end pour apprécier l'ambiance bon enfant de la plage publique, très populaire, lorsque vendeurs de glaces et Mauriciens en famille se mêlent aux vacanciers cosmopolites.

## NOS ADRESSES À PEREYBÈRE

Plan de la côte nord, p. 128-129

#### INFORMATIONS UTILES

##### Banques

**MCB** – *Royal Rd.*
**Change Express** – *Royal Rd.*

#### HÉBERGEMENT

##### Pereybère

PREMIER PRIX

**Blooms** – *Au bout de Paradizo Lane - ✆ 263 8840/269 1060 -*

*http://pages.intnet.mu/blooms - 7 st. 25 €.* Aménagés autour d'un patio abondamment fleuri, des studios colorés et soignés très plaisants, dotés d'une kitchenette bien équipée. Tous disposent d'une terrasse donnant sur un grand jardin et préservant une certaine intimité. Une bonne adresse.

**Foxhill Villas** – *Impasse Jolicœur - ☏ 263 5213 - www.foxhillvillas.com - 10 st. : 36/42 € et 10 appart. : 55/62 €.* Située au calme dans une ruelle non loin de la plage, cette résidence de standing offre un excellent confort avec ses studios (2 pers.) et ses appartements (4 pers.) clairs et bien équipés. On regrette seulement qu'ils soient un peu les uns sur les autres, d'où un certain manque d'intimité.

**Résidence New Paradizo** – *Paradizo Lane - ☏ 263 7413 - www.newparadizo.com - 15 st. : 40/50 € et 3 appart. : 75/150 € - 3 nuits mini.* Le nec plus ultra de la résidence hôtelière, comprenant des studios et des appartements modernes, impeccables et très bien équipés, avec petit balcon ou terrasse. On est à deux pas de la plage. Une très bonne adresse.

### BUDGET MOYEN

**Le Beach Club** – *Royal Rd (sur la plage publique) - ☏ 263 5104 - www.le-beachclub.com - 9 st. : 46/60 € ☕ et 7 appart. : 74/101 € ☕.* Une agréable résidence hôtelière les pieds dans l'eau, sur la plage de Pereybère. Studios et appartements sont fonctionnels et bien tenus, et leur mobilier en bois coloré apporte une indéniable note de gaieté. Tous disposent d'un balcon ou d'une terrasse, avec vue sur la mer ou le jardin. Une bonne option. Présence d'un gardien jour et nuit.

**Bleu de Toi** – *Royal Rd (derrière le Spa Surya) - ☏ 269 1761 - www.bleudetoi.mu - 🏊 - 8 ch. 78/112 € ☕ - dîner 20 €.* Une adresse discrète au charme incontestable, située en retrait de la route côtière, à 500 m au sud de la plage de Pereybère. Tout y est sobre et de bon goût, dont les chambres agréablement colorées. Jardin verdoyant où trône une délicieuse piscine. Accueil sympathique et très attentionné.

## Bain Bœuf

Quelques établissements sont situés sur la route côtière entre Pereybère (1 km) et Cap Malheureux, à proximité de la plage de Bain Bœuf.

### PREMIER PRIX

**Allamanda** – *Royal Rd - ☏ 262 8261/251 8394 - www.allamandahotel.com - 29 st. 10/20 €.* Voilà une adresse à laquelle il est impossible d'attribuer le moindre charme – l'ensemble de trois immeubles ressemble un peu à une cité –, mais force est d'avouer que les studios équipés sont spacieux et propres pour un prix défiant toute concurrence. Préférez ceux situés dans les bâtiments à l'arrière, plutôt que près de la route. Un bon rapport qualité-prix pour les tout petits budgets.

**Les Buissons** – *Royal Rd - ☏ 425 9212 - www.guyetmaryse.skyrock.com - 🏊 - 4 appart. 44/53 €.* Appartements modernes pour deux, cinq et sept personnes qui entourent une petite piscine au fond d'un jardin verdoyant. Spacieux, bien équipés et propres, ils constituent une solution intéressante pour les familles ou les groupes d'amis. Calme garanti.

### POUR SE FAIRE PLAISIR

**Coin de Mire Hotel** – *Royal Rd (en face de la plage de Bain Bœuf) - ☏ 204 9900 - www.coindemire-hotel.com - 🏊 ✕ - 102 ch. 136/156 €*

*en demi-pension*. Les belles chambres au charme exotique avec leurs lignes épurées et leur mobilier contemporain en rotin et en bois sont pour la plupart situées dans des bungalows blancs à toits de chaume. Les deux piscines et le jardin fleuri font oublier la route qui passe juste devant l'hôtel et le sépare de la jolie plage de Bain Bœuf, avec vue sur le Coin de Mire.

### RESTAURATION

**Bon à savoir** – Des camions-bars se tiennent le midi au bord de la plage publique de Pereybère.

#### PREMIER PRIX

**Café Pereybère** – *Royal Rd - ✆ 263 8700 - 5/10 €*. Un bon restaurant chinois pour les petits budgets. Salle d'un rouge éclatant, accueil amical, cuisine convenable et variée. En outre, le service est rapide, parfait pour un repas vite expédié.

**Wangthai** – *Azure Beach Complex, Royal Rd - ✆ 263 4050 - www.thai.mu - fermé lun.-merc. midi - 10/20 €*. Une bonne occasion de faire des infidélités aux plats créoles en appréciant une cuisine thaï de bonne facture, délicatement parfumée, dans une salle élégante ou en terrasse, au-dessus de la route côtière.

#### BUDGET MOYEN

**Sea Lovers** – *Royal Rd - ✆ 263 6299 - fermé lun. midi - 20/70 €*. Une adresse romantique pour dîner aux chandelles, en terrasse face au lagon, tout en écoutant l'orchestre d'une oreille discrète. Même plaisir côté papilles avec des spécialités de poissons et de fruits de mer bien tournées (curry de crevettes aux aubergines, filet de poisson au lait de coco). Belle carte de vins du monde. Autre avantage, on trouve sous le même toit trois autres établissements : un agréable bar-lounge, le **Red Cat**, un bon restaurant chinois, le **Fat Duck**, et un restaurant japonais… de sorte que chaque convive peut choisir ce qui lui plaît ou varier les plaisirs en cours de repas ! Service parfois très lent.

### ACTIVITÉS

#### Plongée sous-marine

**Dolphin Diving Pereybere** – *Stephen Rd (prenez la ruelle derrière l'Azure Beach Complex) - ✆ 263 9428*. Baptême, plongée d'exploration et formations.

#### Spa

**Surya** – *Rte côtière (à la sortie sud de Pereybère) - ✆ 263 1637 - www.mauriweb.com/surya/index.html*. Pour un véritable moment de détente, offrez-vous un massage ayurvédique aux huiles essentielles, prodigué dans un cadre enchanteur par des masseurs originaires du Kerala.

## ★ La côte nord-est Carte de microrégion, p. 124

*Circuit d'env. 48 km de Cap Malheureux à Roches Noires tracé en bleu sur la carte de microrégion p. 124 et sur le plan de la côte nord p. 128-129 – Comptez 1h sans les arrêts.*

À partir de Cap Malheureux, la côte, moins abritée, devient plus sauvage. Aux plages touristiques de l'Ouest succèdent de jolies criques plus paisibles, où alternent sable doré et roches noires. Le climat moins aride permet à une végétation plus riche – banians, badamiers, arbres à pain – de s'épanouir aux côtés des filaos.

## ★ CAP MALHEUREUX A1

L'appellation de Cap Malheureux évoque, selon les interprétations, les nombreux naufrages au large de la pointe nord de l'île ou le débarquement impromptu de la flotte anglaise, le 6 novembre 1810, qui partit de Rodrigues pour prendre définitivement possession de Maurice. Malgré son nom, ce petit village est empreint d'une certaine sérénité. Maisons modestes et campements nostalgiques, petits hôtels et bungalows à louer s'éparpillent de part et d'autre de la route côtière, entrecoupés par quelques accès discrets à la mer. Vous ne trouverez pas de grande plage, mais des petits coins de sable agréables et paisibles d'où l'on profite d'un beau **panorama★** sur les îlots volcaniques voisins. On vit ici au rythme de la pêche. Le dimanche matin, le village s'anime le temps de la messe. À défaut d'un séjour, Cap Malheureux mérite au moins une visite dominicale, lorsque la petite **église★** au toit de bardeaux rouges vibre d'une foi profonde au son des chants de messe *(sam. à 18h et dim. à 9h30).*

### ★ Les îlots côtiers du Nord

*Renseignez-vous auprès des hôtels et agences des environs. Comptez env. 1 200 Rs/ pers. pour une excursion à l'île Plate ou à l'îlot Gabriel.*

À partir de Cap Malheureux, vous pouvez prévoir une excursion en bateau vers les îlots côtiers que vous apercevez au large.

L'**île Coin de Mire**, difficile d'accès, ne se visite pas, mais les fonds marins y sont spectaculaires (4 km de la côte).

L'**île Ronde** et l'**île aux Serpents** sont des réserves naturelles protégées et ne se visitent pas.

L'**île Plate**, dominée par une falaise que surplombe un phare, est plus facile d'accès. Elle abrite un ancien lazaret, désormais utilisé comme camp par la petite armée mauricienne. De nombreuses agences de la région y organisent des pique-niques.

2

## GRAND GAUBE B1

*À 7,5 km de Cap Malheureux par la route B 13, puis la B 44.*

En route pour Grand Gaube, vous traversez de vastes étendues de canne rehaussées de tumulus de lave. Au loin se dressent les silhouettes du Pouce et du Pieter Both, qui vous deviendront vite familières, tandis que, de retour sur la côte, la vue s'ouvre sur les îlots voisins. Réputé pour la fabrication de pirogues en bois de jaquier, Grand Gaube mêle les charmes d'un village de pêcheurs créoles authentique à l'agrément d'un site balnéaire peu fréquenté.

## GOODLANDS A1

*À 6 km de Grand Gaube par la route B 14 qui revient dans les terres, puis l'A 5. Traversez Goodlands et tournez à gauche dans la ZI de St-Antoine.*

Cette petite ville de 21 780 habitants située à l'intérieur des terres n'a d'autre intérêt que d'abriter les ateliers de l'une des fabriques de maquettes de bateaux les plus renommées de l'île.

**Historic Marine★** – B1 - *ZI St-Antoine - ✆ 283 9404 - www.historic-marine.com - lun.-vend. 9h-17h, w.-end et j. fériés 9h-12h - visite guidée gratuite.* La finition du travail est irréprochable et les prix sont proportionnels. Vous pouvez toutefois vous contenter de visiter le très joli magasin où les maquettes sont mises en vente, ainsi que l'immense atelier de fabrication au premier étage.

## POUDRE D'OR B1

*À 3 km env. de Goodlands par la B 15. En arrivant dans le village, tournez à gauche après le stop. Une petite pancarte indique le monument après un grand virage sur la droite.*

Ce paisible village de pêcheurs est devenu célèbre en raison du naufrage du *Saint-Géran* au large de ses côtes dans la nuit du 17 au 18 août 1744 (et non au large de Baie du Tombeau comme l'a écrit Bernardin de Saint-Pierre). Au bout de l'avenue Paul-et-Virginie, dans une jolie crique de sable roux piquetée de rochers noirs, un **monument** en pierre édifié en 1944 rend hommage aux disparus de ce drame. La charmante **église** qui émerge du village s'inscrit harmonieusement dans le paysage, surtout quand on s'en éloigne par la route B 15 vers le sud.

## ★★ CHÂTEAU DE LABOURDONNAIS A1

*À 9 km env. de Poudre d'or. Quittez le village par la B 16, puis tournez à droite sur la B 42. Une pancarte sur la gauche indique « Labourdonnais - Port Louis ». Suivez ensuite les panneaux « La Corbeille pépinières de Labourdonnais ». ✆ 266 9533 - www.unchateaudanslanature.com - 9h-17h - 350 Rs (enf. 175 Rs). Boutique et restaurant sur place.*

Dissimulé de la route par un champ de manguiers séculaires, le château de Labourdonnais se dresse au bout d'une auguste **allée d'intendants★** (arbres tropicaux de la famille des *Ficus microcarpa*). Situé à côté de l'ancienne usine sucrière de la Compagnie des Indes, cette grande villa coloniale fut construite en 1859 par Christian Wiehe, membre d'une riche famille franco-mauricienne toujours propriétaire du domaine.

Bordée à gauche par la dépendance qui abritait les cuisines, l'entrée de la demeure est précédée d'un bassin circulaire : passé les marches, le hall d'entrée est décoré d'un plafond à stucs et d'un splendide **parquet★★** marqueté, avec rosaces et superpositions géométriques. À gauche, la salle à manger est soulignée par un papier peint figurant une forêt fréquentée par des cerfs ; à droite, le salon de Christian Wiehe conserve son **mobilier** Second Empire en palissandre et ses sièges flanqués d'acanthe. À l'étage, le lit à baldaquin

### PAUL ET VIRGINIE

Le roman de Bernardin de Saint-Pierre, écrit en 1788, raconte l'amour tendre et pur de Paul et Virginie, qui ont grandi ensemble sur l'île de France. Leur histoire est idyllique jusqu'au jour où la jeune fille doit partir, contre son gré, étudier en France. Elle ne supportera pas cette double rupture, avec son île natale et avec son bien-aimé, et rentrera au bout de trois ans. La fin du roman s'inspire d'un fait réel : le naufrage du *Saint-Géran*, en 1744, au large de l'île d'Ambre. Ainsi se termine cet amour sans issue, Paul tentant en vain de sauver sa dulcinée de la tempête. Il mourra de chagrin peu après. L'histoire a largement inspiré les artistes mauriciens. Elle fit aussi vibrer les lecteurs français, tant par l'issue tragique de cette tendre passion que par l'évocation paradisiaque d'une île tropicale.

L'église au toit rouge de Cap Malheureux.
*Jürgen Held / Prisma / age fotostock*

de la chambre conjugale est incrusté de bois noirci et de feuilles d'acanthe ; à l'arrière, projection d'un documentaire sur la méticuleuse rénovation de la maison (qui a duré trois ans et demi) et panneaux décrivant l'histoire du domaine. De la large varangue, vous avez une vue imprenable sur les alentours ; ne manquez pas d'admirer la **balustrade** décoré d'arabesques. La visite se termine par la découverte d'une partie du **verger★** qui s'étend sur 40 ha : il offre une belle diversité d'arbres fruitiers tropicaux, dont une rare **collection de manguiers**, qui comprend une cinquantaine de variétés. En arrivant à la boutique, vous pourrez déguster un rhum arrangé aux fruits du domaine.



## AU SUD DE POUDRE D'OR B1

*De Poudre d'Or, la route B 15 en direction de Rivière du Rempart longe la côte vers le sud.*

Tournez à gauche vers **Pointe Lascars**. Vous traversez alors un village aux ruelles de terre battue bordées de petites bicoques colorées. La route s'arrête entre le sable roux et les rocs noirs, où les barques de pêche tanguent dans un clapotis paisible.

Plus loin, la B 15 longe le lagon, d'un vert éclatant, assombri de temps à autre par le passage d'un nuage ou la silhouette d'un îlot se détachant au large de Roches Noires. La barrière de corail se rapproche de la côte. Passé la **pointe de Roches Noires**, les campements cossus cachent la mer, détournant votre regard sur les lauriers roses, allamandas, bougainvilliers, lilas et rideaux de fleurs qui bordent la route.

## NOS ADRESSES À CAP MALHEUREUX

Plan de la côte nord, p. 128-129

### HÉBERGEMENT

#### POUR SE FAIRE PLAISIR

**Kuxville Beach Cottages** – *Royal Rd - ☏ 262 8836/7913 - www.kuxville.com - 21 appart. 70/250 € - ☕ 8 € - demi-pension 20 €/pers.* Très bien situés, sur une petite plage privée d'où l'on jouit d'une vue superbe sur les îles, les cinq studios, les cinq appartements et les sept villas Kuxville offrent un excellent confort, avec cuisine équipée, terrasse ou balcon. Les quatre bungalows Serendip, moins chers *(50/66 €)*, sont installés dans un jardin tropical de l'autre côté de la route. Un lieu très convivial tenu par Andrea et Nico, un couple charmant et attentionné. Le prix inclut les services d'une femme de ménage, qui peut aussi faire la cuisine (excellente !). Idéal pour profiter de la tranquillité et être indépendant, sans avoir les contraintes des tâches ménagères. Un épicier passe tous les jours. L'établissement abrite par ailleurs un centre nautique *(voir « Activités », ci-contre).*

### RESTAURATION

#### PREMIER PRIX

**Coin de Mire** – *Rte côtière - ☏ 262 8070 - tlj sf lun. - 10/20 €.* Restaurant modeste tenu par des Créoles nonchalantes, juste en face de l'église de Cap Malheureux, que l'on surplombe de la terrasse ouverte à l'étage. Carte (omelettes, salades, plats chinois) et pas moins de 21 menus, de 400 à 900 Rs (10 à 23 €). Idéal pour manger léger à midi.

#### BUDGET MOYEN

**Amigo** – *Le Pavillon (à 1,2 km de la route côtière, prenez à droite avant d'arriver à l'église de Cap Malheureux) - ☏ 262 8418 - www.amigo.restaurant.mu - tlj sf dim. 12h-15h, 19h-23h30 - 30 €.* Vous ne viendrez sans doute pas là par hasard, car le restaurant se devine à peine de la route (en face de la gare routière). À l'étage, la salle est pourtant assez pimpante et les murs comme le plafond sont couverts de messages laissés par les clients, parmi lesquels figurent d'ailleurs Jacques Chirac. L'endroit est réputé pour ses fruits de mer grillés, vendus au poids.

### ACTIVITÉS

#### Activités nautiques

**Sindbad Diving Center** – *Kuxville Beach Cottages, Royal Rd - ☏ 262 8836 - www.sindbad.mu.* Ce club de plongée jouit d'une bonne réputation. Il propose aussi de nombreuses activités nautiques : location de canoë, pédalo et stand-up board, cours de kitesurf, excursion en bateau.

# La côte est

★★

## NOS ADRESSES P. 150, 158

### S'INFORMER

**Mauritius Tourism Promotion Authority** – *Royal Rd, Le Maho, Trou d'Eau Douce - ✆ 480 0925 - www.tourisme-ilemaurice.mu - lun.-vend. 9h-12h, 13h-16h30, sam. 9h30-12h, 13h-14h30.* Petit bureau devant la plage, juste à côté du four à chaux. Nombreuses brochures, personnel gentil et serviable.

### SE REPÉRER

Carte de microrégion B2-3 (p. 124) - plan de la côte est (p. 156). Circuit d'env. 59 km entre la pointe Lafayette et Mahébourg.

### À NE PAS MANQUER

Prendre un verre dans un grand hôtel de la côte.

### ORGANISER SON TEMPS

Comptez 2 jours. Partez pour l'île aux Cerfs tôt le matin et prévoyez un pique-nique. Les brises sont appréciables l'été, mais fraîches l'hiver. Prévoyez une tenue chaude pour le soir.

Une petite route longe presque tout le littoral. Selon votre lieu de villégiature sur la côte, comptez de 20mn à 1h de trajet depuis l'aéroport. Le service des bus, moins régulier que dans les régions ouest et nord, assure, depuis Mahébourg et Flacq, des liaisons avec les principales destinations de l'île. Ils s'arrêtent un peu partout sur la route.

### AVEC LES ENFANTS

Le Domaine de l'Étoile ; l'île aux Cerfs ; le Waterpark et Leisure Village, à Belle Mare ; la vallée de Ferney.

2

**Avec ses pointes rocheuses balayées par les vents et sa végétation luxuriante nourrie par l'humidité des alizés, la côte la plus sauvage de Maurice alterne entre longues plages de sable et criques isolées. Dans le Sud-Est, le littoral est bordé majestueusement par la montagne Bambous : ce rivage, l'un des premiers foyers de peuplement de l'île et paradoxalement le plus méconnu, vit débarquer les Hollandais en 1598 à Ferney. Ils y établirent leur colonie au 17e s., puis les premiers colons français s'installèrent également dans la région de Grand Port, avant de lui préférer Port Louis. En déambulant de la pointe Lafayette à la rivière des Créoles, vous apprécierez non seulement la quiétude de cette partie de l'île, mais aussi le spectacle éblouissant de son lagon.**

## ★★ La côte de Flacq Carte de microrégion, p. 124

*Circuit d'env. 24 km entre la pointe Lafayette et Trou d'Eau Douce tracé en orange sur la carte de microrégion p. 124 et sur le plan de la côte est p. 156 – Comptez 1h de route.*

### DE LA POINTE LAFAYETTE À LA POINTE DE FLACQ B2

L'arrivée à la **pointe Lafayette** marque le début de la côte sauvage de l'Est, balayée par les alizés et la mer déchaînée. L'océan s'engouffre par les brèches

du récif tout proche pour claquer sur les rochers basaltiques. Les filaos penchés par le vent et les cocotiers rabougris témoignent de la relative dureté du climat. Un peu plus loin, la route contourne une curieuse baie envahie par les palétuviers formant comme des îlots.

La bourgade de **Poste de Flacq**, tapie au creux d'une baie, cache un **temple hindou★** dans un cadre étonnant. Surmonté d'un trident shivaïste stylisé et animé par le rituel incessant des fidèles, il s'élève au-dessus de l'eau sur un îlot désormais relié à la terre.

*Du carrefour de Poste de Flacq, prenez la B 62 vers Belle Mare.*

Les **champs de canne** vallonnés s'étendent à perte de vue, parsemés de monticules de lave entre lesquels on aperçoit parfois une parcelle de lagon à l'horizon. Avant le début de la coupe (fin juin), les hautes cannes en fleur ondulent au gré du vent. La teinte rosée de leurs « plumeaux » contraste harmonieusement avec leur feuillage vert et le noir du basalte. En fin de journée, vous croiserez des Indiennes en sari, leur baluchon en équilibre sur la tête, abandonnant les tâches agricoles pour les travaux domestiques.

*La B 62 débouche sur la B 59 qui rejoint la pointe de Flacq au nord ou longe la côte vers le sud.*

## ★★ LES PLAGES DE BELLE MARE À TROU D'EAU DOUCE B2

Huit kilomètres de plages superbes se déroulent de la pointe de Flacq à Trou d'Eau Douce, à l'ombre des filaos et des bougainvilliers. Très agréable pour la baignade, le lagon limpide se prête à merveille aux sports de voile puisque le vent souffle toute l'année. Les hôtels accaparent naturellement le meilleur de ces plages. Beaucoup moins concentrés néanmoins que dans le Nord-Ouest, la plupart, conçus avec raffinement, se fondent assez bien dans le paysage. En dehors des hôtels, vous ne trouverez quasiment aucun restaurant, bar ou boutique dans la région.

L'arrière-pays ne présente aucun attrait. Quelques vestiges de **fours à chaux** rappellent comment les premiers colons fabriquaient la chaux en chauffant le corail. Ils l'utilisaient comme matériau de construction ou comme combustible pour les usines sucrières.

L'immense **plage de Belle Mare★★★** devient le week-end un site très prisé des Mauriciens, qui viennent y passer la journée et restent parfois dormir à la belle étoile après un barbecue.

Plus au sud, criques de sable peu profondes et rochers basaltiques forment le cadre splendide de la **plage de Palmar★★**, où les nuances de turquoise et de noir ondulent sous une eau limpide.

Plage à Trou d'Eau Douce.
*SIME / Schmid Reinhard / Sime / Photononstop*

## TROU D'EAU DOUCE B2

Si l'exploitation touristique de l'embarcadère pour l'île aux Cerfs a fait surgir quelques boutiques de souvenirs et restaurants, Trou d'Eau Douce demeure un charmant village de pêcheurs créoles, avec ses ruelles paisibles, où vous tomberez peut-être nez à nez avec une poule ou un cochon en liberté.

À la sortie sud du village, la **péninsule de Touessrok** cache l'un des plus beaux hôtels de l'île, Le Touessrok, où vous pouvez essayer d'aller boire un verre pour profiter du cadre exceptionnel : il faut parfois montrer patte blanche si l'on n'est pas résident.

2

### ★ La Fondation Maniglier

*1840 Victoria Rd (suivez les indications à partir de la Poste, sur Royal Rd) - 480 0220 - www.maniglier.com - visite sur réserv., uniquement dans le cadre d'un repas au Café des Arts (voir p. 152).*

Aménagé dans le cadre exceptionnel d'une ancienne usine sucrière, cette fondation abrite l'atelier de l'artiste peintre française **Yvette Maniglier**, installée sur l'île depuis 2004, un musée privé exposant plusieurs de ses œuvres et un restaurant gastronomique. La collection réunit diverses toiles présentant les différents thèmes (l'architecture abstraite, la musique, les destructurés, les nus) abordés par cette élève de Matisse, Primo Conti et Manfred Henninger.

## ★ L'ÎLE AUX CERFS B2

*Tous les hôtels et agences proposent cette excursion (comptez 300 à 400 Rs AR). De la pointe Maurice (hôtel Touessrok), départ toutes les 20mn, de 9h à 16h en hiver et 17h en été (5mn de traversée). Pour profiter d'une traversée plus longue, partez du débarcadère de Trou d'Eau Douce, à la sortie nord du village (voir p. 153).*

**Bon à savoir** – Les restaurants de l'île étant chers, prévoyez un pique-nique. Emportez des chaussures en plastique, car certaines criques sont tapissées d'oursins. Vous pouvez aussi longer la côte en barque à moteur ou en catamaran depuis Mahébourg ou les environs. Quelle que soit l'option que vous choisirez, vous ne regretterez pas la traversée du lagon. Le matin, on assiste souvent à de belles scènes de pêche. Si l'invasion touristique de l'île aux Cerfs vous fait fuir, certains pêcheurs ou autres propriétaires de petits bateaux vous emmèneront volontiers sur d'autres îles voisines moins fréquentées. Ils pourront même vous organiser un déjeuner de grillade de poissons.

L'île aux Cerfs, inhabitée et baignée par des eaux cristallines, devait avoir il y a encore quelques années un petit goût de paradis. Aujourd'hui, envahie par

les flots de touristes, polluée par le manège incessant des bateaux à moteurs dangereux et bruyants, l'île a perdu beaucoup de son charme.
Elle mérite tout de même une excursion, à condition de vous y rendre tôt le matin et de bien choisir votre coin. Tout le monde s'agglutine sur la **plage** la plus photographiée de Maurice, juste à côté de l'embarcadère, où s'alignent en rangs serrés matelas et parasols des hôtels Touessrok et Saint-Géran. Sur cette plage jadis idyllique, parfaitement abritée du vent, les marchands ambulants d'ananas et de paréos tentent de se faufiler entre les effluves d'huile bronzante et les odeurs de fuel du centre nautique.
En marchant quelques centaines de mètres sous les filaos, après les restaurants, vous arriverez sur une longue plage, au sable moins fin, plus exposée au vent, mais tellement plus agréable. Les vagues se brisent au loin contre le récif, brassant l'écume dans un grondement impressionnant. Les petites **criques** désertes ne manquent pas tout autour de l'île, mais renseignez-vous sur les courants, car certains endroits peuvent être dangereux.
L'île est très populaire pour le pique-nique familial du dimanche. Ne vous étonnez donc pas de voir des familles de Mauriciens débarquer au petit matin et faire chauffer leur marmite de cari à l'ombre des filaos.

## NOS ADRESSES SUR LA CÔTE DE FLACQ

Plan de la côte est, p. 156

### INFORMATIONS UTILES

**Banque**
Distributeur et bureau de change à Poste de Flacq, en face de l'hôtel Belle Mare Plage.
Deux bureaux de change, **Shibani** et **Thomas Cook**, dans le village de Belle Mare (en face du temple tamoul).

**Santé**
Vous trouverez des pharmacies à Centre de Flacq et Trou d'Eau Douce.
**Hôpital Centre de Flacq** – *413 2532.*

### HÉBERGEMENT

**Poste Lafayette**

POUR SE FAIRE PLAISIR

**La Maison d'Été** – *Rte côtière de Roches Noire - 410 5039 - www.lamaisondete.com - 12 ch. 120/135 €*. Niché dans un petit jardin tropical au bord d'une plage, cette adresse forme un délicieux havre de paix, sauvage et isolé. Bercés par le murmure des vagues sur la barrière de corail, les bungalows aux toits de chaume abritent des chambres ravissantes, équipées d'une cuisinette. Bar, restaurant, espace détente avec TV, salon de massage, accès Internet et jeux de société, VTT, kayak, ping-pong. Petit déjeuner servi sur la terrasse abritée par Patrick, aux petits soins pour ses hôtes.

**Belle Mare**

POUR SE FAIRE PLAISIR

**Emeraude Beach Attitude** – *Royal Rd - 401 1400 - www.emeraude beach-hotel-mauritius.com - 60 ch. 115/170 €*. Légèrement en retrait de la route qui le sépare de la plage de Belle Mare, cet hôtel se compose de pavillons blanchis à la chaux de quatre chambres sur deux niveaux et de petits kiosques à toit de chaume.

## Palmar

### POUR SE FAIRE PLAISIR

**Orchid Villas** – *Rte côtière - ✆ 415 1350 - www.orchidvillas.mu - 🏊 ✕ - 6 villas 90/152 € ☕. - rest. 10/15 €.* Ce petit domaine joliment fleuri et signalé par ses toitures bleues propose six spacieuses villas avec piscine privative pouvant accueillir jusqu'à 6 personnes chacune (3 chambres à l'étage). En guise de petit déjeuner, les patrons apportent chaque jour un plateau de courses spécial. Bon accueil du gérant Yash, qui habite sur place. La plage de Palmar se trouve à 3mn à pied.

**La Palmeraie** –*Rte côtière - ✆ 401 8500 - www.palmeraie-hotel.com - 🏊 ✕ - 60 ch. 115/200 € en demi-pension.* Avec sa grande porte d'entrée mauresque, ses voûtes en enfilades et ses cours agrémentées de fontaines, ce mini ryad vous emmène tout droit aux pays des mille et une nuits. Les confortables chambres (standard) disposent d'une terrasse et la moitié d'entre elles s'ouvre directement sur la plage ; douche et toilettes séparées (sauf deux). Agréable Spa avec produits marocains et vaste lagon. Accueil soigné.

## Trou d'Eau Douce

### PREMIER PRIX

**Chez Tino** – *Le Maho, Royal Rd - ✆ 480 2769 - ✕ - 3 ch. 25/30 € ☕.* Sur le toit-terrasse de son restaurant, Tino a fait construire trois chambres alignées au garde-à-vous, vieillotes et sommaires mais propres, dont deux pouvant accueillir trois à quatre personnes. En dépannage.

**Le Dodo** – *Le Maho, Royal Rd (derrière Chez Tino) - ✆ 480 0034 ou 763 5703 - christa0307@hotmail.com - 8 st. 25/30 €.* Aménagés dans une bâtisse un peu en retrait de la route, les vastes studios carrelés, d'un blanc immaculé et d'une propreté méticuleuse, avec cuisine équipée, sont lumineux et offrent un bon rapport qualité-prix pour ceux qui veulent profiter de la région avec un budget limité. Préférez celui du 3e étage, plus moderne.

### POUR SE FAIRE PLAISIR

**Villas Le Clezio** – *La Pelouse - ✆ 766 3150 - www.villas-leclezio.com - 3 villas 110/140 €.* Dans une élégante propriété, trois villas au style rustique (2-4 pers.), meublées avec goût et dotées d'une cuisine équipée, partagent un jardin exotique, juste devant une belle plage de sable fin.

**Silver Beach** – *Rte côtière - ✆ 480 2600 - www.silverbeach.mu - ✕ - 60 ch. 150 € en pension complète.* Hôtel d'architecture moderne, impersonnel et froid, mais les tarifs demeurent raisonnables pour un 3 étoiles. Préférez les chambres qui font face à la plage de sable blond. Activités sportives et nautiques, miniclub. Navette payante pour l'île aux Cerfs.

### UNE FOLIE

**Tropical Attitude** – *La Pelouse - ✆ 480 1300 - www.tropical-hotel-mauritius.com - ✕ - 60 ch. 230/284 € en pension complète.* Un hôtel 3 étoiles à taille humaine et à l'ambiance familiale. Les chambres, agréables et confortables, possèdent toutes une terrasse ou un balcon ouvrant sur le lagon. L'hôtel fait face à l'île aux Cerfs, reliée chaque jour par une navette gratuite. Accueil souriant et service très attentionné. Activités sportives et nautiques, miniclub.

### RESTAURATION

En dehors des hôtels, la région compte peu de restaurants.

#### Belle Mare

PREMIER PRIX

**Empereur** – *Royal Rd (après la croisée de la pointe de Flacq) - ✆ 415 1254 - 10/15 €.* Snacks, plats chinois et créoles. Petite salle claire et aérée et quelques tables en terrasse. Également des plats à emporter.

#### Trou d'Eau Douce

PREMIER PRIX

**Resto 7** – *À gauche en sortant de Trou d'Eau Douce vers le sud (près de l'hôtel Le Touessrok) - ✆ 480 2766 - 5/10 €.* Cuisines créole, indienne et chinoise dans un cadre agréable. Ce petit restaurant familial organise aussi des excursions à l'île aux Cerfs. Également des bungalows à louer *(600 Rs la nuit/15,50 €).*

**Chez Tino** – *Le Maho, Royal Rd - ✆ 480 2769 - fermé dim. soir - 10 €.* Installé en bord de route, Tino propose une honnête cuisine mauricienne et quelques plats chinois, à déguster dans une salle à l'étage avec vue sur la mer. L'endroit s'anime le soir au rythme du séga. Cari de cerf, langouste à la créole ou délicieux camarons à l'ail. Une bonne adresse dont les prix restent très corrects.

**Green Island Beach**– *La Pelouse (rte côtière, dir. Palmar) - ✆ 480 0735 ou 515 0240 - fermé lun. - 10/20 €.* Situé face à la mer, le petit restaurant convivial de Giovanni et de son fils Madom propose une délicieuse cuisine de poissons et de fruits de mer. Soupe de crabe à la créole, curry d'ourite à la papaye verte, camarons d'eau douce poêlés, assiette de fruits de mer… à déguster en admirant le lagon. Bière pression pour les amateurs.

BUDGET MOYEN

**Le Four à Chaud** – *Royal Rd (en face du four à chaux) - ✆ 480 1036 - fermé sam. midi - 30 €.* Installée dans un four à chaux qui était encore utilisé il y a deux générations, la table gastronomique de Trou d'Eau Douce offre une halte des plus plaisantes pour savourer de délicieuses spécialités de poissons et fruits de mer fraîchement pêchés. Cadre raffiné, décoration contemporaine et service attentionné.

UNE FOLIE

**Le Café des Arts** – *Fondation Maniglier, 1840 Victoria Rd (suivez les indications depuis la Poste) - ✆ 480 0220 - www.maniglier.com - le soir, sur réserv. uniquement - menu unique (3 plats) à 3 910 Rs (96 €).* Envie de vous offrir une folie ? Installé dans une ancienne usine sucrière isolée à la lisière de la ville, l'atelier-musée de l'artiste peintre française Maniglier (*voir p. 149*) ouvre ses portes pour un dîner des plus romantiques, sous les toiles qui couvrent les hauts murs. À l'image des lieux, la cuisine du chef est raffinée et contemporaine : foie gras aux dattes, viandes fondantes, langouste grillée servie avec une sauce vanillée…

### ACTIVITÉS

#### Activités de pleine nature

**Le Domaine de l'Étoile** – *À 7 km de Trou d'Eau Douce (prenez la route vers Bel Air, puis la B 27 vers Montagne Blanche,* *et suivez ensuite le panneau à gauche) - ✆ 448 4444 ou 905 9915 (portable) - www.terrocean.mu.* Évoluant au sein de vallées luxuriantes, les visiteurs, petits et grands, pourront apercevoir les animaux qui peuplent ce vaste domaine boisé (cerfs, singes, sangliers, oiseaux), et pratiquer un large éventail d'activités : randonnée guidée, circuit en VTT ou tir à l'arc, balade équestre , quad. Domaine des enfants avec parcours aventure, circuit nautique… Prévoyez des vêtements de sport et de rechange pour le quad.

## Excursions

La plupart des agences de la côte est organisent des excursions sur les îlots côtiers voisins (île de la Passe, île au Phare, île aux Aigrettes). Comptez de 350 à 600 Rs (8,50 à 14,50 €) pour l'aller-retour en bateau à l'île aux Cerfs et de 1 000 à 1 600 Rs (24,50 à 39,50 €) pour une excursion d'une journée, boissons et grillades incluses. N'hésitez pas à comparer. Vous pouvez aussi vous adresser aux pêcheurs que vous verrez sur leurs barques à moteur.

**Bateaux Vicky** – *Trou d'Eau Douce (en face du four à chaux) - ✆ 754 5597/7460 - bateauvicky@yahoo.com.* Navettes toutes les 30mn pour l'île aux Cerfs ou excursion à la journée avec grillades. L'une des adresses les moins chères pour cette destination.

**Croisière Océane** – *Royal Rd, Trou d'Eau Douce - ✆ 483 5663 - www.lacasanita.com.* Croisière en groupe ou individuelle à la carte, à bord de catamarans, le long de la côte est.

## Kitesurf

Les plages de Belle Mare, Palmar et Trou d'Eau Douce sont des spots très populaires auprès des kitesurfers.

**Kitesurf Paradise** – *Royal Rd, Trou d'Eau Douce - ✆ 743 4298/99 - www.mauritius-kitesurf.com - 10h-17h.* D'avril à début décembre, cours et stages de kitesurf pour débutants ou confirmés, location de matériel. Toute l'année, cours de *stand up paddle* (planche de surf géante sur laquelle on tient debout et que l'on fait avancer avec une pagaie) et balade accompagnée *(40 €/2h).*

## Parc de loisirs

**👪 Le Waterpark et Leisure Village** – *Royal Rd, Belle Mare - ✆ 415 2626 - www.maurinet.com/waterpark.html - 10h-18h (17h30 en hiver) - 350 Rs (enf. 185 Rs).* Un parc aquatique avec piscine à vagues, rivières, toboggans géants, jeux pour enfants… et Jacuzzi pour les parents !

## Plongée

La plupart des grands hôtels de la côte possèdent un club de plongée sérieux. Parmi eux :

**Blues Diving Centre** – *Hôtel Belle Mare Plage, Belle Mare - ✆ 255 8373 - bluesdiving@intnet.mu.*

**Pierre Sport Diving** – *Hôtel Le Touessrok, Trou d'Eau Douce - ✆ 402 7400 ou 257 6664 (portable) - www.pierresport diving.com.*

**Sea Fan** – *Hôtels Beau Rivage, The Residence, Le Palmar et Ambre - ✆ 415 2717 ou 252 3666 - explorer@intnet.mu.*

# ★ La côte historique de Grand Port

Carte de microrégion, p. 124

*Circuit d'env. 35 km tracé en violet sur la carte de microrégion p. 124 et sur le plan de la côte est p. 156 – Comptez 1h sans les visites. Après Trou d'Eau Douce, la B 59 rentre dans les terres. À Beau Champ, suivez dir. Mahébourg, à droite, pour traverser la Grande Rivière Sud-Est (GRSE) ; puis la route (B 28) longe à nouveau la côte à partir de Deux Frères.*

La route littorale se faufile entre la mer et les contreforts de la montagne Bambous, traversant des hameaux colorés. Cette côte, qui accueillit les premiers habitants de l'île, est aujourd'hui l'une des moins fréquentées. Ruines et monuments commémoratifs s'égrènent ici et là pour raconter des événements clés de l'histoire de Maurice.

## LE LONG DE LA CÔTE B2-3

Le large estuaire de la **Grande Rivière Sud-Est** (B2) cache des gorges spectaculaires agrémentées de jolies cascades. Certaines excursions à l'île aux Cerfs comprennent un tour aux cascades.

Au sud de ce point, la côte devient plus déchiquetée. La route suit les contours des anses rocheuses paisibles, traversant de petits villages indiens et créoles aux baraquements parfois précaires. Loin des campements somptueux du Nord et de l'Ouest, vous découvrirez dans cette région sauvage et désolée la vie authentique des Mauriciens, si difficile à saisir de l'autre côté de l'île. Lieu de sociabilité, le bord de la route est souvent animé. Ici, un groupe d'hommes joue aux cartes à l'ombre des bananiers. Là, des femmes commentent les dernières nouvelles du village. Sur la plage en contrebas, des pêcheurs étendent leurs filets au soleil, tandis que leurs barques s'échouent sur le sable noir avec la marée basse. Les enfants sortis de l'école jouent au ballon et des femmes ramassent crabes et coquillages pour le bouillon du soir. De temps à autre, un cimetière marin ou un petit temple hindou jalonnent la route. Frangipaniers, badamiers et petits cocotiers rompent la monotonie des cannes. Mais vous remarquerez surtout les parcelles géométriques de cultures maraîchères – oignons, arachides, aubergines – où des femmes s'affairent sous leurs chapeaux de paille, un arrosoir dans chaque main.

À 9 km au sud de Grande Rivière Sud-Est, la **pointe du Diable** (B3) conserve deux canons, vestiges de vieilles batteries françaises classées Monuments historiques. Un grand dégagement permet de vous arrêter sur la gauche de la route pour profiter du **point de vue**★ sur l'océan et les îlots voisins. De l'autre côté de la route, vous devinez l'ancienne poudrière (édifice en pierre grise), dominée par un poste d'observation.

*Au village d'Anse Jonchée, une piste part de la route côtière pour monter à Kestrel Valley (2 km).*

### ★ Kestrel Valley B3

*Anse Jonchée - à 2 km de la route côtière - ✆ 634 5011 - 8h30-16h30 - 200 Rs (accès au domaine et visite de la distillerie) - autres activités*

**L'YLANG-YLANG**

Cultivé sur les collines alentour, l'ylang-ylang est une fleur jaune dont la distillation produit une huile essentielle utilisée en parfumerie et en aromathérapie. Chaque arbre fournit entre 10 et 12 kg de fleurs par an et il faut 50 kg de fleurs (cueillies tous les jours entre novembre et avril) pour parvenir à produire un litre de cette essence.

Grand Port, près de Mahébourg.
*Oliver Strewe / Photononstop*

*payantes : randonnée, VTT, tir à l'arc (stand de tir et circuit), et chasse. Restaurant et hébergement.*

**Conseil** – Prévoyez de bonnes chaussures de marche, un pull en hiver, de l'antimoustique et de la crème solaire.

Étendu sur plus de 400 ha de collines vallonnées et fraîches, ce domaine abrite la dernière **forêt primaire** de l'île, où vous verrez des espèces endémiques de flore et de faune. Un coin paradisiaque pour se promener au milieu des ébéniers, eucalyptus, canneliers, palmiers ou orchidées sauvages, en compagnie de cerfs, de sangliers ou de nombreux oiseaux rares. Parmi eux, vous pourrez observer la **crécerelle** *(kestrel en anglais)*, une espèce de petit faucon en voie de disparition que le domaine, en partenariat avec la Maurician Wildlife Foundation, s'attache à préserver *( voir p. 81)*. C'est au moment du déjeuner de l'oiseau, vers 15h30, que vous aurez le plus de chances de le voir.

En contrebas du domaine, à mi-chemin de la piste qui part de la route côtière, se dresse, au bord d'une rivière, une ancestrale **distillerie d'ylang-ylang**, la seule du genre à Maurice. La visite s'accompagne d'une balade guidée dans le « jardin des sens », à la découverte de la flore mauricienne. Vous pourrez acheter quelques flacons d'huile essentielle d'ylang-ylang ou de géranium à la boutique du domaine.

De l'accueil, quatre sentiers pédestres balisés *(de 45mn à 2h)* mènent à un magnifique **point de vue★★** dominant le lagon du Sud-Est. Là s'élève le restaurant et sa terrasse panoramique *(douche à disposition)*, où beaucoup de touristes se contentent de venir déjeuner.

Une réserve de cerfs de Java et autres gibiers (300 ha) est à la disposition des amateurs de chasse tout au long de l'année. On peut y pratiquer la chasse traditionnelle mauricienne, à l'affût sur des miradors, ou la chasse à l'approche, avec arc ou fusil, en compagnie d'un guide.

Le domaine, qui possède déjà plusieurs circuits balisés, a par ailleurs pour ambition de devenir un centre de VTT de dimension internationale.

*De retour sur la route littorale (B 28), prenez à droite en direction de Vieux Grand Port.*

POINTE LAFAYETTE 12
LA CÔTE EST
0 4 km
N
SE LOGER
"Blue Bay"........ 5
Blue Lagoon
Blue Beryl
Chantauvent
Jardin du Soleil
Oiseau du Paradis (L')
Peggy (Chez)
Pingouinvillas
Casa Tia Villa........ 6
Case du Pêcheur (La).. 2
Emeraude Beach Attitude........ 10
Hacienda (La)........ 29
Jardin de Beau Vallon (Le)........ 11
Maison d'Été (La)........ 12
Orchid Villas........ 13
Otentic........ 14
Palmeraie (La)........ 22
"Pointe d'Esny"........ 15
Henri (Chez)
Noix de Coco
Villa Chantemer
Preskîl (Le)........ 16
Silver Beach........ 21
Tropical Attitude........ 25
"Trou d'Eau Douce"........ 26
Dodo (Le)
Tino (Chez)
Villas Le Clezio........ 28
Maison coloniale
Temple Hindou ★
Poste de Flacq
Pointe de Flacq
Centre de Flacq
BELLE MARE ★★★
Mare des Puits
Palmar ★★
QUARTIER MILITAIRE
R. Françoise
R. Coignard
Trou d'Eau Douce
Touessrok
Îlot Mangénie
Montagne Fayence
Bel Air
Beau Champ
Île aux Cerfs ★
Île aux Chats
Montagne Blanche
Sébastopol
L'Etoile
R. Profonde
Grande Rivière Sud-Est
Deux Frères
Grande Rivière Sud-Est
Anse Cunat
OCÉAN INDIEN
Montagne Bambous
626
Kestrel Valley ★
Distillerie d'ylang-ylang
Pointe du Diable
Anse Bambous
Anse Jonchée
Montagne du Lion
480
Vallée de Ferney ★
Ferney
Bois des Amourettes
Vieux Grand Port
Pavillon du Grand Port
Pont Molino
St-Hubert
Le Val
R. Eau Bleue
R. des Créoles
Baie de Grand Port
Riche en Eau
Rose Belle
Pointe des Régates
Île au Phare
Île de la Passe
Ville Noire
Île au Mouchoir Rouge
Mahébourg ★★
R. la Chaux
Île aux Aigrettes ★★
Pointe d'Esny ★
CUREPIPE
Plaine Magnien
Blue Bay ★★
ÎLE DES DEUX COCOS ★★★
Pointe Vacoas
L'Escalier
Savinia
SOUILLAC
500 m
400
300
200
100
0
B15
B62
B59
A2
B23
B25
A7
B55
B27
B28
B7
A10
M2
B8
B87

## AUTOUR DE VIEUX GRAND PORT B3

À l'entrée du petit village de **Bois des Amourettes** (B3), notez, à droite de la route, les restes des sept citernes de la plus grande réserve de carburant de l'océan Indien, qui servit aux navires anglais pendant la Seconde Guerre mondiale.

Au lieu-dit Pavillon du Grand Port, près de l'église N.-D.-du-Grand-Pouvoir sur votre gauche, vous devinez les ruines des édifices français construits au 18e s. sur ce qui restait du fort Hendrik, première forteresse de l'île, élevée par les Hollandais.

**Musée Frederik Hendrik★** – *Rte côtière - ✆ 634 4319 - tlj sf merc. 9h-16h, dim. 9h-12h - gratuit - comptez 30mn.* Le musée présente une maquette du site, des objets retrouvés lors de fouilles récentes, et des panneaux sur la période d'occupation hollandaise (1637-1707).

En vous approchant de la mer, vous apercevez plus loin, sur la droite, la **Salle d'Armes**, sorte de petite grotte en bord de mer où l'on se battait en duel.

À quelques centaines de mètres, dans le village de **Vieux Grand Port**, se dresse sur votre droite une **tour de guet hollandaise**, entièrement construite en corail. C'est en effet ici, comme le rappelle une colonne commémorative un peu plus loin sur la gauche (avant le pont Molino), que les Hollandais prirent pour la première fois possession de l'île, en septembre 1598, et qu'ils établirent quarante ans plus tard leur colonie et leur port. C'est ici aussi que les premiers colons français s'installèrent dès 1722, reconstruisant sur les ruines hollandaises abandonnées depuis un demi-siècle aux cyclones, aux pirates et aux esclaves en fuite. Les difficultés de navigation liées aux vents du sud-est les incitèrent à abandonner la rade, rebaptisée Port Bourbon, en faveur de celle de Port Louis.

À **Ferney** (B3), sur votre gauche, une plaque rend hommage aux Hollandais qui introduisirent la canne à sucre à Maurice vers 1639. À l'entrée de l'ancienne sucrerie de Ferney Estate, en face d'une jolie maison coloniale en bois blanc, une autre plaque célèbre Adriaen Van der Stel, qui débarqua la même année sur l'île des cerfs de Java (*voir encadré ci-dessous*).

### ★ La vallée de Ferney B3

*Rte côtière - ✆ 634 0440/404 2200/729 1050 - www.cieletnature.com et www.valleedeferney.com - 8h30-17h30 - fermé 1er janv. et 25 déc. - visite libre 345 Rs, avec repas 776 Rs (enf. 207 Rs, avec repas 466 Rs) - visite guidée sur réserv. 575 Rs, avec repas 1 006 Rs (enf. 345 Rs, avec repas 604 Rs) - excursion en 4x4 sur réserv. 1 093 Rs, avec repas 1 524 Rs (enf. 656 Rs, avec repas 914 Rs) - pour le circuit menant à la cascade, rens. sur place.*

### ADRIAEN VAN DER STEL

Ce Hollandais, vendu comme esclave en 1635 et libéré en 1638, devint gouverneur de Maurice l'année suivante. Son rôle fut considérable, puisqu'il introduisit sur l'île les premiers spécimens de cerfs, qu'il avait ramenés en 1639 de l'île indonésienne de Java à bord du navire « Capelle ». L'élevage de cerfs continua pendant des siècles, tant pour la viande savoureuse qu'il procurait que pour les parties de chasse qui divertissaient les riches propriétaires sucriers. Plusieurs élevages sont toujours exploités, notamment au pied du morne Brabant et dans la région de Rivière Noire. Vous pourrez d'ailleurs goûter au cari de cerf dans la plupart des restaurants. On doit également à Adriaen Van der Stel l'importation des premiers plants de canne à sucre, qui constituent encore aujourd'hui la première ressource de Maurice.

**Conseil** – Prévoyez de bonnes chaussures, de l'eau, un imperméable et une lotion antimoustique.

Jadis plantée de canne à sucre et de café, un temps menacée par un projet d'autoroute, cette réserve naturelle forestière supervisée par la Maurician Wildlife Foundation sert d'abri à des espèces d'oiseaux très rares comme la crécerelle de Maurice ou le pigeon rose, et à de multiples espèces endémiques de la flore mauricienne, que vous découvrirez lors d'un circuit pédagogique, de préférence guidé *(durée : 1h-1h30 - départ à 10h et 14h)*. Vous pouvez également suivre le circuit seul, avec la carte d'orientation qui vous sera remise à l'accueil. Un centre d'interprétation vous attend à l'entrée du domaine, d'où un minibus vous transfère jusqu'au point de départ du parcours *(départ ttes les 30mn)*. Pour les plus curieux, un second circuit – qui reprend en partie le premier – a ouvert en 2013 *(durée : 2h-2h30)* ; il permet de rejoindre la cascade du domaine.

*Revenez sur la route côtière et prenez à droite en direction de Mahébourg.*

En passant le pont qui enjambe la **rivière des Créoles** (B3), vous pouvez observer des groupes de femmes lavant leur linge à la rivière et, le jour de la fête de Cavadee, des fidèles tamouls et hindous se faire percer la peau au moyen d'aiguilles.

Au large, plusieurs îlots bordent le récif, où vous pouvez vous rendre sur un bateau de pêcheur ou un catamaran. Certains abritent des réserves naturelles d'espèces menacées. L'île aux Fouquets, dite « **île au Phare** » (B3), accueille de nombreux oiseaux marins. C'est là aussi que furent incarcérés de 1694 à 1696 les premiers colons français, accusés par les Hollandais de leur avoir volé de l'ambre gris (substance provenant des concrétions intestinales des cachalots qui, rejetées, flottent à la surface de la mer et dont on extrait un parfum précieux).

L'**île de la Passe** (B3) contient quant à elle les ruines d'un phare et de fortifications françaises qui jouèrent un rôle stratégique pendant la bataille de 1810.

## NOS ADRESSES AUTOUR DE VIEUX GRAND PORT

Plan de la côte est, p. 156

### HÉBERGEMENT

### Grande Rivière Sud-Est

#### POUR SE FAIRE PLAISIR

**Otentic** – *Rte côtière - 941 4888 - www.otentic.mu - - 6 tentes et 2 chalets 112 €/1re nuit, 200 €/2 nuits, 262 €/3 nuits* . Situé près de l'embouchure de la Grande Rivière Sud-Est, en amont des flots, les tentes et les chalets de Julien disposent de tout le confort (eau, électricité, serviettes, ventilateur) et peuvent accueillir une famille de 5 personnes : mobilier de récupération, sommier en palettes, vaste terrasse... Une attention particulière est portée à l'environnement (électricité photovoltaïque, compost, récupération des eaux de pluie). Terrain de volley-ball, kayaks et VTT à disposition et navette quotidienne gratuite pour l'île aux Cerfs.

### Anse Bambous

**BUDGET MOYEN**

**La Case du Pêcheur** – *Royal Rd - ✆ 422 3937 - http://mauritiuslacasedupecheur.yolasite.com - ✕ - 15 ch. 60 € ☕.* Situé à l'écart de toute zone touristique, l'endroit dispose d'un charme particulier : aménagées dans des bungalows rustiques en pierre, les chambres, assez simples mais bien intégrées à l'ensemble disposent de tout le confort. Chacune dispose d'une petite terrasse sur pilotis qui s'ouvre sur l'immense bassin d'élevage des poissons et crustacés servis au restaurant (*voir « Restauration » ci-après*). La maison organise des sorties en mer (balades vers l'île aux Cerfs ou l'île au Phare, et journées de pêche au gros). Accueil particulièrement soigné.

### Anse Jonchée

**BUDGET MOYEN**

**Casa Tia Villa** – *Sur le chemin menant à Kestrel Valley (à 300 m de la côte) - ✆ 634 0140 ou 494 4520 (portable) - www.holidayhome mauritius.com - - 1 st. : 35/40 €, 2 bung. : 60 €, 1 villa : 825 €/sem.* Au pied de la montagne du Lion, enfouis dans la végétation tropicale, un studio, deux agréables bungalows (2 ch.) et une villa (3 ch., séjour mini : 4 sem.) sobrement décorés et bien équipés (climatisation en sus). Le ménage est assuré tous les jours sauf le dimanche, et on peut commander ses repas. Jolie piscine et coin barbecue dans le jardin. Location de VTT. Patrick, un guide jovial et expérimenté, organise des balades dans la nature pour observer la faune et la flore.

### Vieux Grand Port

**POUR SE FAIRE PLAISIR**

**La Hacienda** – *Empruntez la ruelle qui monte à gauche de la mosquée et grimpez jusqu'en haut - ✆ 263 0914 - www.lahacienda mauritius.com - - 4 villas 80/150 € - accès Wi-Fi.* Nichée au pied de la montagne du Lion, sur les hauteurs verdoyantes de Vieux Grand Port, La Hacienda se compose de quatre superbes villas indépendantes (1 ou 2 ch.), qui jouissent d'une vue magnifique sur le littoral. Dans un souci de respect de l'environnement, elles ont été construites avec des produits naturels (rochers, bois, fibres végétales...) et la décoration est particulièrement soignée. Une petite piscine permet de se rafraîchir. Service quotidien de nettoyage. Une très belle adresse.

## RESTAURATION

### Anse Bambous

**BUDGET MOYEN**

**La Case du Pêcheur** – *Royal Rd - ✆ 422 3937 - http://mauritiuslacasedupecheur.yolasite.com - midi et soir sur réserv. - 20 €.* On mange sous des paillotes, sur la mer, de la viande issu de l'élevage de la propriété et des poissons et des fruits de mer élevés sur place, dans le barachois. Ne manquez pas les spécialités de la maison : le crabe et le cerf. Vous pourrez opter pour d'autres fruits de mer au prix moins prohibitif, ou rares, tels les camarons de mer.

2

# Mahébourg et ses environs

★★

## NOS ADRESSES PAGE 165

**S'INFORMER**

**Comptoir d'information à l'aéroport de Plaisance** – *637 3635*. Un agent est là uniquement à l'arrivée des vols internationaux; il vous donnera quelques informations sur les hôtels et les locations de voiture.

**SE REPÉRER**

Carte de microrégion B3 (p. 124) - plan de ville (p. 162). Mahébourg est située dans le sud-est de l'île, à 4 km de l'aéroport de Plaisance. De Mahébourg, une autoroute mène à Port Louis *(47 km)* en traversant les villes du plateau central.

*Voir « Transports », dans « Nos adresses à Mahébourg » p. 165.*

**À NE PAS MANQUER**

Une visite de Mahébourg en semaine, de préférence le lundi ; l'exploration des fonds marins à Blue Bay ; l'excursion à l'île aux Aigrettes.

**ORGANISER SON TEMPS**

Comptez au minimum une journée. Logez de préférence à Pointe d'Esny ou à Blue Bay, car il n'y a pas de plage à Mahébourg.

**AVEC LES ENFANTS**

Le parc marin de Blue Bay.

**Avec son plan en damier, son château qui garde l'entrée de la ville, ses vieilles cases toujours nombreuses et son doux nom provincial, Mahébourg n'a pas beaucoup évolué depuis un siècle, et ce, pour le plus grand plaisir de ses visiteurs. Ne manquez pas son marché aux tissus, ses échoppes d'artisans, ses boutiques de saris indiens et de tailleurs et son lever de soleil, derrière l'île aux Aigrettes. Dans les environs immédiats de la petite cité, le littoral est jalonné d'un chapelet d'îles, excuse pour une excursion nautique, tandis que le parc marin de Blue Bay, l'un des mieux préservés du pays, ravira les amateurs de faune et de flore sous-marines.**

L'eau turquoise du lagon de Pointe d'Esny.
*Michael Runkel / mauritius images / Mauritius / Photononstop*

# Se promener Plan de ville, p. 162

## LE CENTRE-VILLE

La plupart des commerces et des banques se concentrent dans les rues des Créoles, de la Chaux, de Maurice, de la Colonie, des Cent-Gaulettes et des Flamands. Flânez au hasard de ces rues animées et n'hésitez pas à vous perdre dans les ruelles voisines, où vous sentirez très vite l'atmosphère sereine de la campagne. En prêtant l'oreille, vous entendrez ici et là le cliquetis des ateliers de couture, au-dessus des boutiques de tee-shirts et paréos pour touristes. Pour une coupe de cheveux ou une séance chez le barbier, rejoignez les échoppes ouvertes de la rue des Flamands.



À l'angle des rues des Flamands et de la Colonie, le petit **marché** (B1) *(8h-16h)*, très animé le lundi, est particulièrement chaleureux, vivant et coloré. On y vend de tout : poissons, fruits et légumes, paniers et chapeaux de Rodrigues...

Si vous vous trouvez à Mahébourg un lundi, vous pourrez faire un tour à la foire aux tissus qui se tient toute la journée à la **pointe Canon** (B1 en dir.), au nord de la ville *(dans le prolongement de la rue des Hollandais, après le croisement avec la rue de la Boulangerie)*. Calmes le matin, les affaires commencent plus sérieusement vers midi, sous les bâches multicolores tendues autour du **monument** célébrant l'abolition de l'esclavage en 1835. Tissus au mètre ou prêt-à-porter, mais aussi objets divers… L'ensemble des articles n'est pas très attrayant, mais l'endroit vaut surtout pour l'ambiance.

La rue de la Passe permet de rejoindre la **pointe des Régates** (B1), au bout de laquelle se dresse un **monument commémoratif** aux marins français et anglais disparus lors de la bataille de la Passe en 1810. De là, vue superbe sur le lagon et la montagne du Lion.

Un peu plus loin, sur le front de mer, face à la petite **île au Mouchoir Rouge** (B1 en dir.) (que l'on reconnaît à sa maisonnette au toit rouge), des femmes en saris multicolores défilent dans les effluves d'encens pour déposer quelques offrandes dans un temple hindou de fortune et font leurs ablutions sur les rochers au bord de l'eau. Dans cette ambiance de dévotion, quelques ouvriers et badauds profitent du vent frais du large pour faire une petite sieste aux heures chaudes.

En remontant la route Royale, vous passez devant une jolie **mosquée** verte et blanche (A2), à l'angle des rues de Suffren et des Délices, puis, un peu plus haut, vous apercevez sur votre gauche *(r. du Souffleur)* le clocher de l'**église Notre-Dame-des-Anges** (A2) *(messes à 16h30 le sam., à 6h30 et 9h30 le dim.)*.

## ★ NATIONAL HISTORY MUSEUM A2 en dir.

*Comptez 1h de visite - Rte Royale (sur la droite en quittant la ville en dir. de l'aéroport) - ✆ 631 9329 - tlj sf mar. 9h-16h, dim. et j. fériés 9h-12h - gratuit.*

Ce musée est installé dans un **château★** construit en 1771 pour le commandant du port de Mahébourg, Jean de Robillard. Il servit d'infirmerie pour les blessés des deux camps ennemis lors de la bataille de Vieux Grand Port en 1810. La famille de Robillard l'habita jusqu'au début du 20e s., avant d'en faire don au gouvernement. Transformé en musée, il est ouvert au public depuis 1950. Plus inspirée par les manoirs bretons que par l'architecture coloniale mauricienne, cette élégante maison à toiture de bardeaux ne comporte pas de varangue, mais une terrasse extérieure non couverte.

La première salle du rez-de-chaussée est dédiée à la **période hollandaise**. La deuxième, consacrée aux guerres franco-anglaises, réunit des souvenirs – gravures, articles de journaux, armes d'époque – de la bataille navale de Grand Port en 1810. La troisième regroupe une collection de meubles coloniaux (un lit à baldaquin, des palanquins) et de porcelaines de la Compagnie des Indes, ainsi que de vieilles cartes de l'île et de l'océan Indien, d'origines portugaise, hollandaise, anglaise et française, datant des différentes périodes de la découverte et de la colonisation de Maurice. Elle fait aussi écho à la **colonisation française** (1715-1810) et au naufrage du *Saint-Géran* en 1744, avec une maquette du navire, la cloche, des boulets de canon et autres reliques retrouvées sur l'épave au fond de la baie.
À l'étage, une salle est consacrée à la campagne archéologique menée en 2003-2004 sur l'épave de la frégate anglaise, le *HMS Sirius*, détruite par sabordage le 25 août 1810. Une seconde salle retrace enfin la **colonisation anglaise** (1810-1968).

### ★ LA BISCUITERIE H. RAULT A1 en dir.

*Comptez 30mn de visite - R. Fabien, Ville Noire (traversez le pont Cavendish, au bout de la r. des Créoles, montez tout droit jusqu'au 2e carrefour et prenez un chemin à droite dans le virage) - ✆ 631 9559 - lun.-vend. 9h-15h - 140 Rs ou 175 Rs avec dégustation (tarif réduit 100/125 Rs).*
Cette petite usine familiale de Ville Noire – quartier pauvre de Mahébourg où habitaient autrefois les esclaves –, fabrique encore de façon artisanale des biscuits de manioc. Cette production unique dans le monde, destinée au départ à la seule consommation familiale, se vend depuis 1870 sur le marché. L'entreprise connaît quelques difficultés, car la culture du manioc (importé du Brésil pour nourrir les esclaves), prenant beaucoup de temps, revient cher et est suivie d'une longue préparation, pour laver et broyer les racines, puis tamiser la farine de tapioca ainsi obtenue. La cuisson des petits biscuits carrés se fait ensuite sur des plaques chauffées à la paille de canne. La visite se conclut par une dégustation de gâteaux, accompagnés d'une tasse de thé, dans la superbe cour ombragée de la biscuiterie.



## À proximité Carte de microrégion, p. 124

### ★ POINTE D'ESNY B3

Dans le prolongement de la route qui longe le barachois, à la sortie sud de Mahébourg, s'étend la plage sauvage de Pointe d'Esny et son vaste lagon *(attention aux oursins !)*. Bordée par une succession de campements plus ou moins luxueux, elle demeura longtemps la plage de l'aristocratie franco-mauricienne, avant que Grand Baie et les plages du Nord ne la supplantent. Nombre de ces villas appartiennent à des Mauriciens aisés qui les louent aux touristes ou aux pilotes et hôtesses de l'air profitant de la proximité de l'aéroport. De l'autre côté de la route s'alignent de petites villas plus modestes et des bungalows également à louer.

### ★★ L'ÎLE AUX AIGRETTES B3

*Réserve naturelle gérée par la Mauritian Wildlife Foundation - départ de Pointe Jérôme (près de l'hôtel Preskil) - ✆ 631 2396 - www.ile-aux-aigrettes.com - visite guidée (1h30) : lun.-vend. à 9h30, 10h, 10h30, 13h30 et 14h, sam. à 9h30, 10h et 13h30, dim. à 9h30 et 10h - 800 Rs (enf. 400 Rs) avec la traversée AR.*

En face de Pointe d'Esny, l'île abrite l'une des rares réserves naturelles de Maurice, où subsistent quelques plantes (bois de bœuf, bois de rat, vacoa) et animaux (pigeons roses, crécerelles, tortues géantes) endémiques de l'île. La vocation de cette visite écotouristique est de familiariser les visiteurs avec le patrimoine naturel mauricien et de promouvoir, à travers un programme éducatif, une meilleure connaissance de son environnement. Après la traversée du lagon, vous serez invité à visiter le centre d'information, puis à suivre le guide à la découverte de l'île, de sa flore et de ses habitants.

### ★★ BLUE BAY B3

*Attention, il est strictement interdit de pêcher ou de ramasser les coraux dans le parc marin de Blue Bay.*

À la sortie de Pointe d'Esny, la route débouche sur une jolie baie, fermée au large par l'**île des Deux Cocos**, avec une plage publique très populaire frangée de filaos. Les couleurs de l'eau, qui varient du turquoise éclatant au bleu marine, invitent à l'exploration des fonds exceptionnels de ce **parc marin★★★**, probablement le mieux préservé de Maurice. Pour cela, trois solutions : le *snorkelling* en solo *(allez au bout de la plage, au niveau de la jetée)*, l'exploration sous-marine accompagnée et le bateau à fond de verre *(**voir « Activités » p. 169)*. La pancarte « baignade dangereuse au-delà de 50 m » attire l'attention sur le fait que l'on perd subitement pied tout près du rivage, chose assez rare à Maurice pour être signalée.

## NOS ADRESSES À MAHÉBOURG

Plan de ville, p. 162

### INFORMATIONS UTILES

#### Banque

La plupart des banques se situent dans le centre de Mahébourg et disposent d'un distributeur.
**HSBC** – *R. des Cent-Gaulettes (angle de la r. des Créoles).*
**MCB** – *R. des Cent-Gaulettes (angle de la r. des Délices).*

#### Poste et Téléphone

**Poste** – A1 - *R. des Mariannes (en face du poste de police).*
**Mauritius Telecom** – A1 - *R. des Mariannes (à côté du marché).*

#### Location de voitures

Vous trouverez plusieurs agences de location à l'aéroport.
**Colony Car Rental** – B2 - *R. de la Colonie (chez un particulier, à l'extrémité de la rue, dans l'impasse Père-Laval) - ✆ 631 7062.*
**Allocar Ltd** – *La Chaux (à la sortie de Mahébourg, sur la rte de Pointe d'Esny) - ✆ 631 1810.*

### TRANSPORTS

#### À l'arrivée

**En avion** – **Aéroport Sir Seewoosagur Ramgoolam** - *L'aéroport international de Maurice est à Plaisance, à 4 km de Mahébourg - ✆ 603 6000 - http://aml.mru.aero.* Vous y trouverez les principales agences de location de voitures. Toutes sont en principe ouvertes à chaque arrivée de vol. Des taxis attendent à l'arrivée de chaque avion. N'hésitez pas à négocier la course. Autobus publics environ toutes les 30mn, entre 6h et 18h, derrière le parking de l'aéroport. Ils relient Mahébourg à Port Louis, via Curepipe.

#### Dans la ville

**À pied** – La ville se visite idéalement à pied et il est difficile de s'y perdre.
**En bus** – La **gare routière** (B1) est située r. des Hollandais, entre le marché et le front de mer. Des bus réguliers desservent l'ensemble de l'île entre 5h et 18h. Bus toutes les 20mn pour Blue Bay, et toutes les 15mn pour Curepipe *(45mn)* et Port Louis *(1h)*. Bus moins fréquents le long de la côte (jusqu'à Centre de Flacq) ou vers le sud (jusqu'à Souillac). Renseignez-vous sur place, car cela change souvent.

### HÉBERGEMENT

#### Mahébourg

**Bon à savoir** – En résidant à Mahébourg, vous profiterez de l'animation de la ville, mais il faudra rejoindre Pointe d'Esny ou Blue Bay pour vous baigner.

**PREMIER PRIX**

**Nice Place Guesthouse** – B2 - *R. de Labourdonnais - ✆ 631 9419 - www.niceplace.orange.mu - 18 ch. 15/25 €.* Cette pension, tenue par une famille indienne chaleureuse, propose cinq chambres au confort sommaire, avec douches et WC communs à l'étage, et 13 studios équipés, avec lit double, salle de bains, cuisine et télévision. Malgré leur mobilier d'un autre temps, ces derniers constituent une meilleure option, pour seulement 100 Rs de plus (2,50 €). Une adresse économique pour les tout petits budgets.
**Le Saladier** – B2 - *R. de la Chaux - ✆ 631 9758 ou 754 9831 - lesaladier@hotmail.com - 6 ch. 30/40 €* ☕. Les chambres, propres mais vieillottes, donnent sur un agréable jardinet intérieur. Les

2

prix peuvent se négocier. Accueil particulièrement sympathique. Climatisation en sus.

**Coco Villa** – B2 - *R. Swami Shivananda (à côté de l'Aquarella) - 631 2192 - www.mahecoco villa.net - 11 ch. et 4 st. 35/45 €*. Aménagées dans un bâtiment blanc et bleu face au lagon, les chambres, modernes et claires, avec balcon ou terrasse, ouvrent sur le jardin ou la mer. Accueil charmant.

#### BUDGET MOYEN

**Aquarella** – B2 - *6 r. Swami Shivananda - 631 2767 - www.aquarellamu.com - 10 ch. 50/70 €*. De loin, la plus sympathique des adresses de Mahébourg. Véronique et Gino vous accueilleront avec gentillesse et simplicité, et feront tout pour vous faciliter votre séjour. Décorées avec goût, dans les tons doux, les chambres sont claires et plaisantes. Choisissez les nos 2, 3 ou 4, avec balcon surplombant le lagon, ou encore la no 7 ou le bungalow indépendant au bord de l'eau. La table de l'auberge *(certains soirs, sur réserv.)* est réputée pour son excellente cuisine. Dans la belle salle du restaurant, une large baie vitrée ouvre sur la piscine et le lagon. Location de vélo.

### Pointe d'Esny et Blue Bay

*( voir plan de la côte est, p. 156)*

Loger à proximité de l'aéroport présente l'inconvénient du bruit des avions en journée, qui reste cependant très supportable, car il n'y a pas de trafic aérien la nuit.

#### PREMIER PRIX

**Pingouinvillas** – *94A r. des Daurades, Blue Bay - 637 3051 ou 758 3837 (portable) - www.pingouinvillas.com - 7 appart. 40/60 € - 4 €*. Nichée dans un quartier résidentiel paisible et verdoyant, la résidence de Sarif Ramjan propose des 2 pièces et des 4 pièces spacieux équipés de deux terrasses, du Wi-Fi et de l'air conditionné. Les deux appartements du dernier étage disposent également d'une grande terrasse et d'une vue imprenable. Petit déjeuner sur demande. Excellent rapport qualité-prix. À 5mn à pied de la plage.

**Chez Peggy** – *56 r. des Marlins, Blue Bay - 631 8056 ou 259 6359 ou 256 5933 - peggy@cleanera.com - 2 st. 45 €*. À 50 m de la plage, dans un secteur résidentiel et calme de Blue Bay, cette jolie villa tenue par un couple d'Allemands très cordiaux abrite deux studios propres et tout équipés, bien adaptés pour un couple avec ou sans enfants. Petite piscine hors-sol dans le jardin, possibilité de repas sur demande. Transfert aéroport inclus dans le prix.

**Chez Henri** – *Rte côtière, Pointe d'Esny - 631 9806 - www.henri-vacances.com - 3 ch. 45 €*. Chambres spacieuses et chaleureuses à l'étage de la villa des propriétaires. Toutes sont décorées avec goût et l'on se sent vite chez soi. Coin cuisine à disposition, mais Majo et Henri font table d'hôtes le soir *(15 €)*. L'accès à la plage est tout proche. Ambiance familiale.

#### BUDGET MOYEN

**Noix de Coco** – *Rte côtière, Pointe d'Esny - 931 9272 - www.mauritiusguesthouse.com - 5 ch. 43/69 € - accès Wi-Fi gratuit*. Maison d'hôtes dont l'agréable jardin vient se fondre au sable blond de la plage de Pointe d'Esny. Les chambres sont relativement ordinaires pour leur prix. Cuisine, salle à manger et terrasse communes ouvrant sur le lagon. Accueil très aimable.

**Chantauvent** – *Rte côtière, Pointe d'Esny - ✆ 631 9614 - www.chantauvent.com - ✕ ⛱ - 7 ch. : 37/84 €, 4 st. et 1 villa : 50/90 € - ☕ 5 €.* Cette pension à l'atmosphère familiale vous accueille dans un ancien campement dont la varangue donne sur la plage. Côté mer, sept chambres et studios, simples mais propres et confortables, se partagent un coin salon au rez-de-chaussée avec télévision. De l'autre côté de la route, quatre appartements donnant dans un joli jardin et un studio doté d'une piscine privée. Agréable salle commune où l'on prend le petit déjeuner et le dîner (excellente cuisine mauricienne).

**L'Oiseau du Paradis** – *Rte côtière, Pointe d'Esny - ✆ 631 5496 ou 729 3577 (portable) - www.oiseauduparadis.com - 8 ch. 50/75 € ☕ - accès Wi-Fi gratuit.* Cette élégante maison d'hôtes dispose de trois chambres à l'étage de l'habitation principale (sdb commune) et de cinq autres avec salle de bains individuelle. Elles se partagent un agréable salon-bibliothèque. Également un bungalow *(75 €/4 pers.)* et une villa *(180 €/6 pers.)*. Une adresse conviviale.

**Blue Beryl** – *Rte côtière, Pointe d'Esny - ✆ 631 9862 - www.blueberyl.com - 2 ch. : 50/60 € ☕ et 4 st. : 60/80 € ☕ - dîner 10 €.* Posé au pied de la plage, ce petit établissement tenu par la famille sino-mauricienne Wan comblera ses hôtes avec ses studios disposant chacun d'une terrasse privative s'ouvrant sur la mer. Jolie cour commune plantée d'un figuier de barbarie, face au lagon. Accueil affable de Jérémie.

**Jardin du Soleil** – *Rte côtière, Pointe d'Esny - ✆ 631 9886 - www.jardin-du-soleil.com/fr - ⛱ ⛝ - 6 ch. 67/75 € ☕ - dîner 10/15 €.* Dissimulée derrière un beau muret en pierre volcanique se cache une ravissante maison avec sa pelouse parfaitement taillée et ses massifs de lauriers roses et de bougainvilliers. Philip et Rosemary, le charmant couple de propriétaires qui a vécu en Provence, proposent d'agréables chambres décorées de tissus, dont deux avec douche privative. Cuisine commune à disposition. Savoureux dîner avec vin français de producteurs.

**Le Jardin de Beau Vallon** – *Royal Rd, Beau Vallon (à la sortie de Mahébourg en dir. de l'aéroport) - ✆ 631 2805 - www.beau-vallon.net - ✕ ⛱ - 7 ch. 80/95 € en demi-pension - Wi-Fi gratuit.* À l'étage d'une belle demeure coloniale, deux exquises chambres d'hôtes se partagent une terrasse, tandis qu'au fond du jardin tropical, à proximité de la piscine, se nichent quatre autres bungalows décorés eux aussi avec goût. Les amoureux préféreront peut-être le pavillon indépendant et son lit à baldaquin. Une belle étape. Plage de Blue Bay à 3 km.

**Villa Chantemer** – *Rte côtière, Pointe d'Esny - ✆ 931 9272 - www.mauritiusguesthouse.com - ✕ - 5 ch. 85/95 € ☕.* Chambres d'hôtes aménagées avec goût dans le campement d'une Indo-Mauricienne raffinée qui tient à se démarquer de l'hôtellerie traditionnelle. Grande ou petite, avec ou sans cuisine, avec ou sans terrasse, sur mer ou sur jardin, chaque chambre a son charme et son intimité. Certains soirs, table d'hôtes pour les résidents. Accès direct à la plage.

### POUR SE FAIRE PLAISIR

**Blue Lagoon** – *Rte côtière, Blue Bay - ✆ 631 9046 - www.bluelagoonbeachhotel.com - ⛱ ✕ - 72 ch. 120/180 € ☕ - poss.*

*de demi-pension.* L'hôtel est idéalement situé, sur le long cordon de sable de Pointe d'Esny d'un côté, sur la paisible plage de Blue Bay de l'autre. S'il manque un peu de caractère, il se révèle une bonne option pour les familles. Activités sportives et nautiques, balade en bateau gratuite pour visiter le parc marin.

**Le Preskîl** – *Rte côtière, Pointe Jérôme - ✆ 604 1000 - http://lepreskil.com - 🏊 ✕ - 156 ch. 110/230 € en demi-pension - poss. formule « all inclusive » 55 €/pers.* Entre Mahébourg et Pointe d'Esny, cet hôtel joue la carte de la gaieté avec ses bungalows colorés. Il s'est développé sur un vaste lagon, idéal pour les sports nautiques. La vue depuis la plage sur la montagne et l'île aux Aigrettes est l'une des plus belles de l'île. Beaucoup de groupes. Nombreuses activités et Spa.

**RESTAURATION**

## Mahébourg

### PREMIER PRIX

**Le Palais de la Soif** – A1 - *R. des Flamands (près du marché) - 5 €.* Appétissants samoussas, feuilletés et *dholl puri.*

**Salut les Copains** – AB1 - *R. de Maurice - ✆ 764 4988 - fermé le soir - 5 €.* Une adresse conviviale, avec terrasse, fréquentée à midi par les Mauriciens comme par les touristes. Cuisine créole simple, bonne et pas chère. Accueil décontracté.

**Dragon de Chine** – B1 - *R. des Flamands (en face du marché) - ✆ 631 0698 - 10/15 €.* Un restaurant chinois sans prétention. Agréable varangue où il est bon de se poser pour observer en toute discrétion l'animation de la rue et du marché voisin. Cuisine chinoise, mauricienne ou européenne. Spécialité de fruits de mer et de poissons.

**Chez Patrick** – A2 - *Rte Royale (en dir. de l'aéroport) - ✆ 631 9298 - 10/15 €.* L'adresse est réputée auprès des Mauriciens, aussi venez tôt ou pensez à réserver. Un petit effort est fait dans la décoration, assez naïve et colorée ; quant à la carte, elle devrait satisfaire tous les goûts (pâtes, volailles, viandes, poissons). Serveurs jeunes et sympatiques.

### BUDGET MOYEN

**La Vieille Rouge** – B2 - *Angle des r. de la Colonie et du Souffleur - ✆ 631 3980 - 15/20 €.* Dans une belle case créole bordée d'une varangue, bon choix de currys, poissons grillés ou au lait de coco, crevettes, langouste et autres alléchants plats créoles ou européens. Le cadre est sympathique et la cuisine goûteuse à souhait.

**Les Copains d'abord** – B1 - *R. Swami Shivananda - ✆ 631 9728 - 15/20 €.* Un cadre élégant avec une large varangue face au front de mer pour savourer des plats fins et savoureux, tant de gibier (cerfs et sangliers proviennent du Domaine des 7 Vallées, à qui appartient le restaurant) que de produits de la mer. Belle carte des vins. Piano-bar le soir jusqu'à 23h ou 0h et soirées séga les vendredi et samedi. Une adresse à retenir.

## Pointe d'Esny et Blue Bay

### PREMIER PRIX

**Le Bougainville** – *Blue Bay - ✆ 631 8299 - 10/15 € - réserv.*

*conseillée le soir.* À l'entrée de Blue Bay, près de la plage publique, une terrasse très fréquentée sous un toit en ravenala, avec nappes à fleurs et bougies. Cuisine mauricienne ou européenne convenable et bon choix de salades et pizzas à prix modérés. Service aimable et souriant, mais très lent.

**Blue Bamboo** – *Rte côtière, Pointe d'Esny - ✆ 631 5801 - www.bluebamboomauritius.com - 10/20 €.* Un restaurant agréable dont la salle ouvre à l'arrière sur un patio plaisant. Si les pizzas, copieuses et croustillantes, sont la spécialité du lieu, la carte propose également des plats créoles. Le service est discret et efficace. Un bon rapport qualité-prix. Service de livraison.

## ACHATS

Mahébourg regroupe les principaux commerces de la côte est. Vous y trouverez surtout des boutiques indiennes, des vêtements, des tissus, des paréos, des sacs, des tee-shirts et autres souvenirs. Beaucoup ferment le jeudi après-midi.

**Constance** – *Rte côtière, La Chaux - ✆ 631 7611 ou 770 6767.* Une adresse réputée pour ses maquettes de bateaux. Travail soigné et prix compétitifs.

**Labourdonnais Store** – *R. de La Passe - ✆ 631 7529.* Le sympathique Imran possède une véritable caverne d'Ali Baba (vannerie, nappes, tee-shirts, matériel de plongée) et pratique des prix tout à fait compétitifs.

**Espace artisanal** – *Dans le parc du National History Museum, Rte Royale (sur la droite en quittant la ville en dir. de l'aéroport) - fermé le mar.* Ce petit village artisanal se compose d'une demi-douzaine de chalets dans lequels les artisans locaux exposent leurs produits : paniers en rotin, colliers, dodos en bois, objets de décoration…

## ACTIVITÉS

### Excursions en bateau

Pour explorer les fonds du parc marin de Blue Bay sans se mouiller sur un bateau à fond de verre, plonger en apnée dans le lagon ou partir en excursion le long de la côte sud-est, à la découverte des îles de la baie :

**Tof Tof** – *Devant la plage de Blue Bay - ✆ 751 1772 - boatotof@yahoo.com.*

**Blue Bay Marine Park Association** – *Devant la plage de Blue Bay - ✆ 789 1970 - bluebay_coralgarden@yahoo.com.*

**Croisières Turquoises** – *Rte côtière, Barachois - ✆ 631 8347 - www.croisieres-turquoise.com.* Excursion d'une journée en catamaran, au départ de Pointe d'Esny. Le bateau accoste l'île aux Cerfs après avoir longé la baie de Mahébourg et de Vieux Grand Port.

### Plongée

**Bon à savoir** – La saison idéale pour faire de la plongée sur la côte est se situe entre septembre et mai, les mois d'hiver étant plus frais et d'une moins bonne visibilité. Parmi les plus beaux sites : Roche Zozo, à l'est de Pointe d'Esny, et Lobster Canyon à Blue Bay.

**Coral Diving Centre** – *Hôtel Le Preskîl, Pointe Jérôme - ✆ 604 1084 - www.coraldiving.com.* Baptême et plongée.

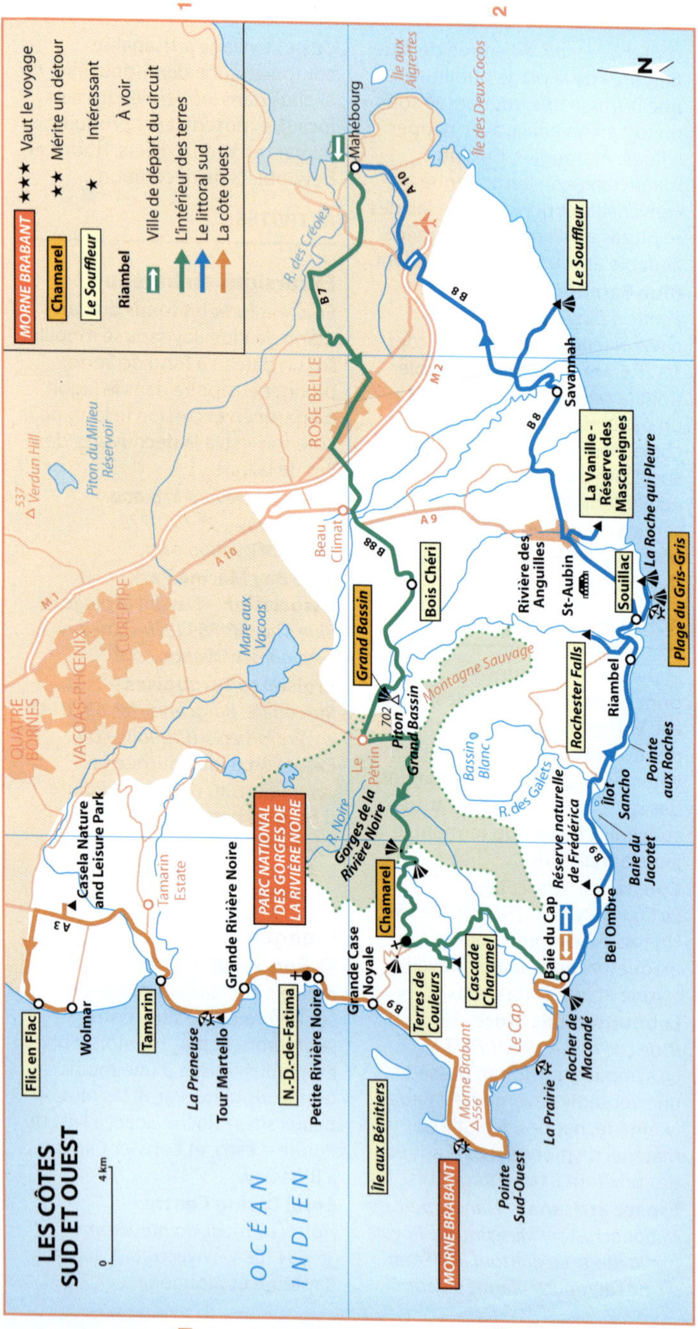
LES CÔTES SUD ET OUEST
0
4 km
MORNE BRABANT ★★★ Vaut le voyage
Chamarel ★★ Mérite un détour
Le Souffleur ★ Intéressant
Riambel À voir
Ville de départ du circuit
L'intérieur des terres
Le littoral sud
La côte ouest
OCÉAN INDIEN
Flic en Flac
Wolmar
Tamarin
La Preneuse
Tour Martello
N.-D.-de-Fatima
Petite Rivière Noire
Île aux Bénitiers
MORNE BRABANT
Morne Brabant
556
Pointe Sud-Ouest
La Prairie
Le Cap
Rocher de Macondé
Baie du Cap
Bel Ombre
Baie du Jacotet
Îlot Sancho
Pointe aux Roches
Riambel
Souillac
Plage du Gris-Gris
La Roche qui Pleure
St-Aubin
Rivière des Anguilles
Rochester Falls
Réserve naturelle de Frédérica
La Vanille - Réserve des Mascareignes
Savannah
Le Souffleur
Mahébourg
Île aux Aigrettes
Île des Deux Cocos
R. des Créoles
ROSE BELLE
Beau Climat
Bois Chéri
Grand Bassin
Piton Grand Bassin
702
Le Pétrin
Montagne Sauvage
Bassin Blanc
R. des Galets
Gorges de la Rivière Noire
R. Noire
PARC NATIONAL DES GORGES DE LA RIVIÈRE NOIRE
Chamarel
Cascade Charamel
Terres de Couleurs
Grande Case Noyale
Grande Rivière Noire
Tamarin Estate
Casela Nature and Leisure Park
QUATRE BORNES
VACOAS-PHOENIX
CUREPIPE
Mare aux Vacoas
Piton du Milieu Réservoir
537
Verdun Hill
M1
M2
A10
A9
A3
B7
B8
B88
B9
N
A
B
C
1
2

# Les côtes sud et ouest 3


LE SUD★★ 172

LA CÔTE OUEST★★ 186

# Le Sud

★★

## NOS ADRESSES P. 178, 184

**S'INFORMER**

**Mauritius Tourism Promotion Authority** – *210 1545 - www.tourisme-ilemaurice.mu (Port-Louis, p. 92).*

**SE REPÉRER**

Carte de microrégion ABC2 (p. 170) - plan du Sud (p. 174-175). Circuit de 120 km environ, entre Mahébourg et Baie du Cap.

**À NE PAS MANQUER**

Randonnée dans le parc national des Gorges de la Rivière Noire ; balade côtière au Gris-Gris et à la Roche qui Pleure ; un verre au restaurant Le Chamarel pour la vue sur le lagon.

**ORGANISER SON TEMPS**

Comptez 2 jours au minimum. En partant tôt, vous pouvez boucler le circuit dans la journée, mais si vous désirez faire une randonnée, prévoyez de passer la nuit à Chamarel. Suivez les conseils des Mauriciens avant de vous baigner, certains endroits sont dangereux, et pensez aux chaussures en plastique. En bus, Grand Bassin n'est desservi que trois fois par jour et aucune liaison ne vous permettra de suivre l'itinéraire proposé. Sur la côte, un bus relie Baie du Cap à Souillac, un autre va de Souillac à Mahébourg. Mais ils sont assez lents et peu fréquents. De Souillac, vous pourrez rejoindre Port Louis et Curepipe. La voiture est le seul moyen d'accéder à certains coins reculés.

**AVEC LES ENFANTS**

Le parc national des Gorges de la Rivière Noire ; la vallée des Couleurs ; l'usine de Bois Chéri ; la Vanille - Réserve des Mascareignes ; le parc Aventure Chamarel ; les écuries de la Vieille Cheminée ; le parc Chazal ; la réserve de Frédérica.

**Exposé aux pluies et aux vents du sud-est, frais en hiver et rafraîchissants l'été, le Sud dévoile les paysages les plus sauvages de l'île. Le relief accidenté de l'intérieur réserve d'agréables excursions avec de magnifiques panoramas, tandis que sur la côte se succèdent villages de pêcheurs, plages rocheuses, falaises basaltiques battues par les alizés et sculptées**

Champ de canne à sucre près de Bois Chéri.
*Yves Talensac / Photononstop*

**par une houle furieuse, et plaines sucrières caressées par le vent du large, d'où émergent les cheminées éteintes des usines pionnières. Plus encore que dans l'Est, on découvre ici une île Maurice authentique, peu peuplée et encore intacte – terre sacrée pour les chrétiens à Chamarel, lors du pèlerinage de l'Assomption, et pour les hindous convergeant en masse au lac de Grand Bassin, pendant la grande fête dédiée à Shiva.**

## ★★ L'intérieur des terres Carte de microrégion, p. 170

*Circuit d'environ 60 km de Mahébourg à Baie du Cap par les terres tracé en vert sur la carte de microrégion p. 170 et sur le plan du Sud p. 174-175 – Comptez une demi-journée.*
*À 25 km env. de Mahébourg, prenez l'A 10 en dir. de Rose Belle. À la sortie de la ville, prenez la B 81 à gauche. À Beau Climat, suivez l'A 9 sur quelques mètres, puis à droite la B 88. Tournez à gauche à la sortie de Bois Chéri.*

### ★ BOIS CHÉRI B2

*Comptez 1h de visite - ✆ 507 0216 - www.saintaubin.mu/larouteduthe - visite guidée : lun.-vend. 8h30-16h30, sam. 8h30-14h30 - 400 Rs avec dégustation. Attention, l'usine ne fonctionne pas certains jours d'hiver (mais la visite est toujours possible) ; renseignez-vous avant de vous y rendre. Cette visite fait partie du circuit « La Route du thé » (voir p. 185). Bois Chéri compte aussi un restaurant proposant une cuisine locale à base de thé, où vous pouvez déjeuner avant ou après la visite (menu à 19 €).*
Aux environs de Bois Chéri, les champs de canne laissent place aux seules plantations de thé de l'île, qui se déroulent en bandes harmonieuses d'un vert soutenu. Bois Chéri désigne à la fois le bourg, l'usine et la marque du thé qu'elle produit. Cette visite vous apprendra tout sur la culture et la production du thé. Vous pourrez parcourir le **musée**, qui retrace les temps forts de l'histoire du thé, puis l'**usine**. Vous serez ensuite convié à une dégustation

**LA FABRICATION DU THÉ**

À peine cueilli, le thé est aéré et déshydraté. Le lendemain, il est broyé, puis fermenté sur un tapis chauffant. Après une bonne heure et demie, le thé, devenu marron, cuit une dizaine de minutes dans un four à 110 °C. Une fois nettoyé et calibré au tamis, il repose environ trois mois dans des silos pour que se dégage son arôme. C'est seulement alors, juste avant l'empaquetage et le conditionnement, qu'on le parfume éventuellement à la vanille ou à la bergamote.

de thé dans un beau chalet construit un peu plus haut, dominant un lac entouré de champs et offrant une vue panoramique sur la côte sud.

*En quittant Bois Chéri, poursuivez la route B 88 sur quelques kilomètres.*

Après les champs de thé, le paysage change radicalement. Forêts de pins, bambous, vigne marron, fougères arborescentes et hibiscus reprennent le dessus, peuplées de macaques et de cerfs.

### ★★ GRAND BASSIN B2

*Comptez 30mn de visite - à env. 5 km de Bois Chéri - entrée libre. Petite échoppe d'images pieuses et de boissons fraîches près du parking.*

Le site ne présente pas un grand intérêt en soi, mais la visite vaut pour l'ambiance qui vous plongera en Inde pendant un petit moment. L'eau de ce lac volcanique s'apparente pour les hindous à l'eau du Gange *(Ganga)*, rivière sacrée considérée comme la mère de l'Inde. Selon la légende, Shiva, alors qu'il s'émerveillait de la beauté de l'île Maurice en survolant la Terre avec sa femme Parvati, laissa choir quelques gouttes de l'eau du Gange qu'il transportait sur sa tête. L'eau, tombée dans un cratère éteint, se transforma en lac et devint le site le plus sacré de l'île, lieu de pèlerinage où chaque année les fidèles viennent recueillir l'eau du bassin.

Près de la moitié de la population de l'île assiste tous les ans en janvier ou février (le 13e jour du mois de *Magha*) à la **fête du Maha Shivaratree** (« grande nuit de Shiva »). Cinq cent mille personnes se rendent à cette occasion au bord du lac pendant cinq jours et cinq nuits consécutifs, portant sur leurs épaules des

3

*kanvars*, sortes de petits temples en bambou, décorés de papiers colorés et de fleurs, de plastique brillant et d'images de Shiva. Les fidèles se baignent dans l'eau sacrée du lac, qu'ils versent ensuite sur le lingam de Shiva *(voir également p. 57)*. Même si vous n'avez pas la chance d'assister à cette fête, l'animation fervente qui règne quotidiennement autour du lac vous initiera aux rites hindous. Dans l'un des temples, les fidèles disposent fruits et fleurs sur l'autel. Un peu plus loin, ils allument une flamme dans le plateau à offrandes avant de sortir du temple à reculons.

Dans le **temple principal**, à l'entrée duquel se tient le taureau Nandi, la monture de Shiva, des fidèles tournent en priant autour des neuf planètes, d'autres chantent dans un épais nuage d'encens devant le lingam de Shiva surmonté du cobra, d'autres enfin adressent leurs prières aux divinités du panthéon hindou. Le gardien du temple, s'il est disponible, pourra vous commenter la cérémonie.

Le **piton Grand Bassin** domine le site du haut de ses 702 m. Au sommet *(accès par un escalier)* se tient un petit temple blanc dédié à Hanuman (dieu à tête de singe et corps humain), où les singes viennent dérober d'un geste alerte les noix de coco et les bananes déposées par les pèlerins. La **vue**★ embrasse par temps clair toute la campagne environnante.

*Continuez la route vers Le Pétrin.*

## ★★★ PARC NATIONAL DES GORGES DE LA RIVIÈRE NOIRE AB1-2

*Le centre d'information du Pétrin, l'une des deux portes d'entrée du parc, est situé au carrefour du Pétrin, à 2,4 km de Grand Bassin ; autre accès et centre d'accueil à*

*Rivière Noire - ✆ 258 0058 (Pétrin) ou 258 0057 (Rivière Noire) - parc : tlj 6h-18h ; centre d'information : lun.-vend. 8h-15h, sam. 8h-11h (Le Pétrin) ou tlj 9h-17h (Rivière Noire). On y trouve une carte des sentiers de randonnée (5 Rs).*

**Conseil** – Pensez à vous munir d'un vêtement de pluie, de crème solaire et de lotion antimoustique.

Maurice était, à l'arrivée des hommes, couverte de forêts. Ces dernières n'occupent plus que 5 % du territoire, au sein desquels les plantes exotiques (goyavier de Chine, *ravenala* de Madagascar) prennent souvent le dessus sur les plantes endémiques (ébénier, bois de natte, bois de fer), tandis que des oiseaux tels que le pigeon des mares et la crécerelle sont menacés de disparition. Face à cette situation, 6 500 ha de la région forestière de la Plaine Champagne ont été déclarés parc national des Gorges de la Rivière Noire afin, notamment, de replanter des espèces endémiques.

Plateau escarpé et verdoyant culminant à 750 m, la région pittoresque de la Plaine Champagne est aujourd'hui couverte par une végétation dense de bruyère, d'arbres nains envahis par la vigne marron et surtout par une forêt d'essences rares (colophane, *takamaka*, *tambalacoque*, camphrier, bois de natte, bois d'ébène, bois de fer). Cette végétation indigène et endémique, refuge d'oiseaux rares, abrite les derniers spécimens de crécerelles (ou « mange-poule »), de merles cuisiniers, de pigeons des mares (ou pigeons roses), ainsi que des singes et des cerfs.

Il existe dans le parc une dizaine de **sentiers balisés** couvrant quelque 70 à 80 km. Parmi eux :

### Sentier de Macchabée

*10 km AS entre le point d'information du Pétrin et le centre d'accueil de Rivière Noire - 4h - difficulté modérée. La balade est plus facile dans le sens Rivière Noire-Le Pétrin.*

C'est le sentier le plus populaire, puisqu'il condense tous les atouts du parc et offre des vues spectaculaires sur la forêt.

### Sentier du Mare aux Joncs

*3 km AS - 2h - difficulté modérée. Départ du centre d'accueil de Rivière Noire. Environ 500 m après le départ, prenez le sentier de gauche et restez toujours à gauche. Attention, le sentier peut être glissant ; prévoyez de bonnes chaussures.*

Ce sentier pittoresque traverse sept à huit fois la rivière pour parvenir finalement au pied d'une cascade. Belles vues sur les crêtes.

### Sentier de la Forêt de Macchabée

*Boucle de 14 km - difficulté modérée. Départ du point d'information du Pétrin.*

Un sentier en boucle pour plonger au cœur de la forêt tropicale mauricienne.

### Sentier du Piton de la Petite Rivière Noire

*9 km AR - difficulté modérée. Départ du parking de View Point Black River Gorges ; suivez la route en dir. de Chamarel sur environ 300 m, le sentier est indiqué sur la droite.*

Ce beau sentier mène jusqu'au sommet du piton le plus élevé de l'île (828 m), d'où l'on jouit d'un superbe point de vue sur le parc et le littoral.

*Du Pétrin, suivez la route plein sud puis prenez à droite au petit rond-point (dir. Gorges View Point et Chamarel).*

En hiver, vous pourrez cueillir au bord de la route des goyaviers, délicieux fruits sauvages, rouges (goyaves de Chine) ou jaunes (goyaves de France). À 8 km du Pétrin, après le panneau « restaurant-bar Varangue-sur-Morne », une pancarte annonce le **point de vue★★ des Gorges de la Rivière Noire** *(View Point Black*

La cascade Chamarel.
*Kim Kwanghae / age fotostock*

*River Gorges)*. Un sentier vous conduit 150 m plus loin au belvédère qui offre un panorama sur la vallée envahie par une forêt exubérante et arrosée par plusieurs cascades. Au loin, la vue porte jusqu'au littoral.

Un peu plus loin sur la route principale, à la sortie du parc national, un virage en épingle vous permet de découvrir une **vue★★** sur le morne Brabant et le lagon lumineux du Sud-Ouest *(petite aire de stationnement)*.

La route sinueuse descend jusqu'à Chamarel. Vous remarquerez un net changement de végétation par rapport à la Plaine Champagne. L'arbre du voyageur, l'aloès et le vacoa (utilisé en vannerie) apparaissent peu à peu. La canne à sucre domine à nouveau dans le paysage à partir de Chamarel, où vous retrouverez aussi des bananiers et des bougainvilliers aux couleurs éclatantes.

3

## ★★ CHAMAREL A2

*À 15 km du Pétrin. Accès également possible à partir de Baie du Cap (11 km) ou de Grande Case Noyale (3,5 km). Comptez 1h de visite.*

Ce modeste village de montagne, dominé par le piton de la Petite Rivière Noire, point culminant de l'île (828 m), s'anime le 15 août lors du grand pèlerinage de l'Assomption à l'**église Ste-Anne**.

### ★ Écomusée Touche du Bois

*Comptez 1h - 110 rte Plaine Champagne (à 5 km à l'est de Chamarel, sur la rte menant au parc) - ✆ 483 6610/5710 - www.acoeurbois.com - 9h-16h - 250 Rs (enf. 150 Rs).*

Conçu par José Hitié, un véritable amoureux du bois, ce musée, aussi beau que pédagogique, rassemble essences et objets du monde entier. Au fil des salles, le visiteur s'initie de manière ludique à la matière, redécouvre une multitude d'objets de la vie quotidienne et des outils en fin de vie, des instruments à musique, des objets religieux ou des œuvres d'art, tous en bois, qui révèlent une partie du patrimoine mauricien et invitent à une réflexion sur les choses qui nous entourent. Remarquable.

### La Rhumerie de Chamarel

*Comptez 30mn - Royal Rd (sur la route en dir. du parc national) - ✆ 483 7980 - www.rhumeriedechamarel.com - lun.-sam. et j. fériés 9h30-17h30 - 350 Rs avec dégustation. Attention, la rhumerie ne fonctionne que de juin à déc. (mais visite possible tte l'année). Un restaurant, L'Alchimiste, ouvert tlj à midi (menus de 1 000 à 1 500 Rs).*

Cette distillerie moderne s'inscrit au cœur d'un vaste domaine agricole sur les hauteurs de Chamarel. Si le site – conçu surtout pour le tourisme – est élégant et le restaurant réputé, il perd quelque peu en authenticité et la visite guidée, vite expédiée, n'est jamais qu'un prétexte à la vente des rhums du domaine.

### La vallée des Couleurs

*De l'église, prenez à gauche en dir. des terres de Couleurs et de Baie du Cap. Une piste en terre de 3 km part ensuite sur la droite - ✆ 251 8666 - www.lavallee descouleurs.com - 7h-18h - 125 Rs (enf. 75 Rs).*

Le chemin traverse des champs de canne, de vétiver et de caféiers bordés de palmiers bouteilles et de palmistes.

À 1,5 km de l'entrée du site, sur la gauche dans un grand virage, vous bénéficiez d'un premier point de vue sur la **cascade Chamarel**★ (A2), qui tombe de près de 100 m de haut dans une végétation luxuriante.

La piste débouche 1,5 km plus loin sur les fameuses **terres de couleurs**★ (A2), cachées dans une vaste clairière entourée de collines verdoyantes. Les petites dunes ondulées se parent, avec plus ou moins de netteté selon la lumière, l'humidité et l'angle de vue, de subtiles nuances de couleurs fauves, avec des reflets allant du jaune au bleu en passant par le mauve, le vert, l'orange ou le rouge. Ne vous attendez pas, cependant, à voir briller la terre des sept couleurs de l'arc-en-ciel, car vous risqueriez d'être déçu. Ce phénomène unique dans le monde provient de cendres volcaniques mises à nu par l'érosion. Elles contiennent des oxydes minéraux de diverses couleurs dont les différences de densité les empêcheraient de se mélanger.

Vous pouvez facilement rejoindre la côte ouest à partir de Chamarel. La route descend en lacet jusqu'à Grande Case Noyale avec des **vues**★★★ spectaculaires et inoubliables sur le lagon.

Pour retourner vers Mahébourg par la côte sud, poursuivez en direction de Baie du Cap, à droite au débouché de la piste des terres de Couleurs. La route qui descend jusqu'au littoral sillonne les champs de canne, plantés sur une terre rouge et vallonnée. Pendant la campagne sucrière (de juin à décembre), roulez bien à gauche, car les camions chargés de cannes passent parfois très vite. Vous traversez ensuite une forêt magnifique, mêlée de manguiers, d'arbres du voyageur, de flamboyants, de bananiers, d'eucalyptus, de cyprès, qui offre de beaux panoramas sur la mer. Vous passez devant le **temple tamoul** de Choisy avant d'arriver à Baie du Cap.

## NOS ADRESSES À L'INTÉRIEUR DES TERRES

Plan du Sud, p. 174-175

#### HÉBERGEMENT

#### Chamarel

PREMIER PRIX

**Les Palmiers** – *Royal Rd (dans le centre du village) - ✆ 483 8364 - shanaya108@hotmail.co.uk - ✗ - 4 ch. : 18 € ☕ et 1 appart. : 30 € - rest. 12 €.* Adresse économique, aux chambres simples mais propres, pour ceux qui voudraient faire étape à Chamarel. Les moins chères se partagent une salle de bains.

BUDGET MOYEN

**Le Coteau Fleurie** – *Royal Rd (en face de l'entrée à la vallée des Couleurs) - ✆ 483 4757 - www.coteaufleurie.com - 🏊 - 5 ch. 80 € ☕.* Geneviève et Gérard ont aménagé sous les combles de leur superbe villa de style créole quatre chambres vastes et joliment meublées. Également une chambre au rez-de-chaussée. Le cadre est réellement plaisant et l'ambiance familiale des plus sympathiques.

**La Vieille Cheminée** – *À 2 km du village, sur la rte de Baie du Cap (panneau à gauche) - ✆ 483 4249 ou 725 5546 (portable) - www.lavieillecheminee.com - 🍴 🏊 - 3 chalets 91 € - ☕ 5,50 € - repas 12 €.* Les amateurs de nature et d'authenticité aimeront jouer les Robinson dans les chalets en bois de cette propriété agricole, mais également randonner ou galoper sur les sentiers forestiers alentour. Les enfants, eux, apprécieront les poulaillers et les marcassins. Les clients ont le choix entre trois chalets (d'une capacité de 2 à 6 pers.) au charme rustique, décorés de beaux tissus et de meubles en bois, avec cuisine équipée, salon, véranda et ponton-terrasse. Petit déjeuner et repas (produits de la ferme) livrés sur commande.

UNE FOLIE

**Lakaz Chamarel** – *Piton Canot (sur la rte de Grande Case Noyale, juste avant le restaurant Le Chamarel) - ✆ 483 5240/5322 - www.lakazchamarel.com - 🍴 🏊 - 20 ch. 185/465 € en demi-pension.* Cachée au fond d'un vallon, en lisière de forêt, cette belle propriété regroupe des villas chaleureuses et raffinées au sein d'un grand jardin tropical. Chacune décline sa touche ethnique dans un mobilier et une décoration d'un goût parfait : Chine, Inde, Afrique… Les terrasses avec vue et les salles de bains à ciel ouvert permettent de profiter de la nature environnante. Service personnalisé, digne d'une maison d'hôtes de grand luxe. Excellente table d'hôtes. CD, DVD et jeux à disposition, massage, yoga et randonnées sur demande. Location de vélo. Une retraite élégante et heureuse, proche de la plage du Morne en voiture.

## RESTAURATION

### Chamarel

PREMIER PRIX

**Chez Pierre Paul** – *Royal Rd - ✆ 483 5079 - midi seult - 8,50/13,50 €.* Au milieu de médiocres pièges à touristes, ce restaurant estampillé un peu abusivement « table d'hôtes » fait figure de pis-aller. Cuisine créole assez ordinaire mais convenable et prix relativement sages.

BUDGET MOYEN

**Le Chamarel** – *La Crête (sur la rte de Grande Case Noyale) - ✆ 483 6421/6937 - www.le-chamarel.restaurant.mu - 12h-15h - 15/25 €.* Cette halte mérite le détour pour sa grande terrasse ombragée offrant l'un des plus beaux panoramas de l'île. Si votre budget ne vous permet pas d'y déjeuner, vous pouvez du moins venir y goûter le fameux café de Chamarel. L'endroit est fréquenté par les groupes.

**Domaine du Cachet** – *La Montagne (sur la route principale en dir. de Baie du Cap) - ✆ 483 5259 - lun.-sam. 10h30-17h - 20/35 €.* Niché entre deux bras de la rivière du Cap, le Domaine du Cachet recèle un magnifique jardin fleuri. Excellente cuisine mauricienne apprêtée de sauces onctueuses, de riz aux légumes et de salade. À déguster dans la salle climatisée à la belle charpente ou sous la véranda en palme qui s'ouvre sur le cours d'eau et sur un vieux manguier. Présentation soignée et service souriant.

### ACTIVITÉS

#### Activités de pleine nature

**Domaine des 7 vallées** – *Mare aux Vacoas (à 3 km au nord du carrefour du Pétrin, de la rte une mauvaise piste mène à l'entrée du domaine, 3 km plus loin) - ☎ 631 3336/3317/3341 - www.domainedes7vallees.com - 9h-17h.* Ce vaste complexe basé sur le « tourisme Vert » couvre 4 000 ha d'étendues sauvages sur lesquelles sont proposées de nombreuses activités (sur réserv.) : randonnées à pied ou en VTT, balade à cheval, excursions en quad ou 4x4, chasse à l'arc ou au fusil (cerfs et sangliers). Possibilité de restauration et d'hébergement.

**Parc Aventure Chamarel** – *Vallée des Couleurs - ☎ 234 4533/5385 - www.parc-aventure-chamarel.com - tlj sf merc. 9h-16h - réserv. conseillée.* Deux parcours aériens *(2h30 au total)* pour progresser d'arbre en arbre à l'aide de passerelles, de tyroliennes, de murs de filets, de poutres et d'anneaux. À prévoir, des vêtements sportifs, de bonnes chaussures et une lotion antimoustique.

**La Vieille Cheminée** – *À 2 km du village, sur la rte de Baie du Cap (panneau à gauche) - ☎ 483 4249 ou 725 5546 (portable) - www.lavieillecheminee.com.* Balades guidées à pied et à cheval dans les terres.

## ★★ Le littoral sud Carte de microrégion, p. 170

*Circuit d'env. 60 km entre Baie du Cap et Mahébourg par le littoral tracé en bleu sur la carte de microrégion p. 170 et sur le plan du Sud p. 174-175 – Comptez une demi-journée au moins, une journée avec la visite de la réserve de Frédérica.*

### LE LONG DE LA CÔTE AB2

La route longe le littoral sud, suivant parfois le tracé d'un cours d'eau le temps d'une légère incursion dans les terres, puis serpente vers l'est au milieu des vastes étendues de canne qui ondulent au vent à perte de vue.
La route de Chamarel débouche sur la côte à la hauteur du paisible village de **Baie du Cap** (*voir p. 186*). Rejoignez la route littorale (B 9) et prenez à gauche en direction de Souillac.

### RÉSERVE NATURELLE DE FRÉDÉRICA A2

*Domaine de Bel Ombre - ☎ 623 5615 - www.domainedebelombre.mu - visite guidée (départ à 9h15 et à 13h15) à pied (1 150 Rs/pers.), en VTT (1 150 Rs), en quad (2 300/2 950 Rs, 2 850/3 500 Rs avec déjeuner à la plage) ou en 4x4 (2 300 Rs, enf. 1 150 Rs) - durée : 2h30 env. - réserv. obligatoire.*
Splendide domaine étagé en lisière du parc national des Gorges de la Rivière Noire, cette réserve de 1 300 ha s'étend à l'emplacement de l'ancienne sucrerie de Frédérica, dont on peut voir la vieille **cheminée** isolée au milieu de la nature. La réserve, en partenariat avec la Mauritian Wildlife Foundation, suit un programme original d'éradication des plantes exotiques et de réintroduction d'espèces endémiques, tel le faucon crécerelle. Au cours de la visite, vous pourrez observer, outre la **cascade de l'Exemple**, des troupeaux de cerfs, mais également des singes et des sangliers.

Connu pour sa magnifique plage accessible moyennant un droit d'entrée au domaine, **Bel Ombre** *(voir p. 184)* est empreint de mystère : l'ombre désignerait un poisson d'eau douce d'Europe du Nord, mais son existence n'a jamais été prouvé sur l'île… Plus loin sur la route, une brèche dans le récif rend la baignade dangereuse dans la **baie du Jacotet** (B2).

À Sainte-Marie, à droite après le pont, vous pouvez vous rendre à pied, à marée basse, sur l'**îlot Sancho** (B2), îlot corallien couvert d'arbustes, le plus proche de l'île Maurice.

Vous passez devant un cimetière marin avant de longer la longue plage sauvage de la **pointe aux Roches** (B2), bordée de filaos. Un belvédère en béton offre une jolie vue sur la côte sauvage à marée haute, lorsque les vagues se heurtent violemment au récif tout proche. On assiste parfois à des parties de pêche à l'épervier, quand la houle n'est pas trop forte dans le lagon.

Vous longez encore de belles plages de sable, notamment à **Riambel** (B2) qui, déserte la semaine, s'anime le week-end pour le pique-nique familial.

## ★ LES CHUTES DE ROCHESTER (ROCHESTER FALLS) B2

*De Riambel ou de Souillac, le chemin est bien indiqué (env. 4 km). Au bout, il faut suivre une piste pierreuse à travers les cannes sur env. 500 m. Attention aux vols (ne laissez rien dans votre véhicule), ainsi qu'au racket pratiqué par des Mauriciens qui réclament de l'argent aux touristes pour leur servir de guide ou se faire photographier en train de sauter du haut des cascades.*

**Conseil** – N'oubliez pas votre lotion antimoustique.

Cette incursion rafraîchissante vers l'intérieur des terres vous mène aux chutes de Rochester, en amont de la rivière Savanne. Les mouvements tectoniques et l'érosion de cette rivière ont découpé le basalte en longues colonnes verticales cubiques, sur lesquelles l'eau coule à pic en cascades étagées. Un petit bassin permet de se baigner.



## ★ SOUILLAC B2

Dans ce village de pêcheurs vivent aussi petits planteurs et ouvriers de la sucrerie voisine de Saint-Aubin. Le **port** de pêche *(en contrebas, à l'embouchure de la rivière Savanne)*, jadis très actif, servait également au transport du sucre

### TOURISME INTÉGRÉ OU ENCLAVÉ ?

Débuté à Bel Ombre, dans le sud de l'île, **l'Integrated Resort Scheme** (IRS) regroupe une série de plans visant à créer des espaces clos réservés aux étrangers, comprenant hôtel, golf et villas de luxe proposées à l'achat. Ce modèle de croissance touristique semble promis à un brillant avenir à Maurice, suscitant l'intérêt de nombreux promoteurs. Des projets de grande ampleur vont voir le jour dans le Sud (Bel Ombre et Saint-Felix), l'Ouest (Wolmar, Rivière Noire), l'Est (Anse Jonchée) et dans le Nord (Balaclava). Mais quel sera l'effet de ces enclaves artificielles sur les paysages et le mode de vie des Mauriciens ? Beaucoup d'habitants craignent de voir diminuer le nombre des plages publiques et que les plus beaux sites de l'île soient accaparés par des étrangers. D'autres évoquent l'impact sur l'environnement, notamment sur les lagons transformés en terrain de sports nautiques. Les plus belles parties du territoire risquent de devenir de vastes domaines grillagés d'où les Mauriciens seront exclus.

vers la capitale. Longez la côte jusqu'au **jardin municipal de Telfair**, agréable parc ombragé de badamiers et de magnifiques banians, d'où vous surplombez la mer.

### Robert Edward Hart Memorial Museum

*Dans la rue qui descend vers la plage du Gris-Gris - ✆ 625 6101 - tlj sf mar., dim. et j. fériés 9h-16h, sam. 9h-12h - gratuit.*

Le poète mauricien Robert Edward Hart (1891-1954) prit sa retraite en 1941 dans un modeste campement, avant que ses amis ne lui offrent, pour ses 50 ans, cette jolie maison en maçonnerie de corail collée sur du ciment. Convertie en musée depuis 1967, elle contient les meubles et objets personnels de l'ancien propriétaire – portraits, violon, tableaux, chapeaux, vieilles cartes postales, collection de coquillages et de coraux…

### ★★ Plage du Gris-Gris B2

En sortant du musée, prenez à droite et suivez la route qui mène quelques centaines de mètres plus loin jusqu'à la **plage du Gris-Gris★★** *(baignade dangereuse)*. Les brèches dans le récif exposent le littoral aux déchaînements de l'océan, qui vient claquer sur les falaises dans un vacarme impressionnant. Vous pourrez admirer ce paysage des petits kiosques et des bancs qui dominent cette mer fascinante, où se fondent des bleus et verts profonds sous un manteau d'écume.

Le sentier surplombant la falaise offre un **panorama★★★** magnifique sur cette côte sauvage. La **Roche qui Pleure** (B2), en avancée sur l'océan, doit son nom au ruissellement continu qu'elle subit et au grondement de la mer en furie qui s'engouffre dans tous les interstices du rocher.

*De retour au parking, rejoignez l'A 9 qui s'éloigne de la côte dans les cannes.*

## RIVIÈRE DES ANGUILLES B2

Avant d'arriver à Rivière des Anguilles, un léger détour à gauche de la route permet d'admirer la belle **maison coloniale de Saint-Aubin** (1819), aujourd'hui transformée en table d'hôtes (*voir « Restauration », p. 185*). Si vous n'y déjeunez pas, vous pouvez tout de même visiter ses serres d'anthuriums, sa Maison de la vanille et sa distillerie de rhum *(lun.-sam. 9h-17h - 500 Rs, enf. 250 Rs)*.

*Reprenez l'A 9 en dir. du village de Rivière des Anguilles.*

Une animation sympathique règne dans la rue centrale de ce village typique à la population majoritairement hindoue et musulmane. Elle est bordée d'échoppes colorées de tailleurs, bijoutiers ou marchands de textiles, et vous pourrez y grignoter de délicieux bonbons piments, des samoussas ou des *dholl puri* avant de poursuivre votre route.

*À 2 km de Rivière des Anguilles, après le poste de police, tournez à droite en dir. de Senneville.*

### PENDANT LA CAMPAGNE SUCRIÈRE

À la période de coupe (de juin à décembre), les routes s'animent d'un va-et-vient de camions surchargés transportant vers les usines les cannes fraîchement coupées. Les cheminées crachent d'épais nuages de fumée qui assombrissent le ciel et imprègnent la campagne d'appétissants effluves caramélisés. Les bornes rouges ou noires que vous remarquez devant chaque champ portent des inscriptions blanches indiquant la superficie du champ en hectares, la variété de la canne et la date de sa plantation.

Les chutes de Rochester.
*Ripani Massimo / Sime / Photononstop*

## ★ La Vanille - Réserve des Mascareignes B2

*626 2503 - www.lavanille-reserve.com - 9h30-17h - en semaine : 350 Rs (enf. 200 Rs) ; w.-ends et j. fériés : 200 Rs (enf. 90 Rs) - visite guidée (1h). Restaurant Le Crocodile affamé (voir p. 185).*

**Conseil** – Prévoyez de la lotion antimoustique.

Ce parc tropical de 5 ha vous invite à déambuler au milieu des bambous, cocotiers et orchidées pour découvrir la faune des Mascareignes et d'Afrique : crocodiles du Nil *(repas ouvert au public : merc. et sam. à 11h30)*, iguanes d'Amérique centrale *(possibilité de les approcher : tlj à 10h30 et 14h30)*, lézards verts, tortues géantes des Seychelles, caïmans du Brésil, carpes japonaises marbrées, grenouilles géantes… Ne manquez pas aussi, outre le **musée des Fossiles**, l'**insectarium** qui rassemble plus de 23 000 espèces de papillons et d'insectes du monde entier, rassemblées durant plus de 30 ans par Jacques Siedlecki, qui vous fera partager sa passion au cours de la visite. Et si tout cela vous a creusé l'appétit, commandez au restaurant un steak de crocodile !

*De retour à Rivière des Anguilles, prenez la route B 8 à droite.*

3

### SUR LA ROUTE DE MAHÉBOURG BC2

À **Savannah** (B2), passé l'ancienne cheminée d'usine sucrière à droite, vous passerez sous l'arche formée par le banian majestueux qui enjambe la route.

*Au village de L'Escalier, tournez à droite avant le poste de police, vers Savinia - Le Souffleur. Contournez la sucrerie de la Barraque et traversez l'ancienne usine de Savinia.*

Après 4,5 km de chemins de terre dans les cannes, où il n'est pas rare de voir des ouvriers agricoles profiter de l'heure chaude du déjeuner pour faire la sieste à l'ombre d'un banian, vous arrivez sur la **côte**★★ la plus sauvage de l'île. Loin du lagon turquoise et paisible, les vagues se fracassent dans un grondement étourdissant, s'engouffrent avec force dans toutes les anfractuosités de la roche et jaillissent parfois avec une force incroyable, comme dans **Le Souffleur**★ (C2) qui se trouve à cet endroit, sorte de cheminée intérieure où la mer remonte, propulsée comme un geyser. Ce spectacle n'est toutefois saisissant qu'à marée haute et lorsque la mer est agitée.

## NOS ADRESSES SUR LE LITTORAL SUD

Plan du Sud, p. 174-175

### HÉBERGEMENT

#### Rivière des Anguilles

PREMIER PRIX

**Le Luxia** – *Royal Rd - 626 6029 ou 253 6747 (portable) - www.leluxia.com - 5 ch. 25/40 € en demi-pension.* Située à la sortie de Rivière des Anguilles, sur la route principale, la maison d'hôtes d'Aleem propose des chambres simples, confortables et parfaitement tenues, au milieu d'un quartier typiquement mauricien. Petit déjeuner complet et dîner généreux concocté par sa femme, Nirina. Terrasse panoramique sur le toit animée régulièrement de soirées barbecue. Le patron propose également des formules comprenant la location de voiture avec chauffeur.

POUR SE FAIRE PLAISIR

**Auberge de Saint-Aubin** – *Saint-Aubin - 626 1513 - www.saintaubin.mu/larouteduthe - 4 ch. 120/130 € en demi-pension.* Aménagées dans une très jolie maison créole de 1908, à proximité de l'ancienne usine sucrière de Saint-Aubin, ces superbes chambres de style colonial constituent une étape pleine de charme pour les amoureux. On peut profiter de la piscine et des vélos sont mis à la disposition des hôtes. Cuisine mauricienne savoureuse et raffinée élaborée avec les produits du terroir. Vous pourrez profiter de votre séjour pour visiter le domaine voisin *(voir « Excursions organisées », ci-contre)*, sa distillerie artisanale, sa serre d'anthuriums ou sa plantation de vanille.

#### Bel Ombre

UNE FOLIE

**Domaine de Bel Ombre** – *Saint-Aubin - 605 5000 - www.domainedebelombre.mu ou www.heritageresorts.mu - villas Valriche : 400/600 € ; hôtel Le Telfair : 158 ch. 300/500 € ; hôtel Awali : 159 ch. 250/400 € - accès à la plage (avec transat) 400 Rs.* S'étendant sur 2 500 ha, ce domaine d'exception est célèbre pour son golf (9 et 18 trous), le plus fréquenté de l'île, mais aussi pour la réserve naturelle de Frédérica *(voir p. 180)*. Il comprend de spacieuses villas, avec piscine privative, situées autour du parcours, deux hôtels de luxe en bord de mer, le Telfair à l'esprit colonial et l'Awali aux tons africains, ainsi qu'une dizaine de restaurants, dont celui du château, incontournable *(voir « Restauration », ci-dessous)*. Brunch réputé le dimanche *(1 500 Rs)*.

### RESTAURATION

#### Bel Ombre

PREMIER PRIX

**Bistro Anvers** – *Royal Rd - 779 2240 - fermé lun. - 10/15 €.* Au bord de la grand-route, ce petit troquet tenu par l'affable Marline et son mari Théo fait honneur aux voyageurs de passage avec son décor propret, ses tables bien mises et sa carte variée. Cuisine honnête, prix doux.

BUDGET MOYEN

**Château de Bel Ombre** – *605 5000 - www.domainedebelombre.mu - le matin (petit-déj.) et le soir seult, sur réserv. - fermé dim. - 20/30 €.* Cette majestueuse maison coloniale du 18e s. s'inscrit dans un panorama enchanteur, ponctué de grands arbres séculaires. Sa varangue, idéale pour un dîner romantique, ouvre sur un vaste jardin à la française, prolongé par un terrain de golf qui déploie sa verdure jusqu'à la mer. On goûte le charme suranné des lieux, avec ses meubles centenaires, ses lambris et ses plafonds hauts, mais aussi la qualité de la cuisine (carré d'agneau à l'infusion de café, ravioli de crabe, darne de capitaine rôtie à l'émulsion de vanille…).

## Riambel

### BUDGET MOYEN

**Green Palm** – *Coastal Rd - ✆ 625 8100 - 15/25 €.* Ouvert en 1989, ce restaurant, l'un des plus anciens de la région, propose une cuisine indienne raffinée, relevée selon les goûts de chacun. Grande variété de pains (nan), riz de qualité et belle sélection de vins. À savourer dans un cadre simple et soigné.

## Souillac

### PREMIER PRIX

**Chez Rosy** – *Plage du Gris-Gris - ✆ 625 4179 - 5/10 €.* Discrètement affairée dans sa jolie cuisine colorée, Rosy concocte pour ses hôtes une cuisine généreuse, délicatement assaisonnée et épicée : *vindaye* de poisson, sauté de poulet aux petits légumes, curry de crevettes aux aubergines… Impressionnant chaudron géant au milieu de la salle et agréable terrasse, ombragée par la végétation.

## Rivière des Anguilles

### BUDGET MOYEN

**Le Crocodile Affamé** – *La Vanille - Réserve des Mascareignes - ✆ 626 2503 - www.lavanille-reserve.com - 9h30-17h - 15/25 €.* Le restaurant, situé à l'intérieur du parc, propose des snacks et des plats créoles, mais aussi de la viande de crocodile accommodée sous diverses formes (en cari, beignets, brochettes…).

**Le Saint-Aubin** – *Saint-Aubin - ✆ 626 1513 - www.saintaubin.mu/larouteduthe - table d'hôtes le midi, sur réserv. - 20/30 €.* Installé sous la véranda de cette demeure créole de 1819, vous dégusterez un punch avant de savourer d'excellentes spécialités créoles (menu fixe). Après le repas, vous pouvez visiter la maison, la distillerie artisanale, la serre d'anthuriums ou la plantation de vanille. Le restaurant fait partie du circuit « La Route du thé » *(voir ci-dessous)*.

## ACTIVITÉS

### Excursions organisées

**La Route du thé** – *✆ 626 1513 - www.saintaubin.mu/laroutedutthe.* Ce circuit combine la visite du domaine des Aubineaux, de Curepipe, résidence du propriétaire du domaine théier de Bois Chéri, celle de l'usine de thé, puis de la demeure coloniale de Saint-Aubin. Transformée en table d'hôtes, cette dernière vous accueillera pour un déjeuner mauricien sous sa belle varangue *(voir ci-dessus)*. Il est nécessaire d'être motorisé.

### Activités de pleine nature

**Chazal** – *Chamouny (près de l'usine sucrière de Saint-Felix) - ✆ 622 2148 ou 422 3117 - www.incentivepartnersltd.com - tyrolienne avec le déj. 2 300 Rs (enf. 1 610 Rs) ; balade en rivière et déj. 2 000 Rs - réserv. indispensable.* Balade en rivière *(3h30)* et amusant parcours de tyroliennes *(2h30)* au-dessus de la rivière des Galets (avec baignade dans une cascade). Prévoyez vêtements de sport, maillot de bain et lotion antimoustique. Table d'hôtes servant poulet et miel du domaine.

3

# La côte ouest

★★

## NOS ADRESSES P. 190, 192, 195

**S'INFORMER**
**Mauritius Tourism Promotion Authority** – *210 1545 - www.tourisme-ilemaurice.mu (Port-Louis, p. 92).*

**SE REPÉRER**
Carte de microrégion A1-2 (p. 170) - plan de la côte ouest (ci-contre). Circuit de 50 km environ entre Baie du Cap et Flic en Flac.

**À NE PAS MANQUER**
Une baignade sur la plage du Morne Brabant ou à l'île aux Bénitiers ; observer et nager avec les dauphins au large de la Preneuse ; prendre un verre dans un grand hôtel de la côte.

**ORGANISER SON TEMPS**
Comptez 2 jours au minimum. Méfiez-vous des courants dans le lagon, même si la mer est calme. Les meilleurs mois pour pratiquer le surf dans la baie du Tamarin sont juillet et août. La région est bien desservie par les bus au départ des villes du centre. Un bus relie Quatre Bornes à Baie du Cap toutes les 15-20mn en longeant la côte. De Port Louis, il faut changer à Quatre Bornes. Une jolie route côtière relie le morne Brabant à Port Louis. De l'aéroport, le plus rapide consiste à prendre l'autoroute jusqu'à Curepipe ou Quatre Bornes, puis à descendre vers le littoral par une route secondaire (1h).

**AVEC LES ENFANTS**
La plage du Morne Brabant ; l'observation des dauphins ; Casela Nature and Leisure Park.

**Fermée au sud par la masse imposante du morne Brabant et dominée en arrière-plan par les silhouettes effilées des montagnes Vacoas et de la Rivière Noire, la côte ouest voit alterner de belles plages touristiques et des villages pittoresques vivant de la pêche, de l'élevage de cerfs et de la production de sel. Particulièrement chaude et sèche, cette partie de l'île, agréable en hiver, parfois étouffante l'été, bénéficie d'un atout maître : son lagon. Protégé par le récif, il bénéficie des meilleures conditions de l'île pour les activités nautiques et s'embrase le soir venu de couchers de soleil aux camaïeux orangés.**

## Se promener Carte de microrégion, p. 170

### BAIE DU CAP A2

Près de 2 500 habitants – pêcheurs, petits planteurs et ouvriers de la sucrerie de Bel Ombre pour la plupart – vivent entre mer et montagne dans ce paisible village aux cases en tôle colorées et fleuries. Cet habitat « illégal » est toutefois aujourd'hui menacé.

SE LOGER
Aanari 26
Escale Vacances 2
Gold Beach 3
"La Preneuse" 9
Bay Hotel (The)
Lataniers Bleus (Les)
Mariposa (La)
Latanier (Le) 8
Manisa Hotel 10
Marlin Creek Residence 6
Nilaya (The) 11
Reine Créole (La) 16
Ropsen Chawan (Chez) 17
"Tamarin" 23
Sweet Beach Bungalow
Tamarin Hotel
Villa Osumare 24
Villa Seewoo 25
PORT LOUIS
QUATRE BORNES
GRAND BASSIN
SOUILLAC
Flic en Flac
Wolmar
Cascavelle
Casela Nature and Leisure Park
777
Montagne du Rempart
R. du Rempart
Baie du Tamarin
Tamarin
Tamarin Estate
R. Tamarin
Tourelle du Tamarin
548
Montagne Tamarin
R. du Boucan
La Preneuse
Tour Martello
Grande Rivière Noire
Baie de la Grande Rivière Noire
Les Salines
R. Noire
Baie de la Petite Rivière Noire
N.-D.-de-Fatima
Petite Rivière Noire
Petite Case Noyale
OCÉAN INDIEN
Piton de la Petite Rivière Noire
828
PARC NATIONAL DES GORGES DE LA RIVIÈRE NOIRE
Grande Case Noyale
Île aux Bénitiers
Chamarel
La Gaulette
Pointe des Pêcheurs
Terres de couleurs
R. St-Denis
MORNE BRABANT
Morne Brabant
556
596
Piton du Fouge
Le Cap
Cascade Chamarel
R. du Cap
R. Canal
L'Embrasure
Pointe Sud-Ouest
Îlot Fourneau
La Prairie
Baie du Cap
Rocher de Macondé
LA CÔTE OUEST
0
3 km
600 m
500
400
300
200
100
0
A3
B2
B9
B104
N

De Baie du Cap, la route B 9 longe la côte en direction du morne Brabant. À la sortie d'un virage en épingle s'élève le **rocher de Macondé** (A2), promontoire de basalte abritant un petit autel catholique et offrant une belle vue sur le lagon. Guidée par le cours de la rivière du Cap, la route s'écarte de la mer dans un décor aride pour passer un radier, ligne de partage des eaux entre mer et rivière, qui peut être immergé à la saison des cyclones.
Sur l'autre rive s'étend la **plage de La Prairie** (A2), peu propice à la baignade, mais où vous pourrez pique-niquer sous les filaos tout en observant les pirogues qui tanguent au gré du clapotis du lagon.

## ★★★ LA PÉNINSULE DU MORNE BRABANT A2

*Après le village de L'Embrasure, la route B 9 passe à l'est de la péninsule du Morne avant de remonter la côte ouest de l'île. Si vous êtes en 4x4 ou que vous avez de bonnes suspensions, vous pouvez contourner le morne en empruntant la piste qui part sur la gauche à son pied à la sortie de L'Embrasure (un panneau indique « Le Morne Public Beach »). La balade peut aussi se faire à cheval. Sinon, il est préférable d'emprunter la route qui mène aux hôtels de la péninsule, sur votre gauche juste après le morne Brabant.*
La masse imposante du morne Brabant, classé en 2008 au Patrimoine mondial au titre de « paysage culturel », culmine à 556 m sur la péninsule la plus avancée du sud-ouest de l'île. Il fut un refuge pour les esclaves marrons au 18e s. et au début du 19e s. *(voir encadré ci-dessous),* et constitue à ce titre un lieu symbolique fort pour les victimes du système colonial. Il est entouré de plusieurs kilomètres de plage de sable où le vaste **lagon** se pare des plus belles couleurs de l'île. Au milieu des filaos, vous découvrez une grande réserve de cerfs.
Parfaitement abritée, la longue **plage publique** est grignotée de plus en plus avidement par les hôtels qui l'encadrent et accaparent le plus beau site balnéaire de l'île. Cela ne décourage pas la foule de Mauriciens qui viennent profiter de ce site naturel exceptionnel en famille le week-end.

### UNE MÉPRISE FATALE
Difficile d'accès, cette montagne servait de refuge aux esclaves en fuite. La légende raconte qu'en 1835, au moment de l'abolition de l'esclavage, certains esclaves, réfugiés sur le morne, se jetèrent du sommet de peur d'être capturés en voyant approcher les soldats qui venaient leur annoncer la bonne nouvelle.

Vue sur la péninsule du Morne Brabant.
*Marcel Pepeira / Iconotec RM / age fotostock*

Si les vents déchaînés de la **pointe Sud-Ouest** (A2) font le bonheur des surfeurs et des véliplanchistes, les fonds marins regorgent par ailleurs de poissons multicolores que vous pouvez admirer avec un masque et un tuba, ou chatouiller de plus près si vous êtes équipé de bouteilles, dans l'un des excellents sites de plongée des environs.

## DU MORNE BRABANT À FLIC EN FLAC A1-2

*Suivez la route B 9 qui longe la côte ouest jusqu'à Grande Rivière Noire, puis devient l'A 3 jusqu'à Tamarin.*

Au nord du morne, l'**île aux Bénitiers★** (A2) *(excursion organisée par les hôtels ou les pêcheurs de La Gaulette)*, frangée de cocotiers et de sable blanc, peuplée de quelques pêcheurs, vous offre une baignade paradisiaque avec une **vue★** imprenable sur le morne et sur les sommets découpés de l'île.

Vous traversez ensuite **Grande Case Noyale** (A2), le village de pêcheurs où débouche la superbe route en lacets qui descend de Chamarel *(voir p. 177)*. De vieux Créoles se reposent sur les bancs aménagés à l'ombre d'un énorme banian. Vous remarquerez un nombre incroyable de palétuviers, ces arbustes de la mangrove qui poussent sur le sable et fourmillent de petits crabes.



En passant dans le hameau de **Petite Rivière Noire** (A1), à la population majoritairement créole et catholique, vous apercevrez à gauche de la route le toit de chaume de la charmante **église N.-D.-de-Fatima★** (A1), ouverte sur un côté, avec ses bancs alignés à l'extérieur pour la messe. À l'ombre des tamariniers, la route se faufile entre des haies très denses de « cactus raquettes », destinées à protéger un important élevage de cerfs.

Vous arrivez ensuite au village de **Grande Rivière Noire** (A1), à l'embouchure de la rivière qui lui a donné son nom. Il doit sa renommée à ses eaux poissonneuses, qui ont permis de développer pour les touristes l'activité lucrative de la pêche au gros. La station compte plusieurs clubs spécialisés dans ce sport, où l'on célèbre avec faste les prises records de marlins, thons ou requins. Les nombreux bateaux de pêche polluent un peu cette baie, où seuls les passionnés de pêche au gros ont une raison de séjourner. Dans le virage à l'entrée du village part la route qui rejoint l'entrée ouest et le centre d'accueil *(à 5,3 km)* du **parc national des Gorges de la Rivière Noire★★★** *(voir p. 175)*.

*Poursuivez sur l'A 3 vers le nord et tournez à gauche au panneau « La Preneuse », en face du centre Ruisseau Créole.*

## NOS ADRESSES AU MORNE BRABANT

Plan de la côte ouest, p. 187

### INFORMATIONS UTILES

**Banque**
**Mauritius Commercial Bank** – *Centre commercial du Morne Brabant.*

### HÉBERGEMENT

**Bon à savoir** – Quelques immenses et luxueux hôtels se partagent la plus belle plage de l'île, au pied du morne Brabant. À défaut d'y séjourner, n'hésitez pas à vous offrir, à l'occasion, un cocktail ou un dîner dans l'un de ces établissements pour profiter de la beauté du cadre et d'une cuisine généralement de bonne qualité *(voir « Restauration »).*

PREMIER PRIX

**Le Latanier** – *Chemin du Benjoin (entrée du lotissement à côté du centre commercial, en face du Paradis Hotel) - 450 5299 ou 722 3561 - latanier@intnet.mu - - 8 studios. 35 €* . Une option économique pour séjourner sur la péninsule. Aménagés sur deux niveaux (5 au rdc et 3 à l'étage), les studios sont bien équipés et fonctionnels, avec terrasse ou balcon privés faisant face au jardin, à la piscine et au lagon.

### RESTAURATION

UNE FOLIE

**La Ravanne** – *À l'intérieur du Paradis Hotel (au niveau du rond-point) - 401 5050 - www.paradis-hotel.com - le soir seult - formule à 3 300 Rs (82 €) - réserv. indispensable.* C'est en bateau que vous rejoindrez ce restaurant isolé à l'extrémité de la plage de l'hôtel, avant d'être accueilli sur place par un groupe de musiciens au rythme du séga. Les tables, bien espacées et posées sur le sable, sont abritées chacune sous une paillote en palme. À l'image du lieu, la cuisine mauricienne fait honneur aux mets locaux les plus raffinés. Service excellent et personnel affable.

## La Preneuse A1

Pour vous baigner tranquillement, optez de préférence pour cette jolie plage, d'où vous profiterez d'une belle vue sur le morne.

**Tour Martello** – *Plage de La Preneuse - mar.-sam. 9h30-17h, dim. et j. fériés 9h30-13h30 - 70 Rs en semaine, 50 Rs le w.-end (enf. 20 Rs) - gratuit le dernier sam. du mois.* Sur cette plage, ainsi nommée en souvenir du bateau qui tint tête à l'armée britannique en 1799, s'élève l'une des cinq tours Martello construites à Maurice entre 1831 et 1834. Elle abrite aujourd'hui un intéressant petit musée qui vous apprendra tout sur ce système de défense côtière bâti par les Anglais à travers le monde. *Reprenez l'A 3 vers le nord et suivez-la sur environ 4 km.*

## ★ Tamarin A1

Avec les montagnes du Rempart et des Trois Mamelles en toile de fond, cette vaste baie a conservé un aspect sauvage en harmonie avec le village qui s'y niche. La longue plage de sable s'étirant à l'embouchure de la rivière Tamarin, attire les jeunes Mauriciens et les touristes avertis qui viennent y pratiquer le surf (surtout en juillet et août).

**La Route du sel★** – *Comptez 30mn - Royal Rd (A 3) - 483 8764 - tlj sf dim. 8h30-17h - 200 Rs (enf. 100 Rs).* Les salines que vous voyez au bord de la route, au pied de la montagne de la Tourelle de Tamarin, forment un tableau

Les salines, près de Tamarin.
*Nicolas Thibaut / Photononstop*

particulièrement photogénique le matin, quand le ciel se reflète dans les carrés d'eau et que les femmes profitent des heures fraîches de la journée pour récolter le sel dans de grands paniers à l'aide de leur râteau. Un ancien **four à chaux** leur procure de l'ombre pour se reposer quand le soleil monte trop haut. L'eau de mer est pompée, filtrée, puis le sel est déshydraté au soleil avant d'être recueilli. Le climat sec et chaud de cette région permet de produire suffisamment de sel pour la consommation de toute l'île. Si vous souhaitez en apprendre plus sur l'exploitation et la récolte, une visite guidée du site et du magasin de sel est proposée au public.

## Casela Nature and Leisure Park A1

*Comptez 2h de visite - Royal Rd (A 3), à 7 km au nord de Tamarin - ✆ 452 2828 ou 727 6076 (portable) - www.caselayemen.mu - mai-sept. : 9h-17h ; oct.-avr. : 9h-18h - 340 Rs (enf. 210 Rs). Nombreuses activités payantes : pêche aux tilapias (80 Rs/30mn), minisafari (110 Rs/1h), quad (1 750/2 200 Rs/1h, 2 310/2 930 Rs/2h), via ferrata (1 710 Rs/demi-journée), canyoning (2 210 Rs/demi-journée), observation des lions (100 Rs/30mn), interaction avec les lions (500 Rs/15mn), marche avec les lions (3 000 Rs/1h). Un restaurant, Le Mirador est ouvert aux mêmes horaires que le parc. Pique-nique interdit.*

Plus de 2 000 oiseaux multicolores de 150 espèces différentes (poules de soie, pigeons des mares, perruches malabars ou à moustaches, à tête de prune ou à collier, perroquet alexandrin, *calopsittes* omnicolores ou ondulées, *lovebird* hybride, cacatoès de Timor, aigles des mers, ibis sacré, *radjah* à dos noir…) piaillent dans leurs cages au milieu d'une magnifique végétation tropicale. Même si le dessin et le nom des oiseaux figurent sur chaque cage, on a parfois du mal à les identifier. Les tentatives de reconstitution du cadre naturel des oiseaux, avec bois, branches et pierre noire de l'île, ne suffisent malheureusement pas à faire oublier le ciment de certaines de ces immenses volières.

Vous verrez aussi quelques mammifères d'Afrique, d'Australie et des îles de l'océan Indien (lions, panthères, léopards, tigres du Bengale, cerfs, macaques, autruches, kangourous, mangoustes, tortues géantes, lémuriens fauves), ainsi que des canards, des cygnes et des carpes japonaises aux couleurs marbrées.

## NOS ADRESSES À LA PRENEUSE ET TAMARIN

Plan de la côte ouest, p. 187

### INFORMATIONS UTILES

#### Banque

**MCB** – *Centre commercial Ruisseau créole - Royal Rd (A 3), Grande Rivière Noire.*

**Barclay's** – *Centre commercial à la sortie nord du village - Royal Rd (A 3), Tamarin.*

#### Poste

*Rte de La Preneuse, Grande Rivière Noire.*

### HÉBERGEMENT

#### La Gaulette

PREMIER PRIX

**Chez Ropsen Chawan** – *Rte côtière (B 9) - ✆ 451 5763 ou 255 5546 (portable) - www.ropsen.net - 10 st. et appart. 35 €.* Le sympathique Ropsen est incontournable à La Gaulette. Il loue au 1er étage de sa maison et à proximité de vastes studios et appartements de deux à quatre chambres, avec cuisine et terrasse. Préférez ceux côté mer. Un jardin donne sur le lagon, mais il n'est pas possible de se baigner. Il propose aussi des villas dans la région, des vélos *(2,50 €/j.)*, scooters et voitures à louer, et organise des excursions à l'île aux Bénitiers *(31 €/j.)*.

BUDGET MOYEN

**La Reine Créole** – *103 r. des Manguiers - Coteau Raffin - ✆ 451 5558 - www.mauritius-lrc.com - 2 ch. et 2 st. 45/65 €* ☕. En retrait de la route principale, cette pimpante maison couleur citron et abricot abrite un B & B familial tenu par un couple très charmant. Les chambres (préférez celles à l'étage) ont tout pour séduire : lumière, décoration, propreté. Les studios disposent d'une cuisinette et d'une terrasse avec vue.

**Villa Seewoo** – *La Gaulette 121 - ✆ 451 5955 ou 918 7477 (portable) - www.villa-seewoo.com - - 7 ch. 80/100 €* ☕. Dissimulée dans un paisible quartier résidentiel, à bonne distance de la route principale, la villa jaune et blanche d'Elfie et de Sanjay, couple austro-mauricien aux petits soins, abrite de confortables chambres décorées de mobilier indien : celles du 2e étage disposent d'une belle vue sur l'île aux Bénitiers. À l'extérieur, agréable chambre sur pilotis et ravissant jardin ombragé et fleuri où l'on sert le petit déjeuner. Navette gratuite pour la plage. Dîner sur réservation.

#### Grande Rivière Noire

BUDGET MOYEN

**Marlin Creek Residence** – *10 av. Colonel-Dean - ✆ 483 7628 - www.ilemauricelocation.fr - - 15 st. 70/100 €* ☕. Une résidence hôtelière de standing, disposant de beaux studios de style contemporain, très confortables, avec terrasse et/ou balcon. Deux bungalows peuvent accueillir jusqu'à six personnes *(120/155 € pour 4 pers.)*. Cadre plaisant, la résidence étant entourée d'un agréable jardin où se dessine une superbe piscine.

#### La Preneuse

BUDGET MOYEN

**La Mariposa** – *Allée des Pêcheurs - ✆ 483 5048 ou 728 0506 (portable) - www.lamariposa.mu - - 14 st. 85/120 €* ☕. Cette élégante résidence s'inscrit dans un cadre paisible, en bordure de la plage de La Preneuse, avec vue sur le morne. Les agréables studios ouvrent sur la mer, le vaste jardin et la piscine. Également deux appartements (de 2 et 3 ch.) pour les familles *(115/135 €)*.

### POUR SE FAIRE PLAISIR

**Les Lataniers Bleus** – *Royal Rd (A 3) (à l'angle de la rue menant à la plage de la Preneuse) - ✆ 483 6541 - www.leslataniersbleus.com - 12 ch. 130/170 €*. Accès Wi-Fi. Vous logerez au cœur d'un jardin tropical de toute beauté, dans de charmants bungalows ou dans une confortable maison créole à la décoration soignée, côté plage ou côté piscine. Évitez les chambres trop proches de la route et, si vous avez le choix, préférez le bungalow Filaos qui donne directement sur la plage (un peu plus cher). Restauration légère à midi et table d'hôtes le soir avec un service sous une belle varangue face à la mer. Salle à manger, salon TV et cuisine à disposition. Accueil chaleureux et ambiance conviviale.

**The Bay Hotel** – *Av. des Cocotiers - ✆ 483 6525/7042 - www.the-bay-hotel-mauritius.com - ✕ - 16 ch. 140/210 €*. Une adresse coup de cœur, tant pour le charme de cet élégant petit hôtel de bord de mer que pour la générosité d'Aurélie et Frédéric, qui attachent beaucoup d'importance au bien-être de leurs hôtes et pourront vous donner de nombreux conseils pour l'organisation de votre séjour. Chambres modernes à la décoration soignée, certaines avec vue sur la mer. Restaurant de qualité. Service très attentionné.

## Tamarin

### PREMIER PRIX

**Sweet Beach Bungalow** – *Dans la rue qui descend vers la plage (maison jaune juste en face du campement Lagane) - ✆ 483 8106 ou 753 6721 (portable) - nono6daup@yahoo.com - 2 st. 25 € - repas sur commande*. Dans une maison au calme, deux studios confortables et bien équipés, dont l'un de deux chambres avec terrasse et salon à l'étage. Très bon rapport qualité-prix.

### POUR SE FAIRE PLAISIR

**Tamarin Hotel** – *Plage de Tamarin - ✆ 483 6927 - www.hoteltamarin.com - ✕ - 60 ch. : 113/245 € en demi-pension et 5 villas (2-4 pers.) : 238/390 € - accès Wi-Fi*. Lifting réussi pour ce bel hôtel situé sur la paisible baie du Tamarin. Les chambres aux couleurs et à la déco très tendance sont alignées sur deux niveaux autour d'une belle piscine et possèdent une terrasse d'où l'on aperçoit parfois la mer. Restaurant au cadre soigné servant des plats légers ou plus élaborés. Accueil sympathique. Spa, tennis, mini-club et salle de cinéma. Location de vélo *(9 €/j.)*.

# RESTAURATION

3

## La Gaulette

### BUDGET MOYEN

**Sirokan Garden** – *Royal Rd (B 9) - ✆ 451 5115 - www.sirokan.com - 11h30-0h - 15/35 €*. Derrière une modeste façade, cet excellent restaurant cache un intérieur coquet et propose une cuisine savoureuse. Plats créoles et européens. Il est préférable de réserver le week-end, la qualité de cet établissement étant connue des Mauriciens de la région.

## Grande Rivière Noire

### PREMIER PRIX

**Le Pavillon de Jade** – *Royal Rd - ✆ 483 6151 - fermé lun. - 5/10 €*. Grande salle aérée au 1er étage d'un supermarché, mais au-dessus de la route. On peut aussi manger sur une petite terrasse côté champs de canne. Décor typique des restaurants chinois, avec paravent laqué, nappes rouges et lampions assortis. Bonne cuisine *hakka* (Chine du Sud) et créole. Plats à emporter.

**Zucca** – *Centre commercial Ruisseau Créole - Royal Rd - ✆ 483 7005 - 10/15 €.* Dans un cadre design aéré et raffiné, vous dégusterez de savoureuses pâtes fraîches (tagliatelles, lasagnes, raviolis, cannellonis) mitonnées avec amour par une tenancière italienne. Un bonheur!

### La Preneuse

#### BUDGET MOYEN

**Les Sirandanes** – *The Bay Hotel - Av. des Cocotiers - ✆ 483 6525/7042 - www.the-bay-hotel-mauritius.com - 15/30 €.* À hôtel de charme, restaurant de charme. Vous apprécierez l'élégance du lieu pour un déjeuner au bord de l'eau ou un dîner romantique à la lueur des chandelles. Cuisine inventive et raffinée mettant à l'honneur poissons, fruits de mer et saveurs locales. L'hôte des lieux, Frédéric, veille à la qualité des mets et du service. Belle carte des vins. Une excellente adresse.

**La Bonne Chute** – *Royal Rd (A 3), à côté de la station Caltex - ✆ 483 6552 - http://labonnechute.freehostia.com - fermé dim. - 20 €.* On dîne à la chandelle sous une belle varangue ou dans le coquet jardin qui la prolonge. Le cadre reste plaisant, malgré la proximité de la station-service. Cuisine créole et européenne raffinée présentant quelques pointes d'originalité, avec des spécialités de fruits de mer et de gibier.

### Tamarin

#### BUDGET MOYEN

**Le Whatever** – *Pl. Cap Tamarin (centre commercial, en dir. de Flic en Flac) - ✆ 483 7810 - www.lewhatever.mu - tlj sf dim.-lun. 8h30-22h30 - 15/30 €.* Joli bistro noir et blanc ouvert par un couple de restaurateurs français, Alain et Véronique, et décoré de bouteilles et de cartes des principaux cépages de l'Hexagone. Savoureuse cuisine de marché, composée de produits bio pour la plupart, et carte de vins de propriétaires exceptionnelle. Crus en vente à emporter.

## ACTIVITÉS

### Activités de pleine nature

**Yanature Adventures** – *✆ 785 6177 - www.trekkingilemaurice.com.* Cette agence a l'exclusivité des randonnées pédestres sur le morne Brabant. Des balades sont aussi possibles dans le parc des Gorges de la Rivière Noire. Comptez 35/40 €/pers. la demi-journée. Par ailleurs, l'agence propose une journée en bateau à la rencontre des dauphins dans la baie de Tamarin, suivie d'un arrêt baignade et d'un barbecue sur l'île aux Bénitiers.

**Yemaya Adventures** – *✆ 752 0046 - www.yemayaadventures.com.* Kayak de mer dans le lagon de l'île aux Bénitiers, VTT à Chamarel et randonnées dans le parc des Gorges de la Rivière Noire.

**Otelair Ltée** – *✆ 251 6680 - www.otelair.com.* Canyoning dans les Tamarin Falls, randonnées pédestres au piton de la Petite Rivière Noire et escalade.

**Vertical World** – *✆ 697 5430 ou 251 1107 (portable) - www.verticalworldltd.com.* Canyoning dans les Tamarin Falls, randonnées dans le parc des Gorges de la Rivière Noire.

### Observation des dauphins

**Dream Dolphin** – *La Preneuse - ✆ 748 0430 -*

*http://dreamdolphin.over-blog.com.* Expérience unique que d'observer et, surtout, de nager avec les dauphins qui « croisent » au large de La Preneuse *(35 €/2h30)*. Carine et Jean-Noël connaissent bien les lieux et ponctuent la balade d'intéressantes explications sur ces sympathiques cétacés. Ils peuvent également vous emmener plonger avec masque et tuba dans le lagon et organisent des sorties en bateau vers l'île aux Bénitiers.

### Pêche au gros

**Morne Anglers Club** – *Grande Rivière Noire (prendre en dir. du poste de police) - ✆ 483 5801 - www.morneanglers.com.*

**La Carangue** – *Grande Rivière Noire - ✆ 729 9497 - rv4fishing@intnet.mu.*

### Surf

**Tamarin Bay Surf School** – *Royal Rd - ✆ 727 0776 - rogerthevenau@yahoo.fr.* Location de planches de surf, cours individuel ou en groupe.

## ★ FLIC EN FLAC A1

*À 14 km de Tamarin. 1,5 km après Casela Park, prenez à gauche la rte de Flic en Flac.*

Une belle plage de sable doré en arc de cercle s'étend à l'infini entre rangées de filaos et eaux turquoise, fermée à l'horizon par la silhouette massive du morne Brabant. Si vous disposez d'un masque et d'un tuba, partez explorer les fonds marins qui regorgent de poissons multicolores. Prenez cependant garde aux courants, très forts à certains endroits, et dont on ne se méfie pas dans ce lagon d'apparence calme. Face au développement touristique massif dont il fait l'objet, le village de Flic en Flac a du mal à garder une vie qui lui soit propre. Il ne cesse de s'étendre et les résidences locatives poussent comme des champignons, alternant avec les restaurants et les villas de location, le tout laissant peu de place à la végétation. La localité voisine de **Wolmar** n'existe que par le tourisme : les hôtels de grand standing se succèdent « côté mer », tandis que de l'autre côté de la route s'étend une réserve de chasse *(visites possibles sur demande, ✆ 453 8463)*.

3

## NOS ADRESSES À FLIC EN FLAC ET WOLMAR

Plan de la côte ouest, p. 187

### INFORMATIONS UTILES

#### Banques et change

**Mauritius Commercial Bank** – *À l'entrée de la ville, sous les arcades.*

**Shibani** – *À l'entrée de la ville, sous les arcades.* Le taux de change y est un peu meilleur que dans les banques.

**Forex** – *Manisa Hotel - Rte côtière.* Des taux assez intéressants.

#### Poste

**Poste centrale** – *Rte côtière (à côté du poste de police).*

#### Internet

**Cybercafé** – *Dans la galerie marchande du Spar, au sous-sol du Pasadena Shopping Centre - Coastal Rd.*

#### Santé

**Pharmacie** – *À l'étage du Pasadena Shopping Centre - Rte côtière.*

#### Agences de voyages

**Flic en Flac Tourist Agency** – *Rte côtière - ✆ 453 9389 -*

*www.fftourist.com*. Excursions. Location de studios et de bungalows, de vélos, scooters et voitures. Point Internet.

### Location de voitures

**Easy Drive** – *Rte côtière - ✆ 453 8557 - easyworld@intnet.mu.* Voitures de catégorie A et location de scooters.

## HÉBERGEMENT

### Flic en Flac

**PREMIER PRIX**

**Villa Osumare** – *10 av. Moulin Casse (entre les hôtels Villa Caroline et Klondike) - ✆ 913 2266 ou 797 6734 (portables) - www.villaosumare.com - 🏊 - 10 ch. 25/40 €* ☕. Situé à 50 m de la plage, cette paisible villa blanche des années 1960 est tenue par l'Anglais Abi et la Mauricienne Rolande. Les chambres, sobres, claires et parfaitement tenues, disposent d'un coffre-fort et d'un réfrigérateur. Petit déjeuner servi sur la terrasse abritée.

**Escale Vacances** – *Rte côtière - ✆ 453 9389 - www.fftourist.com - 🏊 - 12 appart. 50 €.* Si l'extérieur peut paraître un peu négligé, cette résidence de bord de mer propose des appartements bien équipés et propres organisés sur deux étages. Préférez ceux qui donnent sur la piscine plutôt que sur la route, très passante. Réservation : Flic en Flac Tourist Office.

**The Nilaya** – *8 av. des Colombes - ✆ 453 9037 - www.nilaya-mauritius.com - 4 st. : 50 €* ☕ *et 1 appart. : 44 € - table d'hôtes 15 € - accès Internet*. Prendre l'avenue des Flamingos entre le Sea Breeze et le Spar, puis la 2e à gauche et la 2e à droite, passé le pont. Perdue dans un dédale de rues, cette maison rose cache un jardin et de petits studios ou deux pièces indépendants à la propreté irréprochable. La propriétaire, Kit, une Luxembourgeoise installée à Maurice depuis de nombreuses années, vous réserve un accueil très convivial. Excellent rapport qualité-prix.

**POUR SE FAIRE PLAISIR**

**Manisa Hotel** – *Rte côtière - ✆ 453 8558/8559 - www.manisa hotel.com - 🏊 ✕ - 47 ch. 120 € en demi-pension*. Séparé de la plage par la route, cet hôtel un peu vieillot et impersonnel propose toutefois des chambres confortables et joliment rénovées. Celles de la catégorie supérieure sont paradoxalement moins bien situées que les chambres standard, alignées dans le jardin autour de la piscine. Centre de fitness, activités nautiques, casino et discothèque.

**Aanari** – *Pasadena Village, Royal Rd - ✆ 453 9000 - www.aanari.com - ✕ - 50 ch. 128/188 € en demi-pension.* Un « grand hôtel » en miniature, entre le centre commercial de Flic en Flac et la plage. Pour profiter de l'animation de la station tout en bénéficiant d'un cadre élégant et d'un confort 3 étoiles. Centre de remise en forme et Spa aménagé sur le toit.

### Wolmar

**POUR SE FAIRE PLAISIR**

**Gold Beach** – *À l'entrée de Wolmar - ✆ 453 8235 - www.goldgrouphotels.com -*

*- 31 ch. 150 € en demi-pension*. Bungalows ronds d'un blanc immaculé autour d'un jardin fleuri ou chambres à l'étage avec vue sur la mer. L'adresse préserve une certaine intimité tout en offrant les services d'un grand hôtel. Centre de remise en forme et base nautique.

## RESTAURATION

### PREMIER PRIX

**Chez Leslie** – *À l'entrée nord de Flic en Flac, en face des arcades - ✆ 453 8172 - 10/15 €*. Quelques tables sous une paillote ouverte au bord de la route. Une excellente adresse pour goûter de la vraie cuisine créole sans chichi. Délicieux et bon marché.

**Le Papayou** – *Sous les arcades, à l'entrée nord du village - ✆ 453 9826 - tlj sf dim. à partir de 9h - 10/15 €*. Une petite salle aux airs de trattoria fréquentée à l'heure du déjeuner. Carte variée pouvant satisfaire tous les goûts (plats mauriciens, chinois et européens). Service un brin nonchalant.

**Le Bois Noir - Chez Joe** – *Sous les arcades, à l'entrée nord du village - ✆ 453 8820 - fermé jeu. - 10/15 €*. Bonne cuisine européenne, mauricienne ou chinoise, à des prix abordables. Une adresse, appréciée des Mauriciens.

**Ah-Youn** – *Royal Rd - ✆ 453 9099 - fermé lun. - 10/15 €*. Ce restaurant en bord de route n'est a priori guère attrayant. Cela dit, une fois installé en terrasse, face à la mer, et après avoir dégusté l'un de ses excellents caris, vous ne regretterez pas de vous y être arrêté.

### BUDGET MOYEN

**Domaine Anna** – *Rte de Médine, à env. 1 km de Flic en Flac - ✆ 453 9650 - www.domaineanna.net - tlj sf lun. 11h30-14h30, 18h30-22h30 - 15/25 €*. Flânez dans les jardins de cet ancien domaine sucrier et prenez place à l'une des tables installées sous les kiosques autour du plan d'eau. À la carte : crevettes géantes, poisson grillé et fruits de mer, plats mauriciens, chinois ou végétariens. Cadre paradisiaque et cuisine de bonne qualité.

## EN SOIRÉE

Vous trouverez plusieurs bars le long de la route côtière, près du casino et en face de la plage…

**Kenzi Bar** – *Sea Breeze Lane - ✆ 739 6827*. De petites tables basses dans une courette à l'ambiance africaine, pour boire un cocktail dans une atmosphère jeune et décontractée.

**West Side Casino** – *Pasadena Centre - Rte côtière.*

## ACTIVITÉS

### Plongée sous-marine

**Exploration sous-marine** – *Villas Caroline - ✆ 453 8450 ou 713 8840 (portable) - www.pierre-szalay.com*. Deux sorties en journée *(1 250 Rs)* et plongées de nuit *(1 600 Rs)*. Baptême également *(1 600 Rs)*.

**Ticabo Diving Centre** – *Les Sables Roses - Rte côtière (derrière le Manisa Hotel) - ✆ 453 5209*. L'un des clubs de plongée les plus réputés : baptême et deux sorties par jour.

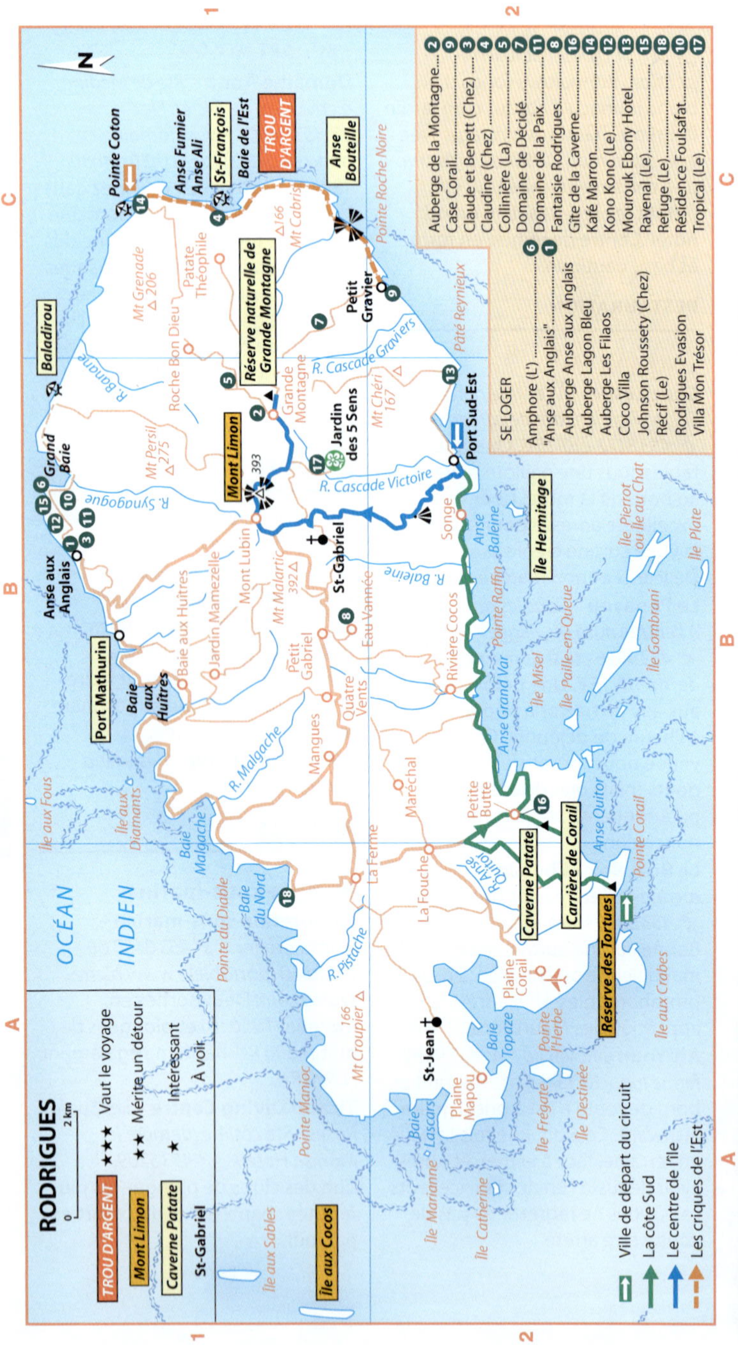
RODRIGUES
0 2 km
TROU D'ARGENT ★★★ Vaut le voyage
Mont Limon ★★ Mérite un détour
Caverne Patate ★ Intéressant
St-Gabriel À voir
Ville de départ du circuit
La côte Sud
Le centre de l'île
Les criques de l'Est
SE LOGER
Amphore (L') 6
"Anse aux Anglais" 1
Auberge Anse aux Anglais
Auberge Lagon Bleu
Auberge Les Filaos
Coco Villa
Johnson Roussety (Chez)
Récif (Le)
Rodrigues Evasion
Villa Mon Trésor
Auberge de la Montagne 2
Case Corail 9
Claude et Benett (Chez) 3
Claudine (Chez) 4
Collinière (La) 5
Domaine de Décidé 7
Domaine de la Paix 11
Fantaisie Rodrigues 8
Gîte de la Caverne 16
Kafé Marron 14
Kono Kono (Le) 12
Mourouk Ebony Hotel 13
Ravenal (Le) 15
Refuge (Le) 18
Résidence Foulsafat 10
Tropical (Le) 17
OCÉAN INDIEN
Pointe Coton
Anse Fumier
Anse Ali
St-François
Baie de l'Est
TROU D'ARGENT
Anse Bouteille
Pointe Roche Noire
Mt Cabris
Mt Grenade 206
Patate Théophile
Réserve naturelle de Grande Montagne
Petit Gravier
Pâté Reynieux
Baladirou
R. Banane
Roche Bon Dieu
Grande Montagne
R. Cascade Graviers
Mt Chéri 167
Port Sud-Est
Grand Baie
Mt Persil 275
Mont Limon
393
Jardin des 5 Sens
R. Cascade Victoire
R. Synagogue
Anse aux Anglais
Mont Lubin
St-Gabriel
Songe
Île Hermitage
Anse Baleine
Île Pierrot ou Île au Chat
R. Baleine
Jardin Mamezelle
Mt Malartic 392
Eau Vannée
Rivière Cocos
Pointe Raffin
Île Plate
Port Mathurin
Baie aux Huîtres
Petit Gabriel
Quatre Vents
Anse Grand Var
Île Misel
Île Paille-en-Queue
Île Gombrani
R. Malgache
Mangues
Maréchal
Île aux Fous
Île aux Diamants
Baie Malgache
Petite Butte
Anse Quitor
R. Quitor
Caverne Patate
Carrière de Corail
Pointe Corail
Pointe du Diable
Baie du Nord
La Ferme
La Fouche
Réserve des Tortues
R. Pistache
Plaine Corail
Île aux Crabes
Mt Croupier 166
St-Jean
Baie Topaze
Pointe l'Herbe
Pointe Manioc
Plaine Mapou
Île Frégate
Île Destinée
Baie Lascars
Île Marianne
Île Catherine
Île aux Cocos
Île aux Sables

# Rodrigues 4

PORT MATHURIN ET LA CÔTE NORD★ 206

LA CÔTE SUD★★ 207

LE CENTRE DE L'ÎLE★ 209

LES CRIQUES DE L'EST★★★ 211

LES ÎLOTS ALENTOUR★★ 212

# Comprendre Rodrigues

**Fiche d'identité**

Statut : Région outre-mer autonome
Capitale : Port Mathurin
Superficie : 108 km$^2$
Population : 35 608 hab. (estimation 2013)
Langues : l'anglais, le créole rodriguais, le français

À 563 km au nord-est de Maurice, dont elle dépend, l'île Rodrigues séduit immédiatement par sa beauté sauvage et par son charme suranné. La gentillesse et l'hospitalité de ses habitants y sont pour beaucoup. Loin de tout, terre de lave escarpée surgie du milieu de l'océan Indien et encerclée par un immense lagon à la palette mouvante, île aride au climat parfois hostile, elle s'offre à vous dans toute sa simplicité pour un séjour dépaysant et paisible. De sa minuscule capitale coloniale à ses villages montagnards jalonnant des routes sinueuses, de ses grottes mystérieuses à ses criques enchanteresses, de ses plages désertes à ses îlots coralliens peuplés d'oiseaux rares, Rodrigues demeure intacte, encore peu perturbée par le tourisme, qui a pourtant connu un certain essor ces dernières années.

## UN PEU D'HISTOIRE...

Connue des navigateurs arabes dès le 10$^{e}$ s., Rodrigues n'est officiellement découverte qu'en 1528 par le navigateur portugais **Diego Rodriguez**, qui lui donne son nom. Les Portuguais n'y font cependant que de brèves escales, et il faut attendre encore un siècle avant que les Hollandais ne redécouvrent cette île perdue. Ces derniers, de la même façon, n'y arrêtent leurs navires sur la route des Indes que brièvement, pour se ravitailler en eau potable et en viande de tortue, sans chercher à s'y établir.

En 1691, **François Leguat** et ses compagnons huguenots, qui avaient fui la France après la révocation de l'édit de Nantes, tentent d'y fonder une première colonie. L'expérience dure deux ans, avant qu'ils ne décident de rejoindre l'île Maurice en radeau. François Leguat livrera un récit captivant de son aventure sur cette île déserte, publié en Hollande et en Angleterre en 1707, soit douze ans avant la parution de *Robinson Crusoé*.

Rodrigues retrouve alors sa solitude jusqu'en 1725, lorsque le gouverneur français de l'île Bourbon s'avise d'y établir une petite colonie au nom du roi. L'expédition tourne court, mais l'île n'en est pas moins annexée par les Français. Elle leur sert, tout au long du 18$^{e}$ s., de garde-manger où les navires de la Compagnie des Indes viennent se ravitailler en viande de tortue – ce qui causera l'extinction de l'espèce vers la fin du siècle.

À partir de 1735, l'île est occupée de manière permanente et, en 1760, une garnison y est stationnée, qui comprend quelques colons blancs et de nombreux esclaves africains chargés d'y développer l'agriculture et l'élevage.

En 1809, lors des guerres napoléoniennes, les forces britanniques débarquent sur l'île, première étape dans leur conquête des Mascareignes. Pendant 158 ans, Rodrigues sera alors administrée par les Anglais comme une dépendance de l'île Maurice. Sous leur tutelle, la population de Rodrigues croît progressivement, mais l'île se développe très peu, servant avant tout de grenier agricole pour Maurice. Des bateaux sont régulièrement chargés d'y embarquer du maïs, du manioc, du poisson salé, des porcs et des chèvres.

À l'indépendance de Maurice, en 1968, Rodrigues est intégrée à son territoire et devient la 21$^{e}$ circonscription de la nouvelle république. Représentée par deux députés à l'Assemblée nationale de Maurice, l'île ne cesse toutefois de faire valoir ses différences. Ce n'est qu'en novembre 2001 qu'une loi prévoyant l'**autonomie** de Rodrigues est finalement adoptée. Elle devient effective en septembre 2002 avec les élections de l'Assemblée régionale, constituée de 18 membres. Son conseil exécutif est dirigé par un chef commissionnaire, doté d'un large pouvoir. En 2002 toujours, l'aéroport de Rodrigues est agrandi afin de pouvoir accueillir des avions à grande capacité de Maurice et de la Réunion. Amorcé timidement depuis le début des années 1990, le **tourisme** commence depuis à prendre son essor, comme en témoigne la construction de nouveaux hôtels 3 étoiles dans l'est de l'île. Depuis février 2012, Serge Clair, chef de l'Organisation du peuple de Rodrigues (OPR), est le chef commissionnaire de Rodrigues.

## UNE POPULATION JEUNE

Parmi les près de 36 000 habitants de Rodrigues, plus de 85 % descendent des esclaves malgaches et africains. La majorité de ces **« Noirs »** sont agriculteurs et vivent sur les hauteurs de la crête centrale de l'île, d'où leur surnom de « Montagnards ». Les **« Rouges »**, descendants des premières familles de colons français, métissés au cours des générations avec des Malgaches, des Africains et des Chinois, vivent pour la plupart de la pêche, sur les côtes. Malgré ces distinctions, les mariages sont aujourd'hui courants entre membres de ces différents groupes. Quant aux **« Asiatiques »**, Chinois ou Indiens musulmans, ils représentent une minorité de riches commerçants arrivés sur l'île à la fin du 19e s.
Plus de la moitié de cette population (54 %) a moins de 25 ans. Les **femmes**, majoritaires, occupent une place prépondérante dans la société, notamment pour les travaux des champs, la pêche et l'artisanat. L'île compte deux centres des femmes gérés par le ministère des Droits de la femme et une cinquantaine d'associations féministes.
**Catholiques** fervents à plus de 95 % (les quelque 5 % restant se composant surtout d'anglicans, d'adeptes de l'Assemblée de Dieu ou de l'Église adventiste, de quelques hindous et d'une poignée de musulmans), les Rodriguais marchent parfois des kilomètres sur des routes escarpées pour se rendre à l'église, toujours en habit du dimanche.
Comme à Maurice, la langue administrative officielle est l'anglais, mais peu de Rodriguais le parlent. Très francophiles, la plupart comprennent en revanche le français, dont la consonance ressemble à leur **créole**, presque identique à celui de Maurice et langue de communication la plus courante.

## UNE ÉCONOMIE EN DÉVELOPPEMENT

Longtemps négligés par le gouvernement mauricien, les Rodriguais durent se contenter jusqu'à une date récente d'une économie de **subsistance**, pêchant leurs repas dans le lagon, cultivant malgré la sécheresse, les cyclones dévastateurs et le relief accidenté, des parcelles de maïs, de manioc, de patates douces, d'oignons, de piments et de limons, et pratiquant à une échelle familiale l'élevage de volailles, de cochons, de caprins et de bovins.
Depuis l'autonomie, les pouvoirs publics œuvrent pour atténuer le fossé entre Rodrigues et Maurice, en développant notamment les **infrastructures** – le port, l'aéroport, le réseau routier, l'alimentation en eau courante, l'électrification de l'île et le téléphone international –, ainsi que l'éducation et la santé.
Les Rodriguais prennent conscience du potentiel à exploiter dans le domaine du tourisme : un **tourisme vert** différent de celui de Maurice, plus confidentiel, mettant en valeur les traditions, la culture, le caractère naturel et paisible d'une île encore épargnée par la modernité. L'Assemblée régionale souhaite miser

sur l'hôtellerie, considérée comme un catalyseur pour les autres secteurs de l'économie, mais en privilégiant les petites structures (moins de 50 chambres) et les chambres d'hôtes.

Malgré les efforts entrepris, l'économie repose encore principalement sur l'agriculture, souffrant de l'érosion du sol et de la sécheresse, l'élevage et la pêche, principales sources de revenus de l'île, qui exporte sa viande, son poisson salé et ses *ourites* séchées. Quant aux biens de consommation, Rodrigues doit presque tout importer de Maurice.

## UNE FLORE ET UNE FAUNE NÉGLIGÉES

*Voir aussi les planches d'illustrations, p. 78-79, 82-83 et 85-87.*

Bien qu'il ne reste que peu d'espèces de la flore originelle luxuriante décrite par les premiers colons, largement dégradée par la déforestation intense de l'île, Rodrigues abrite encore quelques spécimens uniques au monde, comme le bois de fer, le bois chauve-souris, le bois d'anémone, le bois-bécasse, le bois-pipe, le bois puant, le bois-gandine, le bois-papaye, le bois-mangue, le bois-cabri, la goyave marron ou le café marron.

Le reboisement entrepris depuis quelques années tente d'enrayer un processus de destruction irréversible et de pallier l'érosion naturelle du sol et la sécheresse. Un million d'arbres – filaos, bois d'olive, plantes indigènes et *piquants loulou* (arbres couverts de piquants) – ont ainsi été replantés en cinq ans. L'île ne compte pratiquement plus de fleurs, à l'exception des cannas ou « vieilles filles », ces fleurs sauvages orangées poussant au bord des routes.

La faune connaît les mêmes menaces d'extinction d'espèces endémiques. Le solitaire a subi le même sort que le dodo, son homologue mauricien. Incapable de voler de ses ailes atrophiées, il fut décimé par les premiers colons. Seules quelques espèces d'oiseaux de mer indigènes vivent encore à Rodrigues ou sur ses îles côtières, parmi lesquelles le foude (ou *zoizeau zaune*), la fauvette (ou *zoizeau longue bec*), le **cardinal**, le **paille-en-queue**, la **mouette blanche**, la marianne et le cordonnier (ou *macoua*). Les différentes espèces de tortues de terre et de mer qui peuplaient l'île autrefois furent elles aussi massacrées, après avoir trop généreusement servi à l'approvisionnement des îles de la Réunion et de Maurice au 18ᵉ s.

## À QUELLE SAISON PARTIR

Le climat de Rodrigues est le même que celui de Maurice : il y fait toutefois plus sec et les cyclones y sont plus fréquents.

Le maïs tient une place encore importante dans l'alimentation.
*John Frumm / hemis.fr*

Durant l'**été austral** (nov.-avr.), la température oscille entre 29 et 34 °C, avec une pointe en janvier. Les pluies sont fréquentes (surtout en fév.-mars) et les cyclones menacent. La température moyenne de la mer est de 27 °C. Pour la plongée, privilégiez novembre à février.
Durant l'**hiver austral** (mai-oct.), la température varie de 15 à 29 °C, août étant le mois le plus frais. La température moyenne de la mer est de 23 °C.

## FÊTES ET FOLKLORE

Les Rodriguais célèbrent toutes les **fêtes catholiques**, mais la célébration la plus importante demeure le **Nouvel an**, qui dure du 31 décembre au 8 janvier. « Faire l'année » porte chance. On tue pour l'occasion un cochon et on va voir la famille et les amis, en commençant par les plus âgés. Le rhum coule à flots et les victuailles ne manquent pas. Les festivités se terminent en apothéose par « le roi boire », un grand bal qui réunit famille et amis le 8 janvier.
Autre fête spécifiquement rodriguaise, la **Fête du poisson** a lieu le 1er mars, jour officiel de l'ouverture de la pêche à la senne après la période des pontes (oct. à mars). Elle est rythmée par les chants des pêcheurs dans le lagon et les coups des mailloches en bois qu'ils frappent contre leurs pirogues. Les bancs de mulets abondent et la quantité de poissons qu'ils ramènent dans leurs filets permet à tous les Rodriguais de s'en rassasier, la croyance voulant que cela porte chance pour le reste de l'année.
Les Rodriguais aiment danser, mais les distractions sont rares. Aussi on assiste souvent à des **concerts** de séga-tambour (plus rapide et plus primitif que le séga mauricien et généralement chanté par les femmes) ou de séga-accordéon, ou à des **bals** improvisés, dont les danses rappellent l'héritage européen : *kotis* (scottish), *mazok* (mazurka), *polka bébé*, polka russe, quadrille, lancier, boston carré, *laval* (valse).

## LA TABLE RODRIGUAISE

Outre les plats mauriciens (cari, vindaye, daube, rougail), revus néanmoins à la façon rodriguaise, la cuisine traditionnelle de l'île se compose essentiellement de **poissons** et de fruits de mer, généralement séchés et salés, accompagnés de petits piments redoutables et d'achards-limons. Supplanté par le riz, le maïs a longtemps constitué la base de l'alimentation. Vous pourrez encore goûter la purée de maïs aux haricots rouges, servie avec un rougail de poisson ou des *z'ourites* séchées en daube. La **tourte rodriguaise**, fourrée à la noix de coco fraîche et parfumée à la cannelle, peut être un véritable régal.

# L'île Rodrigues

★★

35 608 hab. - Circonscription autonome de l'île Maurice

## NOS ADRESSES PAGE 213

NOS ADRESSES PAGE 213

### S'INFORMER

**Office du tourisme de Rodrigues** – *R. de la Solidarité (en face de la Résidence), Port Mathurin - ☏ 832 0866/0867 - www.tourism-rodrigues.mu - lun.-vend. 8h-16h, sam. 8h-12h.* Installé en face de l'ancienne résidence des gouverneurs de l'île, dans une maison du début du 20e s., cet office fournit plusieurs brochures et la liste des gîtes et des hôtels. Personnel charmant. Procurez-vous aussi la **Carte Verte de Rodrigues** qui recense les principaux sentiers de randonnée. En vente dans les agences de voyages et chez Island Books and Clothes Spot *(230 r. François Leguat, en face du collège).*

### SE REPÉRER

Carte de microrégion (p. 198) - plan de Port Mathurin (ci-dessous). Située à 563 km au nord-est de Maurice, l'île couvre une superficie de 108 km² (18,3 km d'est en ouest et 8 km du nord au sud) et culmine au mont Limon (393 m).

L'arrivée à Port Mathurin du *Mauritius Pride*, qui ravitaille entièrement l'île.
*Stéphane Lemaire / hemis.fr*

Une chaîne de montagnes traverse l'île d'est en ouest, tandis que de part et d'autre se dessinent de petites vallées et que dans le Sud-Ouest s'étale une vaste plaine de corail.

*Voir « Transports », dans « Nos adresses à Rodrigues » p. 214.*

**À NE PAS MANQUER**

Une promenade de crique en crique sur la côte est ; les piqueuses d'ourites à Port Sud-Est ; la vue depuis la route qui descend vers la côte sud ; une excursion à l'île aux Cocos ; les réserves naturelles des Tortues et de Grande Montagne.

**ORGANISER SON TEMPS**

Comptez 4 jours. Déplacez-vous à pied et en bus et dormez chez l'habitant, pour privilégier les rapports humains.



**AVEC LES ENFANTS**

La réserve des Tortues.

**Dès que l'avion amorce sa descente sur Plaine Corail, la splendeur du lagon qui se détache soudain du bleu profond de l'océan par une frange d'écume éblouit. Le charme rodriguais opère immédiatement. Où que vous logiez, la route qui vous sépare de votre lieu d'hébergement traverse une bonne partie de l'île et vous plonge directement dans les paysages contrastés de ses collines et vallées aux tons fauves et verdoyants, grillées par le soleil et balayées par les vents. Des cases modestes, en briques de corail ou en tôle colorée, semblent avoir été posées au hasard à flanc de colline. Des échoppes aux noms fantaisistes jalonnent la route. Les « bonjour » fusent, spontanés, tantôt timides et discrets, tantôt amusés, toujours souriants. Dans les villages, on vous regarde et vous sourit, on vient parfois vous demander comment vous vous appelez, curiosité mêlée d'un désir de vous témoigner le bonheur de vous rencontrer.**

# ★ Port Mathurin et la côte nord

Carte de microrégion, p. 198

### ★ PORT MATHURIN B1

Vous pouvez commencer la visite de l'île en vous promenant dans Port Mathurin, bourgade coloniale au charme désuet, capitale et port de Rodrigues, qui regroupe dans un périmètre modeste les commerces, l'administration et les services. C'est là que bat le cœur de l'île. On se repère facilement dans ses quelques rues en damier, où le temps semble s'être arrêté. L'ambiance de Port Mathurin se savoure dans l'effervescence du matin. Dès 15h, les boutiques ferment, chacun rentre chez soi et les derniers bus quittent la capitale vers 18h.
Le plus bel édifice de la ville, **la Résidence**, se trouve près du port et des bâtiments administratifs *(r. de la Solidarité)*. Cette jolie maison coloniale en bois blanc à toiture verte, construite en 1873, fut la demeure des gouverneurs de l'île jusqu'au début du 20e s. Elle abrite aujourd'hui le siège du Conseil exécutif de l'Assemblée régionale de Rodrigues.
Des boutiques chinoises aux couleurs vives proposent toutes sortes de marchandises importées de Maurice. Des magasins d'artisanat vendent des chapeaux et des paniers, du miel, des achards-limons et autres condiments à base de piment. Les écoliers se promènent en uniforme bicolore, une « tente » à la main pour leur casse-croûte du midi. Les marchands ambulants leur offrent pour une poignée de roupies les friandises locales, bonbons piments, samoussas et autres beignets. Dans une échoppe, un vieux transistor laisse échapper des airs de seggae lancinants.
Si vous aimez l'animation, allez faire un tour au **marché** *(Fisherman Lane ; merc. et, surtout, le sam. dès 4h du matin)* qui se tient sous une halle non loin du port. Les Rodriguais s'empressent avant le lever du jour, venus parfois de loin à pied, pour acheter quelques fruits et légumes colorés, denrées rares importées, du poisson frais et un peu de viande. Les vendeuses haranguent les passants et les marchandages vont bon train. Autant se lever tôt, car dès 7h les produits frais ont disparu.
Ne ratez pas l'autre événement, plus occasionnel, que constitue l'arrivée du **Mauritius Pride** reliant Rodrigues à Maurice, dans le seul port de l'île permettant l'accès aux grands bateaux. Le navire apporte ainsi trois ou quatre fois par mois les produits alimentaires, le courrier, les matériaux de construction, les voitures : tout ce dont la petite île a besoin. Les Rodriguais viennent pour l'occasion de tous les coins de l'île, parfois en habit du dimanche, pour accueillir un ami ou un parent, pour chercher ou envoyer de la marchandise, ou tout simplement pour le rêve que suscite ce spectacle. Le chargement du navire pour son retour à Maurice, quelques jours plus tard, ne manque pas de folklore non plus, lorsque le bétail s'élève dans les airs, hissé à bord

### UN PARC MARIN POUR RODRIGUES

En 2010 est né le projet de création du parc marin de Rodrigues *(Marine Biodiversity Conservation Project)*, afin de protéger la biodiversité de cette zone, riche de plus de 1 000 espèces de coraux et de poissons endémiques. D'une superficie de 43 km$^2$, cette aire marine protégée s'étendra de la baie de Mourouk à la Grande Passe, en passant par les îles Hermitage, au Chat et Plate.

par une grue et que les tractations entre agriculteurs ou artisans rodriguais et marchands mauriciens vont bon train.

### ★ DE PORT MATHURIN À BALADIROU B1

De Port Mathurin, la route longe la côte vers l'est jusqu'à **Anse aux Anglais** *(2 km)*, où s'installèrent les premiers Britanniques débarqués sur l'île. C'est là, selon la légende, que serait caché le fameux trésor du corsaire La Buse.
En poursuivant vers l'est, vous arrivez à **Grand Baie**, qui marque l'extrémité de la route. Moutons et vaches viennent paître à l'ombre de la cocoteraie qui borde cette paisible baie. Vous pouvez continuer à pied jusqu'à la crique de **Baladirou★**, charmante plage de sable au milieu des rochers *(passez le pont qui enjambe l'estuaire et prenez à gauche le sentier qui longe la côte - marche facile - 20mn AS. De Baladirou, bus ttes les 45mn pour Mont Lubin et Port Mathurin; dernier départ à 17h).*

### À L'OUEST DE PORT MATHURIN B1

En quittant Port Mathurin par l'ouest, la route littorale mène à **Baie aux Huîtres**, Baie Diamant, Baie Malgache, Baie du Nord..., succession de petites anses plantées de mangliers. Vous traversez des radiers, submersibles à la saison des pluies, à chaque fond de baie où se jette une rivière.
*À l'entrée de La Ferme, prenez la route à gauche qui mène à Plaine Mapou.*
Passé les dernières maisons de La Ferme, un kiosque permet d'avoir un beau point de vue sur la rivière Pistache encaissée et la mer à l'horizon. Au bout de la route goudronnée, le petit village de Camp Pintade et ses cases modestes sont dominés par un bâtiment original... en forme de l'oiseau du même nom : il s'agit de la **chapelle Saint-Jean** (A2), consacrée en 2012. À l'intérieur, la nef s'ouvre largement sur l'extérieur, avec ses fenêtres latérales qui suivent la forme du toit et celle à l'arrière du maître hôtel en direction de la mer. À l'extérieur, derrière le bâtiment, magnifique panorama sur la baie Topaze aux eaux turquoise.
*Reprenez la route en sens inverse jusqu'à La Ferme et tournez à droite.*
À partir de La Ferme, la route monte franchement jusqu'à La Fouche, avant de redescendre sur le versant sud de l'île. Les cases rodriguaises, en tôle, corail ou béton, coiffées de toits en chaume – de plus en plus souvent remplacés par de la tôle ondulée –, semblent accrochées ici et là aux versants escarpés.

4

## ★★ La côte sud Carte de microrégion, p. 198

*▶ Circuit de la réserve des Tortues à Port Sud-Est tracé en vert sur la carte de microrégion p. 198. Empruntez la rte principale en dir. de Plaine Corail puis, env. 1 km avant l'aéroport, tournez au petit embranchement à gauche vers Dans Cocos. Après 2,2 km, dans un virage, prenez la piste à droite et suivez-la, vers la droite, sur environ 500 m.*

### ★★ FRANÇOIS LEGUAT GIANT TORTOISE AND CAVE RESERVE A2

*Comptez 2h de visite - Anse Quitor - ☎ 832 8141 - www.tortoisescavereserve-rodrigues.com - 9h-17h - visite guidée à 9h30, 10h30, 12h30 et 14h30 - 285 Rs (enf. 140 Rs). Poss. de restauration sur place.*
« Il y a dans cette île une si grande abondance de tortues, que l'on en voit quelquefois des troupes de deux ou trois mille... », écrivait l'explorateur François Leguat en 1708. C'est pour recréer une fidèle image du paradis écologique qu'était alors Rodrigues, avant d'être irrémédiablement dégradé par l'homme, qu'a été inaugurée en mai 2007 cette réserve de 19 ha. Son objectif: la réintroduction

d'un millier de tortues géantes, venues d'Aldabra et de Madagascar, dans un habitat naturel dont la flore originelle sera minutieusement reconstituée. Quatre cents tortues géantes d'Aldabra *(Dipsochelys elephantina)* et 40 tortues étoilées *(Astrochelys radiata)* ont déjà été relâchées. C'est peu, bien sûr, face aux 280 000 tortues qui furent exterminées à Rodrigues entre 1734 et 1770, pour fournir de la viande aux navires français. Mais la vision de ces reptiles antédiluviens folâtrant en liberté au sein d'un gigantesque canyon ombragé de grands palmiers et tapissé de hautes herbes a quelque chose d'époustouflant.
Située sur un plateau calcaire d'aspect lunaire, la réserve abrite en outre 11 grottes, parmi lesquelles la **Grande Caverne** (490 m de long), dont la visite s'anime par un jeu de lumières.
Le parcours mène ensuite à un dernier canyon, dans lequel a été installée une grande volière de chauve-souris endémiques de l'île (Golden Fruit Bat, ou roussette frugivore). Un enclos que le visiteur traverse sous un tunnel.
Enfin, près des bâtiments d'accueil, un **musée d'Histoire naturelle**, doublé d'un centre de recherches et de documentation, présente les différentes facettes de l'écosystème rodriguais (géologie, flore, faune), ainsi que l'histoire du peuplement de l'île.
*Rebroussez chemin jusqu'à La Fouche, puis redescendez à droite vers le littoral jusqu'à Petite Butte. Là, laissez votre voiture et marchez environ 10mn.*

## ★ CAVERNE PATATE B2

*Guide indispensable et, à moins de participer à une visite organisée par une agence ou un hôtel, permis obligatoire à retirer au bureau de l'Administration de Port Mathurin (voir p. 213).*
**Conseil** – Prévoir des chaussures antidérapantes et une lampe de poche.
Une faille naturelle permet de pénétrer dans le tunnel humide et froid qui mène dans la grotte, à près de 100 m sous terre. Éclairées, les formes des stalagmites et des stalactites sculptées par le temps se projettent sur les parois coralliennes dans un silence saisissant, dévoilant dragons, lions, bouddhas, et autres étranges silhouettes.
*Poursuivez la route qui descend vers la mer. Vous arrivez sur une piste (à droite de la route) qui débouche sur la carrière.*

## ★ CARRIÈRE DE CORAIL B2

Cette ancienne carrière a été fermée en 2002 *(visite libre - gratuit)*. Les hommes sciaient auparavant dans la roche de gros blocs de corail qui, une fois taillés en briques, servaient de matériau de construction, économique et résistant aux intempéries, pour les maisons de l'île.
*Rejoignez la route de Petite Butte, puis celle qui longe la côte jusqu'à Port Sud-Est.*
La route côtière offre de superbes **vues★★★** sur l'immense lagon resplendissant qu'elle surplombe. Vous aurez peut-être la chance de voir l'une des régates que les pêcheurs organisent de temps en temps dans cette région.

## PORT SUD-EST B2

En vous levant à l'aube lors de la nouvelle ou de la pleine lune, vous assisterez à Port Sud-Est au spectacle fascinant des **piqueuses d'ourites★★** (pêcheuses de poulpes). Chaussées de grosses bottes et équipées d'une foëne, sorte de tige pointue, elles sont près de 600 femmes de tous âges, connues et respectées sur l'île entière, à pratiquer cette pêche originale, scrutant rochers et coraux en quête du précieux butin. Mais les piqueuses, parfois inexpérimentées, sont

Les tortues géantes sont peu à peu réintroduites sur l'île.
Haltner Thomas / Prisma / age fotostock

désormais trop nombreuses à pratiquer cette activité, entraînant la destruction des coraux du lagon. Les prises sont en outre de plus en plus maigres.

## ★ Le centre de l'île Carte de microrégion, p. 198

*Circuit de Port Sud-Est à Grande Montagne tracé en bleu sur la carte de microrégion p. 198.*
La route remonte vers Saint-Gabriel et Mont Lubin dans un paysage vallonné de petites cultures maraîchères dont les terrasses et parcelles forment un patchwork verdoyant. Des femmes courbées sous leurs beaux chapeaux tressés y récoltent des oignons. Sinueuse, la route offre à chacun de ses 52 virages un **panorama**★★★ inoubliable sur le vaste lagon aux mille nuances de bleus et verts, où vous devinez ici les veines d'un chenal, là le banc de sable d'un îlot, là encore la frange d'écume d'une passe dans la barrière de corail et, toujours, les voiles des pirogues colorées des pêcheurs qui tanguent au vent.

4

### SAINT-GABRIEL B1

Vous pouvez faire un crochet sur la gauche vers Saint-Gabriel, pour voir sa jolie **cathédrale** en pierre de corail, l'une des plus grandes de l'océan Indien, élevée de 1936 à 1939 avec l'aide des paroissiens qui acheminèrent à pied, depuis la côte, les matériaux nécessaires. Chaque semaine, la messe dominicale rassemble des centaines de fidèles venus de toute l'île. Vous croiserez alors sur les routes une ribambelle de Rodriguais dans leurs robes à volants de dentelles ou leurs costumes étriqués, leur crucifix autour du cou *(messes : lun.-vend. 7h, dim. 7h et 9h).*
*Reprenez la route principale et, à Mont Lubin, tournez à droite. À 500 m, un panneau indique le minuscule sentier qui conduit au « View Point Montagne Limon ».*

### ★★ MONT LIMON B1

*Comptez 5-10mn aller depuis le parking. Attention, le raidillon peut être terriblement glissant.*

Du haut du mont Limon, point culminant de Rodrigues (393 m), vous aurez une **vue★★** sur toute l'île. La lumière dorée de la fin de journée donne à ce panorama de collines sauvages une couleur extraordinaire, avec ces arbres verts dispersés sur la savane rousse, où quelques vaches, taches brunes sur ce fond mordoré, cherchent de l'herbe fraîche à brouter.

### LE JARDIN DES 5 SENS B1

*Mont Bois Noir - ✆ 831 5860 ou 917 7244 - visite guidée (1h) tlj à 10h, 11h, 13h, 14h et 15h - 250 Rs (enf. 150 Rs) - formule repas, visite et dégustation 650 Rs.*
Situé à côté du gîte Le Tropical *(voir p. 219)*, derrière un vénérable bois noir *(Albizia lebbeck)* qui a donné son nom à la localité, le Jardin des 5 sens, de près de 4 000 $m^2$, a ouvert ses portes en octobre 2012, à l'initiative de l'hôtelier français Julien Schmidt, tombé amoureux de Rodrigues. Au cours de la visite guidée, vous découvrirez de manière ludique les espèces endémiques et exotiques présentes sur l'île, à l'aide de vos cinq sens : limon (odorat), miss Hong-Kong (vue), épine du Christ (toucher), bégonia (goût), mur créole (ouïe)…

### ★ LA RÉSERVE NATURELLE DE GRANDE MONTAGNE B1

*Comptez 1h30 - Grande Montagne - rte de Pointe Coton - ✆ 832 5737 - lun.-vend. 8h-11h, 12h-15h, sam. 8h-10h45 - entrée gratuite, mais donation bienvenue pour les visites guidées. Prévoir de bonnes chaussures pour la balade sur les sentiers.*
Rodrigues est une île écologiquement très dégradée : il y a encore peu de temps, sa forêt primaire avait totalement disparu et les derniers vestiges de la flore et de la faune indigènes étaient menacés. Pour parer au danger, un parc de 30 ha (dont 10 ha classés en réserve naturelle) a été créé en 1996. La forêt primaire y reprend peu à peu ses droits, grâce aux plantations d'espèces endémiques.
À l'entrée du site, un centre d'interprétation détaille à travers quelques panneaux les plantes et arbustes rares de Rodrigues comme l'hibiscus liliflorus, la mandrinette, le bois de chauve-souris, le café marron, et les oiseaux de l'intérieur des terres comme la fauvette, le cardinal jaune et le paille-en-queue. Sous une vitrine sont exposés les ossements d'un **solitaire** découvert dans une caverne de l'île en 2000.
Derrière le centre, plusieurs sentiers partent à l'assaut de la colline. En l'absence de balisage, et pour profiter de commentaires avisés, demandez à un jeune bénévole du centre de vous accompagner. Il vous conduira à un superbe point de **vue★** sur les crêtes environnantes et le lagon à l'arrière-plan.

### LES BUS RODRIGUAIS

Baptisés avec fantaisie (King of Rodrigues, Princess of the Road, Tornade Express), du nom de leurs héros de feuilletons télévisés (Supercopter, Aigle de la Route) ou de noms aux consonances « exotiques » (Perle du Sud, Ciel de Paris, Rayon Soleil), les bus rodriguais vous réservent un voyage pittoresque. Bien que les portes soient souvent capricieuses, il est imprudent de sauter en route. Une vieille corde à linge reliée à une sonnette de bicyclette parcourt tout le bus : il suffit de tirer dessus pour informer le chauffeur que vous voulez descendre. Mieux vaut demander votre arrêt un peu à l'avance, car les virages en épingle ne permettent pas de s'arrêter n'importe où. Les amortisseurs ont visiblement fait leur temps, sur ces routes défoncées où l'on ne compte plus les nids-de-poule. Seuls les freins, dans ce relief accidenté, semblent fiables.

L'île Hermitage dans le lagon de Rodrigues.
*Philippe Turpin / Photononstop*

## ★★★ Les criques de l'Est Carte de microrégion, p. 198

*De Mont Lubin, une route descend à Pointe Coton, où commence la balade. Circuit tracé en orange sur la carte de microrégion p. 198*

À mesure que l'on descend vers l'est, le paysage devient très sec, balayé par les alizés du sud-est. La roche basaltique noire affleure, à peine couverte par une savane aride, laissant apparaître par endroits de jolies stratifications obliques. Des hommes jouent aux cartes ou aux dominos sur le bord de la route, où ils ont improvisé une table à l'ombre des bananiers.

Après le village de Roche Bon Dieu, la vue plonge sur **Pointe Coton**, sa forêt de filaos et de cocotiers, ses larges bandes de sable blanc et son eau limpide. La longue et belle **plage**★★ est entourée de petites falaises de corail blanc. Là commence la balade qui, de Pointe Coton à Petit Gravier, vous fera découvrir les plus belles plages de l'île.



### RANDONNÉE DE POINTE COTON À PETIT GRAVIER C1-2

*Sentier non balisé de 7,5 km - facile (mais prévoyez de bonnes chaussures, car les rochers peuvent être glissants) - comptez 2h de marche AS, mais une demi-journée à une journée si vous souhaitez pique-niquer et vous baigner. La balade peut également se faire en sens inverse, de Petit Gravier à Pointe Coton. De Pointe Coton, le dernier bus pour Port Mathurin part vers 17h.*

En marchant vers le sud, vous atteindrez Petit Gravier par une succession de jolies criques de sable, parfois surplombées par des falaises coralliennes fouettées par les vents et les embruns. Vous découvrez ainsi **Anse Fumier** *(15mn depuis Pointe Coton)*, **Anse Ali**, **Saint-François**★ *(30mn)*, **Baie de l'Est**…
À l'extrémité sud de la plage de Saint-François, prenez en direction du snack au toit rouge perché sur une butte. À droite avant celui-ci, un portail donne accès au sentier qui part derrière un muret en pierre. Le chemin suit alors le littoral, un peu en retrait, à travers une forêt de filaos. Vous pouvez également passer par la plage à marée basse, mais les rochers sont assez glissants.

La barrière de corail, toute proche, émerge quand l'eau descend. Les vagues furieuses viennent se fracasser contre les écueils. À marée haute, la mer, d'un bleu intense, se pare d'un nuage d'écume blanche.
Plus vous avancez vers le sud et plus les criques deviennent petites. Le récif, moins protégé, laisse passer des courants dont il faut vous méfier si vous vous baignez.
Après 15mn de marche, vous parvenez à la première crique de Grande Anse, puis enfin à celle de **Trou d'Argent★★★** *(env. 1h de marche de Pointe Coton)*, une charmante petite plage de sable abritée par deux magnifiques falaises, sauvage, battue par les vagues qui s'engouffrent dans les brèches du récif. À cet endroit, le fond de l'eau se pare des couleurs enchanteresses des poissons-perroquets. Les pêcheurs du coin racontent que certains jours, si le temps est propice, on peut voir une chaîne qui, d'après la légende populaire, mènerait à un trésor.
En poursuivant votre chemin, vous arrivez à **Anse Bouteille★**, enserrée entre des falaises qui forment comme un goulot *(attention, sur cette portion, le chemin n'est pas bien marqué; si vous suivez un sentier qui tend à s'éloigner de la côte, n'hésitez pas à redescendre à flanc de colline jusqu'à trouver un autre sentier en contrebas; sinon vous risquez de monter jusqu'au Mont Cabris)*.
Peu après cette anse, le lagon s'agrandit. Depuis le chemin ombragé, un **panorama★★★** s'ouvre sur cette vaste étendue aux couleurs fascinantes. Il faut compter encore 45mn-1h jusqu'à **Petit Gravier**, où vous retrouverez une route *(bus ttes les heures pour Port Mathurin; dernier départ vers 16h-16h30)*.

## ★★ Les îlots alentour Carte de microrégion, p. 198

Les nombreux îlots qui parsèment les 200 km² du lagon de Rodrigues se concentrent à l'ouest et au sud. Certains d'entre eux constituent un agréable lieu d'excursion en bateau, pour passer la journée à se promener sous les cocotiers, explorer les fonds marins et déguster sur une plage déserte des grillades de poissons fraîchement pêchés. Les deux plus belles sont l'île aux Cocos et l'île Hermitage.

### ★★ ÎLE AUX COCOS A1

*Accès autorisé uniquement dans le cadre d'une visite organisée par une agence ou un hôtel.*
La plus grande et la plus intéressante des îles du lagon abrite une réserve naturelle d'oiseaux de mer en voie de disparition. En vous promenant au milieu de sa cocoteraie, vous découvrirez les derniers spécimens d'espèces rares, telles que la mouette blanche *(zoiseau la vierge)*, la marianne (ou *mandrain*), la frégate, le fou, le *yéyé*, le fouquet, le *noddi*, le *macoua* (ou cordonnier). Après une sieste digestive bercée par le chant des oiseaux, un bon bain avec masque et tuba vous permettra de découvrir des fonds marins d'une rare beauté.

### ★ ÎLE HERMITAGE B2

*Accès libre - comptez 25mn de traversée de Port Sud-Est, 10mn de Songe et 90mn de Petite Butte - demandez à une agence ou à votre hôtel de vous organiser la balade ou adressez-vous directement aux pêcheurs sur la plage de Port Sud-Est.*
Selon une légende populaire, un trésor serait enfoui dans cette île, au large de la côte sud, d'où l'on jouit d'une belle vue sur Rodrigues.

## NOS ADRESSES À RODRIGUES

Carte de microrégion, p. 198 et plan de Port Mathurin, p. 204

**INFORMATIONS UTILES**

### Banque / Change

Les banques sont concentrées à Port Mathurin et disposent de distributeurs. Distributeurs à Mont Lubin, à La Ferme et à l'aéroport.

**Barclays Bank** – *Angle des r. de la Solidarité et Fatehmamode.*

**Mauritius Commercial Bank** – *R. Max-Lucchesi.*

**State Bank** – *R. Max-Lucchesi.*

**Bristish American Investment** – *Arcades Cliderlex, r. Max-Lucchesi, Port Mathurin - ✆ 831 0100.* Change, transfert Western Union, location de voitures.

### Poste / Téléphone

**Poste** – *R. de la Solidarité, Port Mathurin.*

**Mauritius Telecom** – *R. de la Solidarité, Port Mathurin.* Cabines à pièces et à cartes à l'extérieur, accessibles en permanence.

**Bon à savoir** – Il n'y a pas d'indicatif entre Rodrigues et Maurice, il suffit donc de composer le numéro à sept chiffres de votre correspondant. Pour appeler de/vers Rodrigues vers/de l'étranger, le principe est le même que pour Maurice (*voir p. 19*).

### Internet

Poste d'accès au bureau de Poste et à l'agence Mauritius Telecom *(voir ci-dessus).*

Si vous avez un ordinateur, plusieurs points Wi-Fi sont installés sur l'île, dont un à proximité de la bibliothèque *(R. François-Leguat).*

### Santé

**Hôpital Queen Elizabeth** – *Crève Cœur - ✆ 831 1536.* Consultations 24h/24.

**Pharmacie** – *R. de la Solidarité (en face du nouveau marché), Port Mathurin - ✆ 831 2279.* La seule pharmacie de l'île.

### Urgences

**Police** – *✆ 999.*

### Bureau de l'Administration

**Rodrigues Regional Assembly** – *Passenger Terminal Building, R. Wolphart-Harmensen - ✆ 831 0686 - www.rra.mu.* Le Bureau « Terre » *(rdc, à gauche - lun.-vend. 8h-15h15)* est chargé de délivrer les permis pour la caverne Patate. On peut les obtenir dans l'heure.

### Culture

**Alliance française de Rodrigues** – *Pointe Canon - ✆ 831 1252 - http://afmaurice.com.* Expositions d'artistes, concerts, spectacles de danse, bibliothèque sur Rodrigues (livres à consulter sur place).

### Compagnies aériennes

**Air Mauritius** – *R. Max-Lucchesi (à côté des banques), Port Mathurin - ✆ 831 1558/1632 ; bureau à l'aéroport - ✆ 832 7700 - www.airmauritius.com.*

### Agences de voyages

Pour une excursion dans l'île ou dans les îlots voisins, il est préférable de s'adresser à l'une des agences de Port Mathurin :

**Eco-Evasion** – *✆ 875 8481/2545 - www.rodrigues-eco-evasion.com.* Une agence spécialisée dans le tourisme vert (découverte de la faune et de la flore terrestre et sous marine, visite de l'île aux Cocos).

**Rod Tours / Mauritours** – *Mont Venus - ✆ 831 0105.* Transfert aéroport, location de voiture ou 4x4, excursions à la demi-journée ou à la journée, croisières vers l'île aux Cocos.

**Patriko Tours** – *R. François-Leguat (près de la r. Johnston) - ✆ 831 2044 - patrikotours@yahoo.com.* Location de voitures, motos et pick-up ; tour de l'île, location de studios et villas, transfert aéroport.

**Rotourco** – *R. François-Leguat (près de la r. Johnston) - ✆ 831 0747/0711 - www.rotourco.com.* Location de pick-up, 4x4 et moto. Excursions dans l'île.

**2 000 Tours** – *R. Max-Lucchesi (en face d'Air Mauritius) - ✆ 831 4703 - www.rodrigues-2000tours.com.* Location de voitures et de 4x4. Excursions dans l'île et à l'île aux Cocos.

**Christophe Meunier** – *Auberge Lagon Bleu, Caverne Provert - ✆ 875 4442/499 4442 - www.aubergelagonbleu.com.* Marchant sur les traces de son père qui fut l'un des pionniers du tourisme à Rodrigues, Christophe et son épouse Estelle proposent diverses activités et excursions : sortie en bateau à l'île aux Cocos, pêche à la traîne ou à la palangrotte, plongée. Location de voitures, de motos et de scooters.

**JP Excursions** – *R. Barclay, Port Mathurin - ✆ 832 1162 - www.jpexcursion-rodrigues.com.* Le sympathique et très professionnel Jean-Pierre Lim Kim propose des transferts vers l'aéroport, un tour de l'île en bus climatisé, des parties de pêche dans le lagon, des randonnées et des excursions à l'île aux Chats et à l'île Hermitage.

### Locations de véhicules

Contactez les agences de voyages mentionnées ci-dessus.
Sinon, le loueur **Avis** possède un bureau à l'aéroport (*✆ 832 8100 - www.avis mauritius.com*).

## TRANSPORTS

### À l'arrivée

**En avion** – **Air Mauritius** - *www.airmauritius.com.* Air Mauritius assure 2 à 6 vols/j. entre Maurice et Rodrigues *(1h30 ; 155/175 €)* en ATR 72 (72 pl.). Le nombre de places étant limité, il est recommandé de les réserver à l'avance. Bagages limités à 15 kg. Air Mauritius autorise jusqu'à 20 kg pour le matériel de plongée.

**Bon à savoir** – Au départ de **France**, Air Mauritius vend le billet Paris-Rodrigues au même prix, voire moins cher que le Paris-Maurice. L'offre intéressera ceux qui n'envisagent pas de faire halte à Maurice. Sinon, mieux vaut acheter un Paris-Maurice à un tarif négocié chez un voyagiste, puis un Maurice-Rodrigues séparément.

**Aéroport Sir Gaetan Duval** - A2 - *Plaine Corail - ✆ 832 7888 - www.airportofrodrigues.com.* Il est isolé dans le sud-ouest de l'île, à 12 km de Port Mathurin. Duty free, change, distributeur bancaire, locations de voiture (réservez à l'avance). En taxi, comptez 30mn et 500 Rs pour rejoindre Port Mathurin. En bus *(ttes les 40mn)*, environ 1h20 et 25 Rs. Cependant, en raison des horaires aléatoires, évitez le bus pour repartir : vous risqueriez de rater votre avion. Les hôtels et maisons d'hôtes, ainsi que les agences de voyages peuvent s'occuper de votre transfert si vous le demandez à l'avance.

**En bateau** – Les paquebots **Mauritius Pride** (fauteuils ou cabines) et **Mauritius Trochetia** (cabines de 1re et 2e classe) assurent 3 ou 4 liaisons/mois avec Rodrigues *(30/36h de voyage de Port Louis à Port Mathurin, 24/28h dans l'autre sens).*

**Mauritius Shipping Corporation** – *R. François-Leguat, Port Mathurin - ✆ 831 0640/42 - www.mauritiusshipping.intnet.mu.*

## Dans l'île

**En bus** – Voici la solution la plus économique si vous avez le temps, c'est aussi un bon moyen de côtoyer les Rodriguais. Une dizaine de lignes desservent l'île, entre 6h et 18h à Port Mathurin, entre 5h30 et 16h au départ des villages. La majorité des bus part de la **gare routière** de Port Mathurin *(✆ 877 2932)* et leur destination est affichée à l'avant. Beaucoup de lignes se croisent aussi à Mont Lubin, dans le centre de l'île. Bus toutes les 30mn pour Pointe Coton, via Saint-François *(45mn)*, toutes les 30mn pour Grand Baie, via Crève Cœur et Terre Rouge *(15-20mn)*, toutes les 40mn pour l'aéroport, via Mangues et La Ferme *(1h20)*, toutes les heures pour Graviers *(30mn)*, et toutes les 45mn pour Port Sud-Est.

**En voiture** – On peut facilement s'en passer (la majorité des Rodriguais va à pied et en bus). Vu le piètre état des routes, mieux vaut sinon louer un 4x4 plutôt qu'une voiture ordinaire *(voir adresses p. 213-214)*. Une bonne option consiste par ailleurs à louer un deux-roues, bien adapté pour affronter les pistes un peu cahoteuses. La conduite à gauche et les multiples virages peuvent vous inciter, par prudence, à louer une voiture avec chauffeur. Comptez environ 800 Rs de plus, mais l'essence est incluse.

**Bon à savoir** – L'île de Rodrigues compte deux pompes à essence : l'une se trouve à Port Mathurin, au bout de la r. Max-Lucchesi en allant vers Baie aux Huîtres, et l'autre à Mont Lubin.

**En taxi** – Il y a une trentaine de taxis sur l'île, que l'on peut aussi louer à la journée *(env. 2 000 Rs)*. Comptez 500 Rs pour un transfert entre l'aéroport et Port Mathurin, 400 Rs de Port Mathurin à Pointe Coton.

**En stop** – Le stop fonctionne assez bien et il arrive que les Rodriguais s'arrêtent spontanément lorsqu'ils vous voient marcher sur le bord de la route.

**À bicyclette** – Le VTT est bien adapté aux routes et aux côtes de l'île, mais, attention, certaines descentes très raides peuvent être dangereuses.

### HÉBERGEMENT

La plupart des hébergements se situent autour d'Anse aux Anglais, un secteur que vous pouvez rejoindre en bus, voire à pied *(25mn)* de Port Mathurin.

**Bon à savoir** – De nombreux gîtes et maisons d'hôtes de l'île sont présentés sur le site : *www.ile-rodrigues-hebergement.com.*

### Port Mathurin

Plan de ville, p. 204

**PREMIER PRIX**

**Voyage Danzile** – *R. Johnston - ✆ 831 1581 ou 875 1266 - 5 ch. 20 €* ☕. Aménagées à l'étage du restaurant Le Nouveau Capitaine, ces cinq chambres (2 doubles et 3 simples) ont tout pour plaire : claires, propres, calmes et confortables.

**Hébergement Fatehmamode** – *R. Max-Lucchesi - ✆ 831 2607 ou 499 2020 (portable) - www.hebergement-fatehmamode.com - 25 st. 20/25 € - ☕ 2,50 € - 40 € en demi-pension*. L'un des meilleurs rapports qualité-prix de Port Mathurin. Si l'imposant bâtiment carrelé manque de charme, il n'y a rien à redire sur les vastes studios avec coin cuisine ouvrant par de larges baies vitrées sur de petites terrasses communes.

4

**Pension Ciel d'Été** – *R. François-Leguat (à l'entrée de Port Mathurin) - ✆ 831 1587 - 18 ch. 25 €* ☕. Une bonne adresse. Les chambres et la véranda où l'on prend le petit déjeuner donnent sur un jardinet. Les chambres sont simples et impeccables, l'accueil discret, mais cordial. La route à proximité est peu passante la nuit.

**Le Flamboyant** – *R. Victoria - ✆ 831 2784/86 - www.hotelflamboyant.com - ✕ - 28 ch. 36/51 € ☕ - poss. de demi-pension et pension complète.* Un hôtel simple, mais propre, calme et central. Chambres confortables quoiqu'un peu sombres. Le restaurant, plus aéré, sert une cuisine locale ou internationale.

**Le Tamaris** – *Camp du Roi - ✆ 831 2715/2804 - letamaris@intnet.mu - 16 appart. 40 € ☕ - poss. de demi-pension (50 €/2 pers.) ou de pension complète (60 €/2 pers.).* Cette résidence du groupe Mauritours se compose d'appartements confortables et fonctionnels d'une, deux et trois chambres avec salon, cuisinette et balcon.

**BUDGET MOYEN**

**Escale Vacances** – *Fond La Digue - ✆ 427 1060 - www.escale-vacances.com - 🏊 - 23 ch. 73/94 € ☕ - poss. de demi-pension (70 €/pers.).* À 5mn à pied du centre, cet établissement, le plus confortable de Port Mathurin, offre un accueil convivial et des chambres aux tons pastel et au mobilier en rotin donnant sur la colline ou la piscine. Assez cher tout de même pour du moyen de gamme. Bonnes cuisines chinoise et rodriguaise.

## Anse aux Anglais et alentour

Carte de microrégion, p. 198

**PREMIER PRIX**

**Auberge Lagon Bleu** – B1 - *Caverne Provert - ✆ 831 0614 ou 499 4442 - www.aubergelagonbleu.com - 4 ch. 20 € - ☕ 5 € - table d'hôtes 12 €.* La pension de la famille Meunier, l'une des premières sur l'île, propose quatre chambres très spartiates (dont deux triples), mais avec une belle vue sur le lagon. Bonne table d'hôtes. Le fils, Christophe, propose également des excursions.

**Coco Villa** – B1 - *Caverne Provert - ✆ 831 0449 ou 875 2387 (portable) - www.rodrigues-cocovilla.com - ✕ - 4 appart. 28 € ☕ - 50 € en demi-pension.* Situés dans une propriété récente, ces quatre appartements (de 2 ou 3 chambres) propres et douillets disposent d'une cuisinette, d'un séjour et d'un balcon. L'endroit n'a pas un charme fou, mais l'on s'y sent bien et les prix sont très compétitifs. Outre ses talents de cuisinier, Johnny, le sympathique propriétaire, est aussi chauffeur de taxi ; il peut venir vous chercher à l'aéroport et vous organiser des excursions à travers l'île.

**Auberge Les Filaos** – B1 - *Anse aux Anglais (derrière le Pensionnat Beau Séjour) - ✆ 831 1644/0896 - filaos@intnet.mu - ✕ 🏊 - 14 ch. 31 € en demi-pension.* Chambres propres et confortables, disposant pour la plupart d'un balcon. L'auberge est précédée d'un petit jardin avec piscine et kiosques, mais on regrette que le cadre ne soit pas plus agréable et la vue bouchée par le bâtiment voisin. Cuisines locale et internationale.

**Chez Johnson Roussety** – B1 - *Caverne Provert (à côté de l'hôtel Le Récif) - ✆ 831 1543/0100 - ljroussety@intnet.mu - 3 appart. 35 €.* Vous ne pouvez manquer cette tour grise surplombant le lagon. Guère engageant de l'extérieur, cet appartement en duplex est pourtant confortable et ses deux terrasses procurent de belles vues sur l'océan. La maison voisine abrite deux appartements de deux chambres bien équipés et propres.

**Villa Mon Trésor** – B1 - *Anse aux Anglais (derrière l'auberge Les Filaos) - ✆ 831 1660 - villatresor@intnet.mu - 3 ch. 40 € ☕ - poss. de demi-pension - accès Wi-Fi.* C'est ici que le grand-père de l'écrivain Le Clézio creusait à la recherche du trésor de La Buse, d'où le nom de cette villa aux couleurs vives. Chambres à la décoration coquette, un brin surannée. Optez pour celle avec salle de bains individuelle et balcon, plutôt que les deux autres qui partagent une salle de bains. Marie-Louise Roussety, la joviale maîtresse des lieux, cuisine des petits plats délicieux, dont la tourte rodriguaise.

**Chez Claude et Benett** – B1 - *Terre Rouge (sur les hauteurs d'Anse aux Anglais, par la route qui monte en face de l'hôtel Le Récif) - ✆ 831 0033 - chezclaudebenet@yahoo.fr - 3 ch. 45 € ☕ - table d'hôtes 18 €.* Ce sympathique couple franco-rodriguais propose à l'étage de son habitation trois chambres coquettes, claires et aérées, avec une jolie vue sur la mer. Deux d'entre elles disposent d'une terrasse. Benett organise par ailleurs des excursions en mer, avec plongée en apnée ou pêche au gros sur son bateau Caranda. Une bonne adresse.

**Le Ravenal** – B1 - *Jeantac (sur le haut de la colline) - ✆ 831 0644 ou 875 7893 (portable) - ravenal@intnet.mu - 🏊 - 2 bung. 46 € - poss. de demi-pension 8 €/pers.* Composé de deux bungalows aux toits bleus, ce gîte de style créole trône au sein d'un grand jardin en pente douce. La belle piscine profite d'une vue bien dégagée sur le lagon. Chambres spacieuses et avenantes. L'un des bungalows, avec salon et cuisine, est parfait pour une famille nombreuse.

**Le Kono Kono** – B1 - *Jeantac - ✆ 831 0759 - 12 ch. 50 € en demi-pension.* Une adresse de bon standing à l'ambiance décontractée. Réparties dans quatre bungalows de style traditionnel, sur un terrain en bord de mer (pas de plage, mais baignade possible), les chambres, ventilées ou climatisées, sont spacieuses et bien décorées, et disposent d'une véranda avec une vue superbe. Cuisine bonne et copieuse.

**Résidence Foulsafat** – B1 - *Jeantac - ✆ 831 1760 - www.residencefoulsafat.com - 2 ch. : 25 €/pers. ☕ ou 30 €/pers. en demi-pension et 3 gîtes : 35/70 € - table d'hôtes 10 € - accès Wi-Fi.* On se sent vite chez soi dans ce chaleureux gîte tenu par Antoinette et Benoît Jolicœur. Perchée sur les hauteurs, un peu avant Grand Baie, cette adresse se compose de trois gîtes indépendants (de 1 à 4 ch.) avec cuisine et varangue et de deux chambres d'hôtes dans la maison principale, tous confortables. La table d'Antoinette mérite vos faveurs pour savourer de copieux plats locaux à base de produits frais tout en discutant avec vos hôtes. Benoît, ancien ministre de Rodrigues, est intarissable sur son île.

**Rodrigues Evasion** – B1 - *Caverne Provert - ✆ 832 0811 ou 875 9614 - www.rodrigues-evasion.com - 3 bung. 40/80 € ☕.* Distribués autour d'un petit jardin devant la mer, trois bungalows (1-2 ch.) modestes mais propres et équipés d'une cuisinette. Reddy, l'hôte des lieux, propose ses services de guide pour des balades à pied, son frère David organise des sorties en mer et ses deux sœurs, Peggy et Gielsie, mitonnent une robuste et saine cuisine rodriguaise. Très convivial.

**BUDGET MOYEN**

**Auberge Anse aux Anglais** – B1 - *Anse aux Anglais (face à l'auberge Les Filaos) - ☎ 831 2179/2687 - www.rodrigues-vacances.com - 🏊 - 20 ch. 50/60 € - ☕ 8 €.* Une résidence bien conçue pour les familles, animée par la souriante Mme Hung. Réparties dans deux bâtiments autour d'une piscine, les chambres sont confortables mais assez impersonnelles. Location de voitures et de scooters. L'endroit reçoit souvent des groupes, ce qui nuit à son intimité.

**Le Récif** – B1 - *Anse aux Anglais - ☎ 831 1804 - www.lerecifhotel.com - ✕ - 6 ch. et 2 appart. 50/70 €.* Cet hôtel surplombe idéalement la plage d'Anse aux Anglais. Les chambres (standard ou supérieures) sont confortables, avec une belle vue sur le lagon pour trois d'entre elles, mais il faut compter avec les soirées dansantes des vendredi et samedi (jusqu'à 3h du matin!) dans la salle de restaurant juste au-dessous. Vous pouvez profiter des activités de l'hôtel Mourouk Ebony *(voir p. 220 et 223).*

**L'Amphore** – B1 - *Plage de Grand Baie (sur la route principale) - ☎ 832 187 ou 428 9851 - www.lamphore.vpweb.fr - 2 ch. 70 € en demi-pension.* La petite maison d'hôtes du Français Michel et de sa femme mauricienne Suzy est située à deux pas de la plage : elle dispose d'une chambre à l'esprit case de pêcheur, avec accès par le jardin, et d'une seconde chambre près du salon, aux dominantes de rose et décorée de peintures à l'huile. Le patron, docteur en sociologie, créateur en tout genre et réalisateur de films sous-marins, est une mine de connaissance sur l'île. Bassin de détente original avec fish-spa dans le jardin. Sorties en plongée sous-marine. Table d'hôtes soignée.

**Domaine de la Paix** – B1 - *Terre Rouge - ☎ 933 7770 (portable) - www.vacances-rodrigues.com - 🏊 - 2 ch. : 75/110 € ☕ et 3 st. : 105/145 € ☕ - table d'hôtes 25 €.* Isolé sur les hauteurs, le domaine de Pascal et Claudine est composé de chambres et studios confortables et spacieux, décorés avec le plus grand soin par la patronne, jamais à court d'imagination. Excellent petit déjeuner complet, avec café fraîchement moulu et pain maison préparé par le patron, boulanger de formation, et dîner inoubliable dans la maison des propriétaires, avec mets raffinés et vin de choix. Piscine en ardoise.

## Baie du Nord

**BUDGET MOYEN**

**Le Refuge** – A1 - *Prendre à droite au grand carrefour en venant de Port Mathurin - ☎ 831 7547 ou 971 0001 - www.lerefuge.mu - 💳 - 10 ch. 60 € en demi-pension.* Postée au bout d'une petite route de bord de mer, la grande maison jaune de Jessica dispose de chambres très simples pouvant accueillir de 1 à 4 personnes. Salle de bains commune et cuisine à disposition. Dîner possible sur commande, avec le poisson pêché par le mari Donald et son fils Daniel.

## À l'intérieur de l'île

Carte de microrégion, p. 198

**PREMIER PRIX**

**Auberge de la Montagne** – B1 - *Grande Montagne - ☎ 831 4607 - 6 ch. 25 € en demi-pension.* Si vous préférez la fraîcheur des hauts de l'île à la douceur de la côte, cet endroit bénéficie d'une position très centrale. Les chambres sont simples et colorées, mais Laval et Françoise Baptiste, très affables, feront que vous vous sentirez vite chez vous. La table d'hôtes est réputée *(midi et soir, sf dim., sur réserv.)*, Françoise est d'ailleurs l'auteur du livre *Les Délices de Rodrigues* *(voir p. 42)*. Les propriétaires gèrent également un petit hôtel de charme de 12 chambres sur la plage de Graviers *(www.labellerodriguaise.com)*. Location de voitures et motos.

**Le Tropical** – B1 - *Mont Bois Noir - ✆ 831 5860 ou 875 7387 (portable) - jusqu'à 6 pers. 30 € en demi-pension - table d'hôtes 12 €.* Perdue dans la campagne la plus verdoyante de l'île, la maison de Jeannette et ses annexes au fond du jardin potager recèlent des chambres simples et fraîches, dans une ambiance bucolique et vraiment paisible. Table d'hôtes avec des plats mijotés dans de grandes marmites au feu de bois. Seul bémol à cette intimité : la maison reçoit parfois des groupes à déjeuner.

### BUDGET MOYEN

**Domaine de Décidé** – C1 - *Près du village de Batatrand (sur la route menant à Graviers) - ✆ 245 1024 ou 728 7159 (portable) (Maurice) et 831 8752/2044 (Rodrigues) - www.villarodrigues.net - 4 ch. : 40/60 €, 6 st. : 60 €, 2 maisons : 90/110 € - 5 € - repas 15 € - poss. de demi-pension 20 €/pers.* Deux maisons de type créole, isolées au cœur de collines boisées, parfaites pour les amoureux de nature et de tranquillité. Chacune se compose de quatre chambres, deux salles de bains, une cuisine et une grande varangue, et se partagent un vaste terrain de 2 ha. Vous serez reçu par Michelette et Simone, deux voisines, qui s'occupent du ménage et de la cuisine. Bien qu'isolé, le domaine n'est finalement pas loin de la plage de Graviers et des criques de l'Est. Également une auberge (4 ch.), six studios et une maison (6 pers.) à louer sur la jolie plage de Saint-François.

**Fantaisie Rodrigues** – B1 - *Eau Vannée - Petit Gabriel - ✆ 832 6100 ou 875 3595 (portable) - www.fantaisierodrigues.com - - 5 appart. 50/150 € - table d'hôtes 7 €.* Perchée sur le haut d'une colline, avec une vue sublime sur le lagon du Sud, cette jolie propriété en pente douce se compose d'une villa récente (3 ch.) avec cuisine, salon, terrasse et piscine, et de trois appartements (1 à 2 ch.) avec cuisine et varangue. Décoration élégante et soignée, propreté reluisante. On déconseille la case créole en tôle, même si elle est moins chère *(35 €)*, car la chaleur peut y être étouffante.

**La Collinière** – B1 - *Brûlé - ✆ 831 8241/8558 - http://lacolliniere.chez-alice.fr - ✕ - 4 ch. 66 € en demi-pension - fermé juil.-août.* Fifi et Jacques, les propriétaires de cette belle étape – qui sont aussi les gérants du club de plongée du Cotton Bay *(voir p. 223)* – ont aménagé quatre vastes chambres carrelées, calmes, propres et bien aérées, à l'étage de leur maison, isolée sur les hauteurs de l'île (arrêt de bus à côté). Elles disposent d'un balcon et profitent de l'exceptionnel panorama sur la côte est. Table d'hôtes délicieuse et conviviale (le soir, pour les clients), où alternent recettes créoles, françaises, thaïes et laotiennes. Navette gratuite le matin pour le centre de plongée.

## Sur la côte sud

Carte de microrégion, p. 198

### PREMIER PRIX

**Gîte de la Caverne** – B2 - *Corail Petite Butte (au croisement de la rte* *pour Caverne Patate) - ✆ 831 7409 - 4 ch. 36 € en demi-pension.* À 5mn de la plage de Port Sud-Est, cette charmante maison d'hôtes abrite à l'arrière du jardin trois chambres accueillantes et spacieuses (dont une à l'étage avec terrasse, la plus agréable). Elles partagent un salon TV et une cuisine équipée. Grand calme. Bonne table d'hôtes.

**Case Corail** – C2 - *Petit Gravier (à proximité de l'arrêt de bus) - ✆ 832 4351 ou 923 9865 (portable) - www.casecorail.com - 3 ch. 50 € - table d'hôtes 20 €.* Surplombant les cases du village de Petit Gravier et la vaste plage, la maison d'hôtes du Français Hervé est décorée avec sobriété et originalité : appliques et abat-jour réalisés à partir de coraux, frises en coquillages qui serpentent aux murs, béton teinté au sol… Les chambres, situées à l'étage, disposent chacune d'un balcon s'ouvrant sur la mer et partagent une vaste salle de bains. Dîner concocté avec les fermiers et pêcheurs du village, à déguster en terrasse, sous la tonnelle en bambou.

UNE FOLIE

**Mourouk Ebony Hotel** – B2 - *Anse Mourouk - ✆ 832 3351 - www.mouroukebonyhotel.com - 30 ch. 220/248 € en demi-pension.* Les dix bungalows modernes de style créole avec terrasse individuelle dominent l'immensité du lagon. L'hôtel compte également une villa pouvant accueillir huit à dix personnes. avec piscine privée *(870/975 €)*. La plage est agréable, de même que le restaurant en terrasse surplombant la piscine, où l'on mange une cuisine savoureuse et variée. L'hôtel organise des spectacles de danses rodriguaises et des excursions. Location de voitures. Excellent club de sports nautiques et de plongée. Tir à l'arc.

## Sur la côte est

Carte de microrégion, p. 198

PREMIER PRIX

**Kafé Marron** – C1 - *Pointe Coton (à proximité du terminus du bus) - ✆ 706 0195 ou 726 4851 (portables) - www.kafemarron.com - 4 ch. 38/45 € en demi-pension.* Signalée par son toit bleu turquoise décoré de frises et son flamboyant, la ravissante maison créole de Dorothy s'ouvre sur la plage de Pointe Coton et ses nombreux filaos. Au rez-de-chaussée, le vaste salon rassemble le mobilier rapporté d'Afrique et d'Europe par la maîtresse de maison, qui a vécu au Sénégal et en Belgique. Le salon communique avec la cuisine américaine aux agréables parfums. À l'étage, les chambres simples et colorées, dont deux avec salle de bains privative, s'ouvrent sur la varangue. Dorothy et son neveu Frédéric sont aux petits soins pour leurs hôtes. Cuisine maison savoureuse et généreuse.

BUDGET MOYEN

**Chez Claudine** – C1 - *Plage de Saint-François (derrière le centre communautaire) - ✆ 831 8242 - cbmoneret@intnet.mu - 4 ch. et 2 st. 60 € en demi-pension.* Une adresse pleine de charme, idéalement située sur la plage de Saint-François. Les chambres mansardées, aménagées à l'étage de la maison en bois des aimables propriétaires, ne manquent pas de cachet. Les deux studios à l'arrière ont chacun une salle de bains et partagent une terrasse. La cuisine de Claudine, à base de produits frais du marché ou de la pêche, est un vrai bonheur !

## RESTAURATION

**Bon à savoir** – Tous les hôtels et pensions proposent la demi-pension ou la pension complète. Les restaurants sont généralement ouverts de 10h à 14h et de 17h à 22h.

### Port Mathurin

Plan de ville, p. 204

#### PREMIER PRIX

Un peu partout dans Port Mathurin, des échoppes vendent samoussas, beignets, bonbons piments et pâtisseries…

**Boulangerie Loul & Co** – *R. Fatehmamode - ✆ 831 2003 - lun.-jeu. 4h30-16h30, vend. 4h30-12h, 13h45-16h30, sam. 4h30-14h, dim. 4h30-12h.* La seule boulangerie de l'île. Pain et gâteaux frais à toute heure et viennoiseries à se damner !

**Chue Wan Snack** – *R. de la Solidarité - ✆ 831 1507 - lun.-sam. 7h45-16h - 5/10 €.* Un gentil « boui-boui » familial, avec deux tables sur la terrasse en bord de rue. On y mange des petits plats (chop suey, pain bœuf, porc rôti, daube d'ourites), des samoussas et du riz cantonnais très corrects.

#### BUDGET MOYEN

**Aux Deux Frères** – *Pl. François-Leguat (au-dessus de l'agence Rotourco) - ✆ 831 0541 - fermé jeu. soir et dim. - 15 €.* Une jolie salle claire et aérée ouvre par une large baie vitrée sur une terrasse surplombant la rue. Cuisine de marché soignée : pizzetta au marlin fumé, *wahoo* mi-cuit aux graines de sésame, salade de fruits de mer tiède au miel de Rodrigues… Une adresse agréable pour prendre un verre également, avec belle carte de boissons et Wi-Fi à disposition.

### Anse aux Anglais et environs

#### PREMIER PRIX

**Le Marlin Bleu** – *Anse aux Anglais - ✆ 832 0701 - fermé mar. 10/15 €.* L'une des meilleures adresses de Rodrigues. Signalé à l'extérieur par une grande planche de surf en guise de menu, le Marlin Bleu propose une cuisine variée et savoureuse, composée de poisson frais, de viandes grillées et de pizzas à pâte fine. L'ambiance est ici toujours garantie, animée joyeusement par le patron Méga, Mauricien bien sympathique, volubile et gentiment blagueur. Retransmissions de matchs de football et de rugby pour les amateurs.

### Mangues

#### PREMIER PRIX

**John's Resto-pub** – *Mangues (juste avant La Ferme) - ✆ 831 6306 - midi seult, le soir sur réserv. - 10/15 €.* Restaurant sans prétention avec terrasse couverte. Bonne cuisine chinoise, mais le lieu est surtout réputé pour ses spécialités de fruits de mer.

### La Ferme

#### BUDGET MOYEN

**Mamy Chérie** – *La Ferme (rte en dir. de Camp Pintade) - ✆ 749 0665 (portable) - ⌧ - fermé sam. (le soir sur réserv.) - 15/30 € - 2 bung. 140 €* ☕. Vous ne résisterez pas à la cuisine italienne de Raffaela, ainsi qu'à son doux accent de la Péninsule. Plats du jour (au déjeuner) et menu surprise (le soir) à savourer sur la terrasse extérieure ou à l'intérieur de la superbe case traditionnelle, avec charpente en bois, toit en tôle et murs en corail. Idéal pour un repas en amoureux. Également deux charmants bungalows à louer.

## Pointe Coton

### BUDGET MOYEN

**Chez Mme Larose** – *À l'entrée de Pointe Coton - ✆ 876 1350 - midi seult, le soir sur réserv. - 15/20 €.* Une jolie case au toit turquoise souligné de lambrequins et quatre tables dressées sous la varangue décorée de filets de pêche. Pas de carte, mais un menu du jour permettant de découvrir l'excellente cuisine rodriguaise de l'accueillante patronne. Pour la langouste grillée, réservez au moins la veille.

## Saint-François

### BUDGET MOYEN

**Mazavaro** – *Sur la route principale - ✆ 831 8896 ou 716 2282 (portable) - ⊠ - midi seult, le soir sur réserv. - 15/25 €.* Le cabanon du chef Jonathan et de sa femme Jessica, d'origine provençale, est un régal pour les papilles : carpaccio de perroquet, pavé de marlin et salsa de tomate, crabe au vin blanc, flan à la passion… À déguster sur les tables colorées disposées à l'extérieur, sous l'auvent, le parasol ou la toile tendue. Délicieux jus de fruits frais, cocktails et bière pression.

## ACHATS

**Bon à savoir** – La plupart des magasins se trouvent à Port Mathurin et ouvrent de 7h à 16h en semaine, jusqu'à 15h le samedi et parfois le dimanche.

### Artisanat

L'artisanat local est spécialisé dans la vannerie. Vous trouverez à Port Mathurin, au marché ou dans les boutiques, différents modèles de paniers et de chapeaux, ainsi que des objets décoratifs fabriqués à partir de raphia, aloès, vacoas, vétiver ou bambou.

**Care-Co (ex-Craft Aid)** – *Camp du Roi (à côté de la caserne), Port Mathurin - ✆ 831 1766 - lun.-vend. 8h-15h45, sam. 8h-12h.* Cet atelier artisanal est tenu par une association ayant pour objectif de former et d'employer des handicapés. On peut les voir fabriquer divers bijoux ou de charmants objets en noix de coco, des maquettes de bateau ou des paréos, ainsi que le fameux miel rodriguais. Toutes ces productions sont en vente dans l'atelier.

### Librairie

**Island Books and Clothes Spot** – *R. François-Leguat (en face du collège) - ✆ 440 0040 - tlj sf dim. 8h30-16h.* Cartes postales, plans, magazines, romans, souvenirs et livres de Rodrigues.

### Spécialités gastronomiques

Les **piments** de Rodrigues comptent parmi les plus forts du monde. Ils sont vendus dans des bouteilles en verre. Plus faciles à transporter et moins dangereux pour vos papilles et vos intestins, goûtez les **achards de limons**, parfumés au piment ou au tamarin et les **ourites séchées**. Rodrigues produit également un **miel** réputé pour sa saveur et pour ses vertus médicinales.

## EN SOIRÉE

### Spectacles et danse

**Le Récif** – *Anse aux Anglais - ✆ 831 1804 - www.lerecifhotel.com.*

Spectacle de danses traditionnelles le vendredi soir et discothèque les vendredi et samedi jusqu'à 3h du matin *(voir p. 218)*.

**Les Cocotiers** – *Camp du Roi (à côté de la caserne des pompiers) - Port Mathurin - ✆ 831 1058 - vend.-sam. soir et dim. apr.-midi.* Le « nite-club » de la capitale vaut surtout pour ses bals musettes dominicaux, à l'ambiance désuète. Les couples endimanchés, en majorité du troisième âge, y dansent mazurkas et polkas au son du séga-accordéon, du séga-tambour et des triangles de l'orchestre. Une institution à Rodrigues.

## ACTIVITÉS

### Pêche

**BDPM Fishing Sealine** – *Port Mathurin - ✆ 831 2790 ou 876 4207 - birgit.dirk@intnet.mu.* L'Allemande Birgit Rudolph propose des sorties de pêche au gros en saison *(mi-oct.-fin avr.)*.

**Rod Fishing Club** – *Jeantac, Terre Rouge - ✆ 875 0616 - www.rodfishingclub.com.* Pêche au gros (grande traîne, *jigging*) avec Yann et son équipage à bord du *Black Marlin* (5 pers.). Sortie de 10h à 4 j.

### Planche à voile, kitesurf et surf

**Club Osmosis** – *Hôtel Mourouk Ebony, Anse Mourouk - ✆ 832 3051 - www.osmosis-rodrigues.com.* Jérôme, un Français installé à Rodrigues, propose des cours de planche à voile, de kitesurf et de surf. Location de matériel.

**Kitesurf Safari** – *Baie du Nord - ✆ 875 8457 - www.kiterodrigues.skyblog.com.* Andy embarque néophytes et initiés pour des descentes de kitesurf accompagnées en bateau dans le lagon. Safaris de 3 j./2 nuits avec bivouac sur les îlots déserts.

### Plongée sous-marine

**Cotton Dive Center** – *Cotton Bay Hotel, Pointe Coton - ✆ 831 8001 - www.cottonbayhotel.biz - fermé juil.-août et sam.* Une à deux plongées par jour, selon la marée et le temps. Une vingtaine de sites fabuleux à découvrir, dans le lagon ou en pleine mer. Baptême. Fifi et Jacques sont sérieux et très professionnels. Possibilité de plongées et brevets Nitrox.

**Bouba Diving Centre** – *Hôtel Mourouk Ebony - ✆ 832 3063 - www.boubadiving.com.* Baptême, plongée en journée et de nuit. Forfaits de 3, 5, 10, 25 et 50 plongées. Benoît favorise avec raison les plongées dans la grande passe qui joint le lagon et la pleine mer.

### Randonnée

**Bon à savoir** – La **Carte Verte de Rodrigues** recense les principaux sentiers de randonnée balisés, avec un plan pour chacun et un petit explicatif pratique. Les possibilités sont nombreuses : outre la promenade de Pointe Coton à Petit Gravier *(voir p. 211)*, une balade très sympathique consiste à descendre de Montagne Malgache à Port Sud-Est *(env. 1h30)* par un sentier en terre battue qui ménage de superbes points de vue sur le lagon.

4

# L'Aventure Michelin

Tout commence avec des balles en caoutchouc ! C'est ce que produit, vers 1880, la petite entreprise clermontoise dont héritent André et Édouard Michelin. Les deux frères saisissent vite le potentiel des nouveaux moyens de transport. L'invention du pneumatique démontable pour la bicyclette est leur première réussite. Mais c'est avec l'automobile qu'ils donnent la pleine mesure de leur créativité. Tout au long du 20e s., Michelin n'a cessé d'innover pour créer des pneumatiques plus fiables et plus performants, du poids lourd à la F 1, en passant par le métro et l'avion.

Très tôt, Michelin propose à ses clients des outils et des services destinés à faciliter leurs déplacements, à les rendre plus agréables... et plus fréquents. Dès 1900, le Guide Michelin fournit aux chauffeurs tous les renseignements utiles pour entretenir leur automobile, trouver où se loger et se restaurer. Il deviendra la référence en matière de gastronomie. Parallèlement, le Bureau des itinéraires offre aux voyageurs conseils et itinéraires personnalisés.

En 1910, la première collection de cartes routières remporte un succès immédiat ! En 1926, un premier guide régional invite à découvrir les plus beaux sites de Bretagne. Bientôt, chaque région de France a son Guide Vert. La collection s'ouvre ensuite à des destinations plus lointaines de New York en 1968... à Taïwan en 2011.

Au 21e s., avec l'essor du numérique, le défi se poursuit pour les cartes et guides Michelin qui continuent d'accompagner le pneumatique. Aujourd'hui comme hier, la mission de Michelin reste l'aide à la mobilité, au service des voyageurs.

## MICHELIN AUJOURD'HUI

### N°1 MONDIAL DES PNEUMATIQUES

- 69 sites de production dans 18 pays
- 115 000 employés de toutes cultures, sur tous les continents
- 6 000 personnes dans les centres de Recherche & Développement

# Avancer
## monde où la

Mieux avancer, c'est d'abord innover pour mettre au point des pneus qui freinent plus court et offrent une meilleure adhérence, quel que soit l'état de la route.

## LA JUSTE PRESSION

BONNE PRESSION

- Sécurité
- Longévité
- Consommation de carburant optimale

-0,5 bar

- Durée de vie des pneus réduite de 20% (- 8 000 km)

-1 bar

- Risque d'éclatement
- Hausse de la consommation de carburant
- Distance de freinage augmentée sur sol mouillé

# ensemble vers une mobilité plus sûre

C'est aussi aider les automobilistes à prendre soin de leur sécurité et de leurs pneus. Pour cela, Michelin organise partout dans le monde des opérations **"Faites le plein d'air"** pour rappeler à tous que la juste pression est vitale.

## L'USURE

### COMMENT DETECTER L'USURE ?

Vos pneus MICHELIN sont munis d'indicateurs d'usure : ce sont de petits pains de gomme moulés au fond des sculptures et d'une hauteur de 1,6mm.
Lorsque la profondeur des sculptures est au même niveau que les indicateurs, les pneus sont usés et doivent être remplacés.

Les pneus constituent le seul point de contact entre le véhicule et la route, un pneu usé peut être dangereux sur chaussée mouillée.

PNEU NEUF

PNEU USÉ
(1,6 mm de sculpture)

*Ci-contre, la zone de contact réelle photographiée sur chaussée mouillée.*

# Mieux avancer,
## c'est développer une mobilité durable.

## INNOVATION ET ENVIRONNEMENT

Chaque jour, Michelin innove pour réduire la quantité de matières premières utilisée dans la fabrication des pneumatiques, et développe dans ses usines les énergies renouvelables. La conception des pneus MICHELIN permet déjà d'économiser des milliards de litres de carburant, et donc des milliards de tonnes de CO2.

De même, Michelin choisit d'imprimer ses cartes et guides sur des « papiers issus de forêts gérées durablement ». L'obtention de la certification ISO14001 atteste de son plein engagement dans une éco-conception au quotidien.

Un engagement que Michelin confirme en diversifiant ses supports de publication et en proposant des solutions numériques pour trouver plus facilement son chemin, dépenser moins de carburant.... et profiter de ses voyages !

Comme vous, Michelin s'engage dans la préservation de notre planète.

# Chattez avec Bibendum

Rendez-vous sur:
www.michelin.com/corporate/fr
Découvrez l'actualité et
l'histoire de Michelin.

## QUIZZ

Michelin développe des pneumatiques pour tous les types de véhicules. Amusez-vous à identifier le bon pneu...

Résultat : A-6 / B-4 / C-2 / D-1 / E-3 / F-7 / G-5

# Notes

# Notes

# INDEX GÉNÉRAL

**Port Louis** : villes, curiosités et régions touristiques.
**Laval, Désiré** : noms historiques ou termes faisant l'objet d'une explication.
**Les sites isolés** (châteaux, abbayes, grottes...) sont répertoriés à leur propre nom.
**(Rod)** fait référence aux thèmes et rubriques spécifiques à Rodrigues.

## A


Achats ... 24
Administration ... 49
Aéroport ... 13
Agences de voyages ... 16
Agenda ... 40
Ambassades et consulats ... 16, 24
Anse Jonchée ... 154
*Kestrel Valley* ... *154*
Arak ... 46
Architecture ... 63
Argent ... 18, 24
Artisanat ... 69
Arts ... 63
Assurances ... 18
Avion ... 12


## B


Baie de l'Arsenal ... 127
Baie du Cap ... 180, 186
Baie du Jacotet ... 181
Baie du Tombeau ... 127
*Plage du Goulet* ... *127*
Balaclava ... 127
Banian ... 80
Banques ... 25
Bardeaux ... 66
Bassin de la Nicolière ... 104
Bateau ... 13
Bateau (Rod) ... 214
Bateaux à fond de verre ... 33
Batterie des Grenadiers ... 127
Beau Bassin ... 115
*Jardin de Balfour* ... *116*
*Manoir de la Tour Blanche* ... *116*
*Thabor* ... *116*
Behaim, Martin ... 96
Bel Ombre ... 181
Bérenger, Paul ... 49, 50
Bibliographie ... 40
Blue Bay ... 164
Bois Chéri ... 173
Bois des Amourettes ... 157
Boissons ... 23, 62
Bonaparte, Napoléon ... 71
Both, Pieter ... 127
Bouddhisme ... 56
Bout du Monde, point de vue ... 103
Budget ... 19
Buonavita, abbé ... 109
Bus ... 25
Bus (Rod) ... 210


## C


Cadeaux ... 25
Canne à sucre ... 46, 148, 182
Canyoning ... 32
Cap Malheureux ... 143
Cari ... 61
Cartographie ... 42
Casela Nature and Leisure Park ... 191
Cavadee ... 57
Centres culturels ... 25
Céré, Jean-Nicolas ... 106
Chamarel ... 177
*Cascade Chamarel* ... *178*
*Écomusée Touche du Bois* ... *177*
*Église Sainte-Anne* ... *177*
*Rhumerie de Chamarel* ... *178*
*Vallée des Couleurs* ... *178*
Château du Réduit ... 103
Chèques de voyage ... 18
Chikungunya ... 29
Christianisme ... 56
Cigarettes ... 25
Climat ... 77
Code Napoléon ... 72
Colonisation ... 70
Compagnies ... 14
Coraux ... 84
Courant électrique ... 26
Crécerelle ... 155
Créoles ... 51
Créolisation ... 53
Croisières à la voile ... 33
Culture ... 63
Curepipe ... 115, 117
*Bibliothèque Carnegie* ... *119*
*Collège royal* ... *119*
*Forest Side* ... *119*

*Jardin botanique* ........ *120*
*Statue de Paul et Virginie* ........ *119*
Cyclones ........ 77
Cyclotourisme ........ 32

## D

Danse ........ 67
Décalage horaire ........ 18
Dépaillage ........ 46
Désiré Laval, père ........ 105
Deux-roues ........ 25
Discographie ........ 42
Divali ........ 58
Dodo ........ 80
Domaine des Aubineaux ........ 120
Domaine Les Pailles ........ 101
Douanes ........ 26
Dufresne d'Arsel, Guillaume ........ 70
Duncan, James ........ 106

## E

Eau potable ........ 26
Économie ........ 46
Économie (Rod) ........ 201
Éducation ........ 51
Électricité ........ 26
Équitation ........ 32
Ethnies ........ 51
Excursions organisées ........ 26
Exploration sous-marine ........ 33

## F

Farquhar, Robert ........ 72
Faune ........ 80
Faune (Rod) ........ 202
Femme seule ........ 26
Ferney ........ 157
*Vallée de Ferney* ........ *157*
Fête des Lanternes ........ 61
Fête du Ching Ming ........ 61
Fête du Poisson (Rod) ........ 203
Fête du Printemps ........ 60
Fêtes ........ 57
Fêtes et folklore (Rod) ........ 203
Fiche d'identité ........ 12
Fiche d'identité (Rod) ........ 200
Flacq, côte de ........ 147
Flic en Flac ........ 189, 195
Flore ........ 77
Flore (Rod) ........ 202
Floréal ........ 120
Football ........ 32
Formalités ........ 17
Fours à chaux ........ 148
Franco-Mauriciens ........ 51
Frédérica, réserve naturelle de ........ 180

## G

Ganesha Chaturti ........ 58
Ganga Asnan ........ 58
Gastronomie ........ 61
Gastronomie (Rod) ........ 203
Géographie ........ 76
Ghoons ........ 60
Golf ........ 32
Goodlands ........ 143
*Historic Marine* ........ *143*
Grand Baie ........ 136
*Plage de la Cuvette* ........ *136*
*Port de plaisance* ........ *136*
Grand Bassin ........ 174
*Piton Grand Bassin* ........ *175*
Grande Case Noyale ........ 189
Grande Rivière Noire ........ 189
Grande Rivière Sud-Est ........ 154
Grande Rosalie
*Château de Villebague* ........ *104*
Grand Gaube ........ 143
Grand Port ........ 154
Gris-Gris, falaises du ........ 182

## H

Handicap ........ 26
Hart, Robert Edward ........ 182
Hébergement ........ 19
Hébergement (Rod) ........ 215
Hélicoptère ........ 32
Hindouisme ........ 55
Hindous ........ 52
Histoire ........ 70
Histoire (Rod) ........ 200
Holi ........ 57

## I

Id-El-Adha ........ 59
Id-El-Fitr ........ 59
Île
*au Mouchoir Rouge* ........ *161*
*au Phare* ........ *158*
*aux Aigrettes* ........ *163*

*aux Bénitiers* ........ *189*
*aux Cerfs* ........ *149*
*des Deux Cocos* ........ *164*
*aux Serpents* ........ *143*
*Coin de Mire* ........ *143*
*de France* ........ *70*
*de la Passe* ........ *158*
*Plate* ........ *143*
*Ronde* ........ *143*
Îlot Sancho ........ 181
Indépendance ........ 73
Indo-Mauriciens ........ 52
Institutions ........ 49
Internet ........ 16, 26
Islam ........ 56

## J

Jours fériés ........ 26
Jugnauth, Anerood ........ 49, 50, 74

## K

Kaya ........ 50, 67
Kestrel Valley ........ 154

## L

Labourdonnais, château de ........ 144
Lambrequins ........ 66
Langues ........ 54
Laval, Jacques-Désiré ........ 60
La Vanille - Réserve des Mascareignes ........ 183
Le Clézio, Eugène ........ 102
Leguat, François ........ 200
Littérature ........ 68

## M

Macondé, rocher de ........ 188
Maha Shivaratree ........ 57, 174
Mahébourg ........ 160
*Biscuiterie H. Rault* ........ *163*
*Église Notre-Dame-des-Anges* ........ *161*
*National History Museum* ........ *162*
Mahé de Labourdonnais ........ 70
Maniglier, fondation ........ 149
Maquettes de bateaux ........ 69, 119
Marchandage ........ 28
Marches sur le feu ........ 59
Mare aux Vacoas ........ 121
Mascareignes ........ 76
Mascarenhas, Pedro ........ 70
Mauritius ........ 70, 72
Mauritius Pride ........ 206
Médias ........ 28
Météo ........ 14
Météo (Rod) ........ 202
Moka ........ 104
*Maison Eurêka* ........ *102*
Montagne du Corps de Garde ........ 116
Montagne du Pieter Both ........ 104
Montagne du Pouce ........ 102, 104
Mont Choisy ........ 131
Morne Brabant ........ 188
Mouvement militant mauricien (MMM) ........ 74
Musées, monuments et sites ........ 28
Musique ........ 67

## N

Nature ........ 76
Notre-Dame-de-Fatima, église ........ 189

## O

Offices de tourisme ........ 16, 28
Ourites, piqueuses d' (Rod) ........ 208

## P

Pamplemousses ........ 105
*Bassin aux Nénuphars* ........ *107*
*Château de Mon Plaisir* ........ *106*
*Église Saint-François* ........ *109*
*Jardin botanique Sir Seewoosagur Ramgoolam* ........ *106*
*L'Aventure du sucre* ........ *108*
*Marché aux esclaves* ........ *109*
*Parc à tortues géantes* ........ *107*
Parc national des Gorges de la Rivière Noire ........ 175, 189
*Sentier de la Forêt de Macchabée* ........ *176*
*Sentier de Macchabée* ........ *176*
*Sentier du Mare aux Joncs* ........ *176*
*Sentier du Piton de la Petite Rivière Noire* ........ *176*
Paul et Virginie ........ 144
Pêche au gros ........ 33, 140
Peinture ........ 68
Pereybère ........ 140
Permis de conduire ........ 18

# INDEX GÉNÉRAL


Personnes âgées....28
Petite Rivière Noire....189
Phœnix....117
Pièces d'identité....17
Plage....29
*de Belle Mare....148*
*de la Cuvette....136*
*de La Prairie....188*
*de La Preneuse....190*
*de Palmar....148*
*de Pointe aux Roches....181*
*de Pointe d'Esny....163*
*du Goulet....127*
*du Gris-Gris....182*
Plongée sous-marine....35, 136
Pointe
*aux Canonniers....134*
*aux Piments....127*
*aux Roches....181*
*Canon....161*
*de Flacq....147*
*de Roches Noires....145*
*d'Esny....163*
*des Régates....161*
*du Diable....154*
*Lafayette....147*
*Lascars....145*
*Sud-Ouest....189*
Pointe aux Piments
*Aquarium....127*
Poivre, Pierre....106
Population....50
Population (Rod)....201
Port Louis....92
*Aapravasi Ghat....96*
*Blue Penny Museum....93*
*Cathédrale St-Louis....100*
*Caudan....93*
*Champ de Mars....99, 100*
*Citadelle....100*
*Cour suprême....99*
*Hôtel du Gouvernement....97*
*Jardin de la Compagnie....99*
*Jules Kœning Street....99*
*Marché central....97*
*Mausolée du comte de Malartic....100*
*Mosquée Jummah....101*
*Moulin à vent....96*
*Musée de la Photographie....99*
*Musée de la Poste....96*
*Musée d'Histoire naturelle....99*
*Old Council Street....99*
*Place d'Armes....97*
*Pope Hennessy Street....100*
*Quartier chinois....100*
*Statue du roi Édouard VII....100*
*St-Georges Street....100*
*Théâtre municipal....99*
Poste....29
Poste de Flacq....148
*Temple hindou....148*
Poudre d'Or....144, 145
Pourboire....29
Preneuse, La....190
*Tour Martello....190*
Purryag, Kailash....50

## Q

Quatre Bornes....116
*Temple tamoul....117*

## R

Ramgoolam, Navin....49
Ramgoolam, sir Seewoosagur....72
Randonnées....32
Ravenala....67, 80
Règlements sanitaires....18
Religions....54
République....74
Restauration....22
Riambel....181
Ringadoo, Veerasamy....49
Rivière des Anguilles....182
Rochester, chutes de....181
Rodrigues....199, 200
*Anse Ali....211*
*Anse aux Anglais....207*
*Anse Bouteille....212*
*Anse Fumier....211*
*Baie aux Huîtres....207*
*Baie de l'Est....211*
*Baladirou, crique de....207*
*Carrière de corail....208*
*Caverne Patate....208*
*Chapelle Saint-Jean....207*
*Criques de l'Est....211*
*Francois Leguat Giant Tortoise and Cave Reserve....207*
*Grand Baie....207*
*Île aux Cocos....212*
*Île Hermitage....212*
*Jardin des 5 Sens....210*

*Mont Limon* ... *209*
*Petit Gravier* ... *211, 212*
*Pointe Coton* ... *211*
*Port Mathurin* ... *206*
*Port Sud-Est* ... *208*
*Réserve naturelle de Grande Montagne* ... *210*
*Saint-François* ... *211*
*Saint-Gabriel* ... *209*
*Trou d'Argent* ... *212*
Rodriguez, Diego ... 200
Rose Hill ... 116
*Arab Town* ... *116*
*Théâtre Plaza* ... *116*
Rougail ... 61

## S

Saint-Aubin, demeure coloniale ... 182, 185
Sainte-Croix
*Église du père Désiré Laval* ... *105*
*Tombe du père Désiré Laval* ... *105*
Saint-Pierre ... 104
Saint-Pierre, Bernardin de ... 144
Samoussas ... 62
Santé ... 29
Savannah ... 183
Savoir-vivre ... 30
Sécurité ... 31
Séga ... 67
Seggae ... 67
Sino-Mauriciens ... 53
Sirandanes ... 68
Souffleur ... 183
Souillac ... 181
*Jardin municipal de Telfair* ... *182*
*Plage du Gris-Gris* ... *182*
*Robert Edward Hart Memorial Museum* ... *182*
*Roche qui Pleure* ... *182*
Souvenirs ... 31
Sports et loisirs ... 32, 33
Surcouf, Robert ... 71
Surf ... 35

## T

Tamarin ... 190
*Route du sel* ... *190*
Tamarin, chutes de ... 120
Tamouls ... 52
Taxi ... 35
Teemeedee ... 59
Téléphone ... 19, 35
Thé, fabrication du ... 173
Touessrok, péninsule ... 149
Tourisme ... 48, 181
Tourisme vert (Rod) ... 201
Traité de Paris ... 72
Trou aux Biches ... 130
*Temple hindou Maheswarnath* ... *130*
Trou aux Cerfs ... 119
Trou d'Eau Douce ... 149
*La Fondation Maniglier* ... *149*

## U

Unités de mesure ... 36
Urgences ... 36
Uteem, Cassam ... 49

## V

Vaccination ... 18
Vacoa ... 80
Vacoas ... 117
*Gymkhana Club* ... *117*
Van der Stel, Adriaen ... 157
Varangue ... 66
Vêtements ... 16, 31, 52
Vie nocturne ... 36
Vieux Grand Port ... 157
*Musée Frederik Hendrik* ... *157*
*Rivière des Créoles* ... *158*
Villebague, maison de ... 104
Vindaye ... 61
Voiture ... 38
VTT ... 32

## W

Warwyck, Van ... 70
Wolmar ... 195

## Y

Yamun Nabi ... 59
Ylang-ylang ... 154
*Distillerie d'* ... *155*

## Z

Zone franche ... 47

# CARTES ET PLANS

## CARTE GÉNÉRALE

Premier rabat de couverture

## CARTES DES RÉGIONS

1 Port Louis et les villes du centre ..... 90
2 Les côtes nord et est ..... 124
3 Les côtes sud et ouest ..... 170
4 Rodrigues ..... 198

## PLANS DE VILLE

Mahébourg ..... 162
Port Louis ..... 94-95
Port Mathurin ..... 204

## PLAN DE SITE

Le jardin de Pamplemousses ..... 106-107

## CARTES DES CIRCUITS

Autour de Port Louis ..... 103
La côte est ..... 156
La côte nord ..... 128-129
La côte ouest ..... 187
Le Sud ..... 174-175
Les villes du centre ..... 118

# LÉGENDE DES CARTES ET PLANS

## Curiosités et repères

- Itinéraire décrit, départ de la visite
- Église
- Mosquée
- Synagogue
- Monastère - Phare
- Fontaine
- Point de vue
- Château - Ruine ou site archéologique
- Barrage - Grotte
- Monument mégalithique
- Tour génoise - Moulin
- Temple - Vestiges gréco - romains
- Temple : bouddhique - hindou
- Autre lieu d'intérêt, sommet
- Distillerie
- Palais, villa, habitation
- Cimetière : chrétien - musulman - israélite
- Oliveraie - Orangeraie
- Mangrove
- Auberge de jeunesse
- Gravure rupestre
- Pierre runique
- Église en bois
- Église en bois debout
- Parc ou réserve national
- Bastide

## Sports et loisirs

- Piscine : de plein air - couverte
- Plage - Stade
- Port de plaisance - Voile
- Plongée - Surf
- Refuge - Promenade à pied
- Randonnée équestre
- Golf - Base de loisirs
- Parc d'attractions
- Parc animalier, zoo
- Parc floral, arboretum
- Parc ornithologique, réserve d'oiseaux
- Planche à voile, kitesurf
- Pêche en mer ou sportive
- Canyoning, rafting
- Aire de camping - Auberge
- Arènes
- Base de loisirs, base nautique ou canoë-kayak
- Canoë-kayak
- Promenade en bateau

## Informations pratiques

- Information touristique
- Parking - Parking - relais
- Gare : ferroviaire - routière
- Voie ferrée
- Ligne de tramway
- Départ de fiacre
- Métro - RER
- Station de métro (Calgary, ...) (Montréal)
- Téléphérique, télécabine
- Funiculaire, voie à crémaillère
- Chemin de fer touristique
- Transport de voitures et passagers
- Transport de passagers
- File d'attente
- Observatoire
- Station service - Magasin
- Poste - Téléphone
- Internet
- H Hôtel de ville - Banque, bureau de change
- J Palais de justice - Police
- Gendarmerie
- T U M Théâtre - Université - Musée
- Musée de plein air
- Hôpital
- Marché couvert
- Aéroport
- Parador, Pousada (Établissement hôtelier géré par l'État)
- A Chambre d'agriculture
- D Conseil provincial
- G Gouvernement du district, Délégation du Gouvernement Police cantonale
- L Gouvernement provincial (Landhaus)
- P Chef lieu de province
- Station thermale
- Source thermale

## Axes routiers, voirie

- Autoroute ou assimilée
- Échangeur : complet - partiel
- Route
- Rue piétonne
- Escalier - Sentier, piste

## Topographie, limites

- Volcan actif - Récif corallien
- Marais - Désert
- Frontière - Parc naturel

# Comprendre les symboles utilisés dans le guide

## LES ÉTOILES

★★★ **Vaut le voyage** ★★ **Mérite un détour** ★ **Intéressant**

## HÔTELS ET RESTAURANTS

| | |
|---|---|
| *9 ch.* | Nombre de chambres |
| 7,5 € | Prix du petit-déjeuner en sus |
| 50 € | Prix de la chambre double, petit-déjeuner compris |
| bc | Menu boisson comprise |
| | Air conditionné dans les chambres |
| | Restaurant dans l'hôtel |
| | Établissement servant de l'alcool (à l'étranger) |
| | Piscine |
| CC | Paiement par cartes de crédit |
| | Carte de crédit non acceptée |
| P | Parking réservé à la clientèle |
| Tram | Station de tramway la plus proche |
| M | Station de métro la plus proche |

## SYMBOLES DANS LE TEXTE

| | |
|---|---|
| | À faire en famille |
| | Pour aller au-delà |
| | Promenade à pied |
| | Randonnée à vélo |
| | Facilité d'accès pour les handicapés |
| A2 B | Repère sur le plan |

**Note au lecteur**

Michelin a apporté le plus grand soin à la rédaction de ce guide et à sa vérification. Toutefois, les informations pratiques (formalités administratives, prix, adresses, numéros de téléphone, adresses Internet, etc.) doivent être considérées comme des indications du fait de l'évolution constante de ces données.

Il n'est pas totalement exclu que certaines d'entre elles ne soient plus, à la date de parution du guide, tout à fait exactes ou exhaustives. N'hésitez pas à nous signaler toute omission ou inexactitude que vous pourriez constater, ainsi qu'à nous faire part de vos avis et suggestions sur les adresses contenues dans ce guide.

Avant d'entamer toute démarche, formalités administratives ou douanières notamment, vous êtes invité à vous renseigner auprès des organismes officiels. Ces informations ne sauraient, de ce fait, engager notre responsabilité.

**Collection Le Guide Vert sous la responsabilité d'Anne Teffo**

**Édition**
Florence Dyan, Archipel studio

**Rédaction**
Martine Buysschaert, Catherine Decelle, Sandrine Favre, Serge Guillot, Marion Lemerle, Jérôme Saglio, Bernard Tournet

**Cartographie**
Stéphane Anton, Michèle Cana, Denis Rasse

**Relecture**
Capucine Jahan

**Remerciements**
Didier Broussard, Edwige Gufflet (L'Aventure du sucre), Roselyne Hauchler (Office du tourisme de l'île Maurice) et Jean Clife Tolbize (Office du tourisme de Rodrigues)

**Conception graphique**
Christelle Le Déan

**Régie publicitaire et partenariats**
business-solutions@tp.michelin.com
*Le contenu des pages de publicité insérées dans ce guide n'engage que la responsabilité des annonceurs.*

**Contacts**
Michelin
Guides Touristiques
27 cours de l'Ile Seguin, 92100 Boulogne Billancourt
Service consommateurs : tourisme@tp.michelin.com
Boutique en ligne : www.michelin-boutique.com

**Parution 2014**

***Michelin Travel Partner***
Société par actions simplifiées au capital de 11 629 590 EUR
27 Cours de l'Ile Seguin - 92100 Boulogne Billancourt (France)
R.C.S. Nanterre 433 677 721



Dépôt légal : août 2013 – ISSN 0293-9436
Compograveur : Archipel Studio, Paris
Imprimeur : Deux-Ponts, Bresson
Imprimé en France : août 2013

Usine certifiée 14001
Sur du papier issu de forêts gérées durablement (100 % PEFC)